"互联网+"背景下大学生创新创业实践研究

崔永红 ◎ 著

线装书局

图书在版编目（ＣＩＰ）数据

"互联网+"背景下大学生创新创业实践研究 ／ 崔永
红著. -- 北京 : 线装书局, 2021.11
　　ISBN 978-7-5120-4736-5

Ⅰ. ①互… Ⅱ. ①崔… Ⅲ. ①大学生－创业－研究
Ⅳ. ①G647.38

中国版本图书馆 CIP 数据核字 (2021) 第 209802 号

"互联网+"背景下大学生创新创业实践研究
"HULIANWANG+"BEIJINGXIA DAXUESHENG CHUANGXIN CHUANGYE SHIJIAN YANJIU

作　　者：崔永红

责任编辑：林　菲

出版发行：线装书局

　　　　地　址：北京市丰台区方庄日月天地大厦 B 座 17 层（100078）

　　　　电　话：010-58077126（发行部）010-58076938（总编室）

　　　　网　址：www.zgxzsj.com

经　　销：新华书店

印　　制：北京四海锦诚印刷技术有限公司

开　　本：787mm×1092mm　16 开

印　　张：13

字　　数：275 千字

版　　次：2022 年 8 月第 1 版第 1 次印刷

定　　价：58.00 元

线装书局官方微信

前　言

近年来，我国大力推进大众创业、万众创新，众创、众包、众扶、众筹等支撑平台快速发展，以"互联网+"为重要特征的创新创业热潮席卷全国，新观念、新创意、新模式不断萌生；新技术、新产品、新业态不断涌现。创新，硕果累累；创业，人才辈出。人们创新创业的激情正汇聚成巨大动能，助推着中国经济的快速发展——本书便是在这种情形下应运而生的。

互联网技术的发展为大学生创业带来很多新的挑战，同时也为大学生创业提供了更多的方向。"互联网+"时代，大学生需要不断积累创业相关知识，在校积极参加各项创业实践，不断丰富自身的创业经验与社会经验，以更好地将理论与实践结合。与此同时，大学生要不断了解国家各项政策的发布与变更，更好地与社会接轨，不辞艰难困阻，努力落实创业实践。

本书对"互联网+"背景下大学生的创新创业进行了研究，具体包括"互联网+"概述以及"互联网+"背景下的大学生创新创业基础理论、大学生创新创业的影响因素及路径选择、创新者的素质与创新意识的培养、创业者与创业团队、创业创立与企业运营等内容。通过创新创业内外延伸，让大学生充分体会到现实中的创业要求，不仅需要掌握创业理论知识，更需要具有开阔的眼界、敏锐的洞察力、广泛的人脉、运筹帷幄的谋略、与他人分享的愿望、自我反省的能力等，进而树立科学的创业目标。

本书在编写过程中学习和借鉴了国内外同行们的理论与实践的相关研究成果，采用通俗易懂的形式，既注重实用性、时效性，又注重系统性、理论性，内容生动活泼，形式多样新颖，可操作性强。编写过程中还参阅了大量相关图书和网络资料，在书中无法逐一列出，在此一并表示衷心的感谢！

由于编者水平有限，书中难免存在不足之处，恳请专家和读者给予批评指正。

目 录

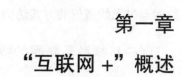

第一章
"互联网 +" 概述

在互联网高速发展的时候，"互联网 +"逐渐成为一个家喻户晓的名词，但是对于"互联网 +"真正是什么、意味着什么，却不是每个人都非常明确的。"互联网 +"就是互联网与各个传统行业之间利用信息通信技术以及互联网平台进行深度融合，进而创造出新的发展生态。"互联网 +"对新时代背景下创新创业的发展有着极为重要的意义。

第一节 移动互联网基本认知

一、移动互联网的含义和特点

(一) 移动互联网的含义

顾名思义，移动互联网就是把移动通信和互联网联合起来，具体而言，是指将互联网的技术、平台、商业模式和应用与移动通信技术结合起来，应用于各行各业的实践活动。

移动互联网是一种通过智能移动终端，采用移动无线通信方式获取信息和服务，包含终端、软件和应用三个层面。

传统网络之间互联协议的主机不论是有线接入还是无线接入，基本上都是固定不动的，或者只能在一个子网范围内小规模移动。在通信期间，它们的 IP 地址和端口号保持不变。而移动 IP 主机在通信期间可能需要在不同子网间移动，当移动到新的子网时，如果不改变其 IP 地址，就不能接入这个新的子网。如果为了接入新的子网而改变其 IP 地址，那么先前的通信将会中断。

移动互联网是在 Internet 上提供移动功能的网络层方案，它可以使移动节点用一个永久的地址与互联网中的任何主机通信，并且在切换子网时不中断正在进行的通信。

移动互联网的定义有广义和狭义之分。广义的移动互联网是指用户可以使用手机、笔记本电脑等移动终端通过协议接入互联网。而狭义的移动互联网则是指用户使用手机终端通过无线通信的方式访问采用无线应用协议的网站。

（二）移动互联网的特点

移动互联网的特点包括以下几个方面。

1. 便携性

移动互联网的主要媒介是移动终端，移动终端相对于 PC 来讲有非常显著的优点，那就是可以随身携带，非常方便。人们在日常生活和工作中需要出入很多不同的场合，移动设备完美地解决了 PC 不方便携带的缺点。移动终端设备的这个特点使它有了远高于 PC 的便携性。用户能够随时随地获取娱乐、生活、商务相关的信息，进行支付、查找周边位置等操作，使移动应用可以进入人们的日常生活，满足衣食住行、吃喝玩乐等需求。

2. 交互性

用户可以随身携带和随时使用移动终端，在移动状态下接入和使用移动互联网应用服务。一般而言，人们使用移动互联网应用的时间往往是在上下班途中，在空闲间隙任何一个有 4G、5G 或无线覆盖的场所。现在，从智能手机到平板电脑，我们随处可见这些终端发挥强大功能的身影。当人们需要沟通交流的时候，随时随地可以用语音、图文或者视频解决，大大提高了用户与移动互联网的交互性。

3. 终端和网络的局限性

移动互联网业务在带来便携的同时，也受到来自网络能力和终端能力的限制：在网络能力方面，受到无线网络传输环境、技术能力等因素限制；在终端能力方面，受到终端大小、处理能力、电池容量等的限制。

4. 隐私性

在使用移动互联网业务时，所使用的内容和服务更私密，尤其是手机终端的应用，基本上都是私人使用的，相对于个人计算机用户，更具有个人化、私密性的特点。

5. 定位性

移动互联网有别于传统互联网的典型应用是位置服务应用。它具有以下几个服务：位置签到、位置分享及基于位置的社交应用；基于位置围栏的用户监控及消息通知服务；生活导航及优惠券集成服务；基于位置的娱乐和电子商务应用；基于位置的用户换机上下文感知及信息服务。

6. 真实关系特征

手机上通信录用户关系是最真实的社会关系。随着手机应用从娱乐化转向实用化，基于通信录的各种应用也将成为移动互联网新的增长点，在确保各种隐私保护之后的联网，将会产生更多的创新型应用。

7. 终端多样性

众多的手机操作系统、分辨率及处理器，导致形形色色的用户终端，一个优秀的产品要想覆盖更多的用户，就需要更多地考虑终端兼容。

8. 强关联性

由于移动互联网业务受到了网络及终端能力的限制，因此，其业务内容和形式也需要匹配特定的网络技术规格和终端类型，具有强关联性。移动互联网通信技术与移动应用平台的发展有着紧密联系，没有足够的带宽就会影响在线视频、视频电话、移动网游等应用的扩展。同时，根据移动终端设备的特点，也有其与之对应的移动互联网应用服务，这是区别于传统互联网而存在的。

二、移动互联网的应用技术

支撑移动互联网的应用技术有以下几个。

（一）Web3.0 技术

Web3.0是新的互联网应用的统称，相对于早期的Web2.0服务，Web3.0以用户为中心，强调用户既是内容的创造者也是内容的消费者，侧重于用户之间的交互和用户对于网络内容的贡献，由此带来人与人之间沟通方式的深刻变革。

Web3.0是被赋予了一定的灵活性及模块化特性的工具，帮助用户通过网络平台实现对信息的制作、加工、混合与分享。一方面可以通过标签、个性化搜索来管理和维护个性化信息，另一方面可以通过社交行为、媒体分享来实现全球本土化和信息分享，最后通过RSS.APIs和Web服务对它们进行重组和再加工。Web3.0同时强调社会化，强调开放、共享，强调参与、创造。Web3.0的最大改变就是用户开始改变、创造网络内容。Web3.0凸显每个用户的价值，每个人在互联网上都可以创造自己的内容。

（二）HTML

HTML（Hypertext Marked Language）即超文本标记语言，该类文档有别于纯文本的单个文件的浏览形式，超文本文档中提供的超级链接能够让使用者在不同的页面之间跳转。标记语言是一种基于源代码解释的访问方式，它的源文件由一个纯文本文件组成，代码中由许多元素组成，而前台浏览器通过解释这些元素显示各种样式的文档。换句话说，浏览器就是把纯文本的后台源文件以赋有样式定义的超文本文件方式显示出来。

与以前的HTML版本相比，HTML5提供了一些新的元素和属性，例如，嵌入音频、视频、图片的函数、客户端数据存储和交互式文档，内建Web图形库加速网页3D图形界面的技术标准，从而有利于搜索引擎进行索引整理和手机等小屏幕装置的使用。

HTML5一方面为移动设备提供了丰富的用户体验，用户只要打开支持HTML5的浏览器，就可以随时随地直接播放视频、玩网页游戏。另一方面 HTML5 让移动云成为可能，例如苹果、微软和谷歌应用商店开放 APL 为开发者们提供了云开发平台。

（三）云计算技术

云计算是网格计算、分布式计算、并行计算、效用计算、网络存储、虚拟化、负载均衡等计算机技术和网络技术发展、融合的产物。云计算通过网络把多个成本相对较低的计算实体整合成一个具有强大计算能力的系统，借助先进的商业模式将强大的计算能力分布到终端用户手中。

云计算技术通过不断提高"云端"的处理能力，减少用户终端的处理负担，最终把终端简化成一个单纯的输入、输出设备，按需享受"云端"的强大计算处理能力。

在云计算模式下，用户的计算机会变得十分简单，或许不大的内存、不用硬盘和各种应用软件，就可以满足用户需求，因为用户的计算机除了通过浏览器给"云"发送指令和接收数据外，基本上什么都不用做便可以使用云服务提供商的计算资源、存储空间和各种应用软件。在云计算环境下，用户的使用观念也会发生彻底的变化，从"购买产品"向"购买服务"转变。因为他们直接面对的将不再是复杂的硬件和软件，而是最终的服务。用户不需要拥有看得见、摸得着的硬件设施，也不需要为机房支付设备供电、空调制冷、专人维护等费用，并且不需要等待漫长的供货周期、项目实施等冗长的时间，只需要把钱汇给云计算服务提供商，用户将会马上得到需要的服务。

三、移动互联网的发展现状和趋势

（一）移动互联网的发展现状

1. 移动互联网用户数量迅速增长

移动互联网技术在世界范围的无线网络技术发展低调的前提下依然保持迅猛的增长势头，在短短几年内就诞生很多新式的产品。人民网总编辑罗华发布了《中国移动互联网发展报告（2021）》（简称《报告》）主要内容。

《报告》指出，2020 年，我国移动互联网用户稳步增长，但增速继续放缓。2020 年我国 4G 用户总数达到 12.89 亿，占移动电话用户数的 80.8%。我国 5G 用户规模快速扩大，5G 终端连接数突破 2 亿。截至 2020 年 12 月，中国手机网民规模已达 9.86 亿，较 2020 年 3 月增长 8885 万，占整体网民的 99.7%。2020 年月活跃用户数的月均增长率已由 2019 年的 2.3% 放缓至 1.7%。

2. 移动互联网业务快速增长

移动互联网的业务已经不再停留在以前的彩信和彩铃层面上了，其发展非常之快，涉及的方面非常宽广。在当下，最受大家欢迎和喜爱的手机游戏和移动支付等都是目前非常热门的业务，这些业务为人们的生活提供了极大的便利和更为良好的服务体验。

移动互联网背景下，互联网业务呈现出日新月异的特点，其种类每天都在发生变化，催生出很多有趣的深受大家喜欢的业务，互联网的价值属性也得到了很大程度的扩展，不管在休闲方面、投资方面、娱乐方面都推出了很多业务，经过互联网的传播，这些业务都收获了大量的用户。

3. 移动互联网出现区域性特点

受不同区域经济发展水平及人们生活条件、知识发展、技术先进程度等因素的影响，移动互联网发展水平呈现出东部快西部慢、城市快乡村慢的区域性发展十分明显的特点。之所以会出现这种现象，是因为互联网的业务在进行推广的时候首要考虑的因素就是市场，再具体一点就是市场的欢迎程度。在东部发达地区，移动互联网相关的基础设施已经相当完善，而且该地的经济发展水平非常高，集中了很多优势的互联网企业，因此，这个地区的移动互联网发展水平只会越来越高。而西部欠发达地区，因为其本身经济不够发达，由此导致的互联网基础设施缺乏、人们的消费习惯并不超前等因素，都在很大程度上限制了该地区移动互联网的发展，而且还有一个非常重要的原因，即西部的互联网人才比较稀缺。

4. 较强的娱乐性

因为我国移动互联网网民主要使用移动终端设备是智能手机，持有手机者主要集中在学生、毕业生等青年群体中，业务发展需要符合整个市场的需求，加上娱乐产业具有良好的技术服务支撑、用户具有相当程度的依赖性及丰富的 APP 应用程序等因素，因而音乐与手游等娱乐性业务一直得到飞速的发展。

（二）移动互联网的发展趋势

随着 4G 的普及、5G 和虚拟现实设备的火热，在可预见的将来，移动互联网的业务又将迎来一次新的增长点。同时，由于资费下调，以及上网速度提升，用户对于移动互联网的需求将更加旺盛，当然，在巨大需求的背后，也在推动整个移动互联网产业格局的重塑。移动互联网在未来的发展趋势主要体现在以下几个方面。

1. 信息多元化

随着信息时代的发展，在固定互联网技术上增添了新的技术手段转化为移动互联网，信息类业务也逐渐由单纯的文字表示方式转化为图片、动画、视频等多个媒体化阶段，使信息形式丰富多彩，多方位吸引人的眼球。

2. 娱乐化

在人们的物质文化日益丰富的今天，人们对娱乐的要求越来越高，在移动互联网时代，娱乐化是移动互联网业务的一个非常重要的支撑点。手机游戏是从传统业务中分离出来的，从发布的第一天起就一直受到广大玩家的喜爱和欢迎。手机游戏与计算机游戏相比，突破了时间和地点的限制，人们可以随时随地进行游戏，而且绑定了社交账号之后，还可以与线上好友一起游戏。手游已经成为当下移动运营商最重要的业务增长点之一。当然，娱乐化并非只有手游这一块，一些音乐类的业务也推动 WAP 门户提升访问量。

3. 移动广告业务出现大幅增长

在移动互联网时代，不管是什么行业都或多或少地受到了互联网的影响，都试图借着互联网的东风增强自身的竞争力，加大自身的影响力。所以，从这个角度来看，移动互联网其实已经发展成了一种商业行为。很多商家，即使是与移动互联网毫不相关的行业，为了满足广大移动用户的需求，都必须把业务扩展到移动互联网领域，通过移动互联网的巨大影响营销自己。一些中小商家为了增加自己的品牌曝光度，寻求各种商务合作的形式。例如，跨界合作甚至赞助活动，通过各种二维码宣传提升自己的品牌认知度。

4. 金融化发展

当今人们的生活方方面面已离不开互联网，几乎每天都要接触到网络，特别是在移动互联网发展的今天，更是对网络产生严重的依赖感。以移动电子商务为例，为了满足人们的网上购物、网络炒股、网上支付以及相关商业交易的需求，移动运营商加强了与国内相关金融部门的联合，从而开创了如手机银行、手机快捷支付、手机彩票等多项联合业务，从而取得一定的经济效益，实现了双赢。伴随着云计算、大数据等为代表的新一代互联网技术的崛起，未来的移动互联网金融将涌现更多的新业务、新模式和新公司，其发展前景更加广阔。

5. 行业联合化

行业联合化体现在以下两个方面。

一方面，行业联合化体现在业务公司的自我调整，这同时也是由市场的优胜劣汰机制所决定的。一些商家，投入高额的成本，借助强大的推广资源，可以吸引到很多用户的注意力。但是，对于企业而言，长期支付高额的推广成本并不是良策，这种模式需要改变。因此，经过行业的自我调整，改善这种其实并不规范的竞争方式，让整个行业回归到正常健康的发展环境当中。

另一方面，行业化还体现在资源的整合方面，这体现在一些创业公司中，移动互联网业务成为公司的支柱。随着更多同行的加入，市场越做越小，竞争环境越来越严峻。因此，当行业发展到一定阶段时，资源整合就成为一个不错的选择，通过资源整合，可以取长补短，借助优势资源，形成自己的核心竞争力。

6. 安全性能的进一步提高

随着移动互联网技术的不断发展，网络安全问题也引起了人们的重视，在未来移动互联网技术发展的过程中，其安全性能将进一步提高。当前利用移动互联网来进行犯罪以及诈骗的情况屡见不鲜，国家已经出台了相关的政策来对这种情况加以防范。但是，要想从根本上使移动互联网技术的安全性能得到有效的提高，还必须依靠技术的发展和进步。因此，在将来的发展之中，安全性能的提高必然是移动互联网发展的一个重要趋势。

第二节 "互联网 +" 基础认知

一、"互联网 +" 的内涵

(一) "互联网 +" 的提出

国内"互联网 +"理念的提出,最早可以追溯到 2012 年 11 月易观国际董事长兼首席执行官于扬在"易观第五届移动互联网博览会"上发表的主题演讲"互联网 +"。在会上,他首次提出"互联网 +"理念,认为在未来,"互联网 +"公式应该是我们所在的行业目前的产品和服务,在与我们未来看到的多屏全网跨平台用户场景结合之后产生的一种化学公式,而怎么找到你所在行业的"互联网 +",则是企业需要思考的问题。随后,"互联网 + 传统集市"催生淘宝,"互联网 + 传统百货卖场"催生京东,"互联网 + 传统银行"催生支付宝,"互联网 + 传统交通"催生滴滴。

国务院印发《关于积极推进"互联网 +"行动的指导意见》,鼓励传统产业树立互联网思维,积极与"互联网 +"相结合,充分发挥互联网的创新驱动作用,以促进创业创新为重点,推动各类要素资源聚集、开放和共享,大力发展众创空间、开放式创新等,引导和推动全社会形成"大众创业、万众创新"的浓厚氛围,打造经济发展新引擎。

作为一项国家战略,"互联网 +"推动互联网的创新成果与经济社会各领域深度融合发展,形成更广泛的以互联网为基础设施和创新要素的经济社会发展新形态,具有广阔前景和无限潜力,已成为不可阻挡的时代潮流,正对我国经济社会发展产生着战略性和全局性的影响。

(二) "互联网 +" 的含义

百度百科对"互联网 +"的定义:"互联网 +"是创新 2.0 下的互联网发展的新业态,是知识社会创新 2.0 推动下的互联网形态演进及其催生的经济社会发展新形态。

"互联网 +"概念的中心词是互联网,符号"+"意为加号,即代表着添加与联合。简单来讲,"互联网 +"就是"互联网 + 各个传统行业",但这并不是简单的两者相加。"互联网 +"就是通过信息通信技术以及互联网平台,让互联网与传统行业进行深度融合,创造新的发展生态。

"互联网 +"代表一种新的社会形态,依托互联网信息技术实现互联网与传统产业的联合,以优化生产要素、更新业务体系、重构商业模式等途径来完成经济转型和升级。因此,"互联网 +"能够充分发挥互联网在社会资源配置中的优化和集成作用,将互联网的创新成果深度融合于经济、社会各个领域之中,提升全社会的创新力和生产力,形成更广泛的以互联网为基础设施和实现工具的经济发展新形态。

"互联网 +"是互联网思维的进一步实践成果，推动经济形态不断地发生演变，从而带动社会经济实体的生命力，为改革、创新和发展提供广阔的网络平台。

二、"互联网 +"的本质和特点

（一）"互联网 +"的本质

"互联网 +"的本质离不开创新。"互联网 +"终究是互联网思维的运用和技术革命的结果，互联网思维的创新影响着具体的互联网技术和产品的进一步创新。当互联网技术革命依然在不断前行，而且在创新的节奏越来越快，技术、产品、平台更新换代的周期越来越短的趋势下，"互联网 +"的内涵必然也会不断更新，并将很快"面目全非"。

"互联网 +"不是物理叠加，而是一种化学反应，这种化学的变化就是将互联网思维、技术、渠道等要素加在别的行业中，然后创造出新的东西，产生质变。所以，真正的"互联网 +"是原有的非互联网业务在与互联网连接后是否产生质变，并且这种质变与提升效率无关，而是体现在重构和迭代的创新上。就像官方定义的"互联网 +"那样，"互联网 +"是对创新 2.0 时代新一代信息技术与创新 2.0 相互作用共同演化推进经济社会发展新形态的高度概括。

（二）"互联网 +"的特点

1. 网络化

网络化是"互联网 +"的基础。无论是 M2M、专网，还是无线、有线传输信息，感知物体，都必须形成网络状态；不管是什么形态的网络，最终都必须与互联网相连接，这样才能形成真正意义上的"互联网 +"。

2. 物联化

人物相连、物物相连是"互联网 +"的基本要求之一。"互联网 +"可以让人们和物体"对话"，让物体和物体之间进行"交流"。可以说，互联网完成了人与人的远程交流，而"互联网 +"则完成了人与物、物与物的即时交流，进而实现由虚拟网络世界向现实世界的连接转变。

3. 互联化

"互联网 +"是一个多种网络接入、应用技术的全方位集成，也是一个让人与自然界、人与物、物与物进行交流的平台，因此，在一定的协议关系下，实行多种网络融合，分布式与协同式并存，是"互联网 +"的显著特征。与互联网相比，"互联网 +"具有很强的开放性，具备随时接纳新器件、提供新的服务的能力，即自组织、自适应能力。

4. 自动化

通过数字传感设备自动采集数据；根据事先设定的运算逻辑，利用软件自动处理采集到的信息，一般不需要人为干预；按照设定的逻辑条件，如时间、地点、压力、温度、湿度、光照等，可以在系统的各个设备之间，自动地进行数据交换或通信；对物体的监控和管理实现自动指令执行。

5. 感知化

"互联网＋"的射频识别、红外感应器、全球定位系统、激光扫描器等信息传感设备，就像视觉、听觉和嗅觉器官对于人的作用一样，它们是"互联网＋"的感知元器件。

6. 智能化

所谓"智能"，是指个体对客观事物进行合理分析、判断及有目的地行动和有效地处理周围环境事宜的综合能力。"互联网＋"的产生是微处理技术、传感器技术、计算机网络技术、无线通信技术不断发展融合的结果，从其"自动化""感知化"要求来看，它已能代表人、代替人"对客观事物进行合理分析、判断及有目的地行动和有效地处理周围环境事宜"，智能化是其综合能力的表现。

"互联网＋"不但可以通过数字传感设备自动采集数据，也可以利用云计算、模式识别等各种智能计算技术，对采集到的海量数据和信息进行自动分析和处理，使人们可以随时随地、公开透明地获得信息服务。

三、"互联网＋"的基础和核心

（一）"互联网＋"的基础是思维

"互联网＋"离不开互联网思维，从互联网诞生以来互联网思维就伴随而生了，互联网思维包括以下三个方面的内容。

1. 互联网精神

互联网精神包括开放、平等、协作和共享。

（1）开放

开放是指"互联互通"。企业如果故步自封是得不到发展的，企业必须面向社会，面向顾客，必须充分挖掘外部资源，尽快实现企业的无边界发展。

（2）平等

平等是指"去中心化、去权威化、去等级化"。企业内部服务关系中高层为中层服务、中层为基层服务、基层为用户服务。企业之间由竞争走向合作竞争再到共建商业生态。企业和员工由被管理者转向自管理者再进一步转向自创业者。企业和用户之间，用户由产品购买者转向产品制造者、产品定价者和产品传播者再进一步转向产品创意者。

（3）协作

协作是指实现从"公司时代"转变到"社会时代"，从"公司生产"转向"社会生产"。

（4）共享

共享包括分享、免费、普惠。在互联网背景下产品生产几乎近于零的边际成本，使得分享成为可能；大量使用"虚拟资源"不需要缴纳任何费用，使得免费成为可能。在分享和免费的基础上，普惠成为互联网精神的又一重要内容。

2. 互联网理念

互联网理念包括虚拟实体打通、时空约束打破、一切都极致化、一切都模块化、个人帝国主义、利用大众力量和用户本位主义。

（1）虚拟实体打通

指实体空间和虚拟空间各自内部互联互通，且实体空间和虚拟空间相互之间互联互通。具体包括：产品经营创造价值与资本经营创造价值打通、有形资产创造价值与无形资产创造价值打通、企业内部创造价值与企业外部创造价值打通、线上创造价值与线下创造价值打通。

（2）时空约束打破

移动互联网使用户使用终端移动化互联网来源信息的数字化要求信息快而且准，形成信息的即时化，人们之间的时空约束打破，彼此联系不再受限。具体包括：用户之间交流的时空约束打破、个人企业交互的时空约束打破、企业所在的供应链时空约束打破。例如，O2O 消灭线上和线下之间的距离，C2B 消灭用户和企业之间的距离，P2P 消灭用户和用户之间的距离。

（3）一切都极致化

指以用户为中心开展经营活动，用户需要什么，就研制、生产什么，而且需要把产品异质化做到极致，追求极致。产品极致化需要提升产品设计理念、提升产品营销理念和提升产品消费理念。

（4）一切都模块化

模块化是极致化分工与极致化合作的结果。模块化来自产品供应链的分工组合及企业经营环节分工组合。

（5）个人帝国主义

移动互联网时代个人是一个具有能力、知识、思想和资源的集合系统，个人与企业具有平等的市场地位、具有功能相当的工具和自由环境，个人自由、个人力量和个人价值被无限放大，社会进入个人帝国主义时代。具体表现在人人都是自企业、人人都是自媒体、人人都是自结社、人人都是自金融，还有去中心化（人人成为中心）、去权威化、去等级化，把员工做成公司，把员工做成经理，把员工做成总裁，把员工做成老板亦即"创客运动"，"企业即人，人即企业"。

（6）利用大众力量

互联网时代信息和资源掌握在大多数人手里，他们可能是专家、可能是业余爱好者，企业发挥普通员工力量能够聚沙成塔、滴水成海，企业是利用大众力量。利用大众力量，拓展资源范围、实现自我激励、实现开放经营。

（7）用户本位主义

从企业经营层面讲，设计来自用户、标准来自用户、生产来自用户、内容来自用户、推广来自用户、销售来自用户、体验来自用户和评价来自用户。

3.互联网经济

互联网经济包括交易技术层面、交易结构层面和交易绩效层面。

（1）交易技术层面

长尾理论。在互联网时代，交易可以突破时间和空间的限制，先进的互联网工具使得实体与实体、虚拟与虚拟、虚拟与实体之间全部被打通。在这种情况下，互联网降低了生产者和消费者之间的交易成本，生产者和消费者利用互联网基本上可以进行零时间差、零距离和零成本交易。在一定程度上，互联网完美解决了消费者和生产者之间一直存在的信息不对称的问题，实现了消费者和生产者的双赢、全赢、多赢、共赢。

（2）交易结构层面

市场均衡理论。互联网经济，使市场均衡理论从理想变成现实。互联网经济，使市场交易双方具有规模经济效应和范围经济效应。互联网经济改变了市场交易双方力量的对比，出现新的势力格局。消费者之间团体化、生产者之间组织化实现交易双方的地位平等，解决市场势力不对称、不均衡和不平等问题，交易双方都实现规模经济和范围经济，创造市场交易的新格局：由供给创造需求到需求引导供给，由生产主导消费到消费主导生产。

（3）交易绩效层面

消费者主权论。在互联网经济的市场交易中，消费者在交易谈判中的力量开始超过生产者并获得支配地位，进而大大提升了消费者在企业生产经营中的作用，形成消费者主权论。消费者主权论主要体现在：消费者对产品服务具有定价权、选择权、评价权；对产品设计生产具有参与权、主导权、引领权；最终形成消费者在产品全价值链活动中的话语权，即消费者消费生产的一体化、消费者营销行为的媒体化、消费者交易行为的团体化和消费者市场地位的中心化。

互联网改变的是人与人、人与组织、组织与组织之间的关系，这必然要求企业进行一场结构性大革命，即用互联网思维重新架构企业的运营模式，以此打造"智慧型组织"，旨在自学习、自适应、自协调、自进化，实现柔性、弹性、轻型发展，与外部不稳定性、未来不确定性、环境高复杂性动态匹配和整合创新。

（二）"互联网＋"的核心是技术

"互联网＋"是互联网技术发展催生的产物。随着互联网技术的发展，设备的处理能力、传输能力、分析能力、存储能力都得到了极大的提升，海量数据在瞬间经过高速处理，分析出结果，将人类带入"互联网＋"时代，而这个"＋"可以是任何基于移动互联网、物联网、大数据、云计算等互联网技术的应用。上一节已经提到过移动互联网和云计算技术，所以下面将主要阐述物联网、大数据等技术。

1. 物联网

当前，信息与通信技术已经从满足人与人之间的沟通，发展到实现人与物、物与物之间的连接，进入无所不在的物联网通信时代。物联网促使人们在信息与通信技术的世界里获得一个新的沟通维度，将任何时间、任何地点连接任何人，扩展到连接任何物品，万物的连接就形成了物联网。

物联网的概念最初来源于1999年美国麻省理工学院（MIT）建立自动识别中心提出的网络无线射频识别（Radio Frequency I-dentification，RFID）系统，即把所有物品通过射频识别等信息传感设备与互联网连接起来，实现智能化识别和管理。

物联网是指将各种信息传感设备，如射频识别、红外感应器、全球定位系统及激光扫描器等装置与互联网结合起来而形成的一个巨大网络。其目的是让所有的物品都与网络连接在一起，系统可以自动地、实时地对物体进行识别、定位、追踪、监控并触发相应事件。物联网是在互联网基础上的延伸和扩展的网络，其核心和基础仍然是互联网，其用户端延伸和扩展到任何物品与物品之间，进行信息交换和通信（即物物相息）。物联网通过智能感知、识别技术与普适计算等通信感知技术，广泛应用于网络的融合中。物联网被称为继计算机、互联网之后世界信息产业发展的第三次浪潮。

2. 大数据

近年来，随着移动互联网、物联网、云计算等信息与通信技术的迅猛发展，数据以前所未有的速度积累和增长，大数据概念受到越来越多的关注。信息社会已经进入了大数据时代。大数据改变着人们的生活与工作方式、企业的运作模式。迄今并没有公认的大数据定义。通常，大数据是指无法在一定时间内用常规机器和软硬件工具对其进行感知、获取、管理、处理和服务的数据集合。

第一，从宏观世界角度来讲，大数据是融合物理世界、信息空间和人类社会三元世界的纽带。

第二，从信息产业角度来讲，大数据还是新一代信息技术产业的强劲推动力。

第三，从社会经济角度来讲，大数据是第二经济的核心内涵和关键支撑。

3. 人工智能

人工智能是研究、开发用于模拟、延伸和扩展人的智能的理论、方法、技术及应用系统的一门新的技术科学。随着移动互联网、云计算、物联网和大数据等新一代信息技术同机器人技术相互融合步伐加快，人工智能迅猛发展，在各个领域取得很多突破性成果。在某些领域中已超过人类，并且与一般人不同，如游戏、人脸识别、语音识别等方面，甚至超过人类顶级专家水平。另外，制造机器人软硬件技术日趋成熟，成本不断降低，性能不断提升，军用无人机、自动驾驶汽车、家政服务机器人已经成为现实，有的人工智能机器人已具有相当程度的自主思维和学习能力。

四、"互联网＋"的优势和意义

（一）"互联网＋"的优势

第一，"互联网＋"充分发挥了互联网的信息对称优势，改变了人们获得信息的方式，降低了获得信息的成本。过去我们受限于时间、地点、流程等信息不透明，从而导致了高成本投入，而现在，人们的任何问题、任何需求，都可以在互联网上找到答案，信息获得更方便，成本几乎为零。对商业来说，获得信息的低成本，让真正有需求的用户获得信息成本更低。

支付宝把很多线下场景连接起来，比如购物，比如理财，让商品种类和价格更透明；打车软件大大提升了乘客和司机的对接效率；在线教育将机构与老师之间的关系做到对称，用科学的方式去中介化，彻底打破了信息的不对称，真正做到了为用户服务。高德也进行了"互联网＋"方面的尝试：高德交通信息公共服务平台，基于高德的交通大数据云而开放的大数据能力，能够提供实时拥堵路段排行、历史拥堵指数对比等信息，并基于此提出智能躲避拥堵的出行解决方案。当这些能力与交管局、交通电台及其他各行各业合作时，就能创造出全新的供需关系。例如交通台与高德合作后，增加了避堵解决方案的新供给，而听众则收获了智能避堵的新需求。

第二，互联网改变了社交关系，尤其是随着移动互联网的发展，人们可以随时随地进行联系。从总体上来说，消费者在数字媒体上的时间有所增加，除电视以外，消费者花在传统媒体上的时间均有所下降。互联网已成为消费者获得娱乐与信息的最有效渠道。同时，手机早已超越了它的沟通功能，集资讯和娱乐于一体。

服务方式彻底发生了变革。让服务在线化、移动化，随时随地，简单方便，成本更低，使产业链上下游、同行从业者发挥各自优势，共同为客户服务提供了可能。企业可以了解消费者偏好以及由他们的数字媒体习惯所引发的触发点的需求，获取传统调研所无法达到的数据，从而提供给客户更有洞察力及影响力的策略和见解。

第三，互联网改变了人和物的关系。它能够使人和信息、物品在线，于是，整个社会资源配置更合理了，效能也达到最优化。"互联网＋"是一个化学反应，会带来新的产物，解决供需平衡的问题，这是一个质的变化。市场的一个重要功能就是配置资源，而市场配置资源的功能是通过平衡供求关系实现的。从供应的角度来讲，可以把社会的资源充分地利用起来，把闲散的资源作为新的供应放到整个经济的循环体中，这将具有巨大的价值。"互联网＋"的核心发展方向就是高效地整合资源，而这也是互联网的最大优势，不需要传统行业从业者改变原有的内部生产组织模式，可操作性很高。

（二）"互联网＋"的意义

伴随着"互联网＋"行动计划的制订，推动移动互联网、云计算、大数据、物联网等与现代制造业结合，促进电子商务、工业互联网和互联网金融健康发展，引导互联网企业拓展国际市场的提出，"互联网＋"行动计划成了当下社会最热门的话题。"互联网＋"不仅仅是互联网应用于某个传统行业，更是加入了无所不在的计算、数据、知识，造就了无所不在的创新，推动知识社会以用户创新、开放创新、大众创新、协同创新为特点的创新2.0，改变了我们的生产、工作、生活方式，引领创新驱动发展的"新常态"，"互联网＋"成了中国发展的最新驱动力。

"互联网＋"正在深深地影响着人们的生活，改变着人们的生活习惯，它对百姓的生活，对企事业的资金管理，都产生了重大影响。随着互联网的发展，老百姓的需求也在变化，个性化、人性化、智能化成为未来人们生活中的主要诉求。例如，以后的智能冰箱不再是简单的食物保鲜机，它含有智能监控和测算系统，可以根据自身存储的食物种类和数量，帮你推荐食谱、统筹采购，同时根据季节时令和食物摄入等大数据分析，定期提供营养结构报告，提出膳食改善建议；以后的人性马桶会配备智能识别系统，能分类记录家庭不同成员的排泄时间、数量，定期进行成分分析，并结合参考标准和家人以往的健康状况，对饮食结构提出建议，将大大减少肥胖、痛风等问题的发生。

这些智能产品不再是一种科幻的想象，"互联网＋"通过其大数据、云计算、智能识别等系统，让这些看似神奇的产品出现在老百姓的日常生活中。"互联网＋"已经在改变人们的生产生活方式，可以想见，未来这种改变会更加深入，更加广泛。

回想过去，想在高峰期打辆出租车可不是一件容易的事，等上十几二十分钟是平常事，如果赶上刮风下雨那就更惨。而现在，打车软件让人们大呼过瘾。无论是酷夏还是严寒，只要你拿出手机，滑动指尖，等车到了再出门，不用在寒风中忍受寒冷。互联网带给我们的改变，方便了我们的日常生活与工作，给我们节省了很多时间。这样的改变，显得格外温暖，格外人性化。打车软件为司机和乘客提供了直接对话平台，大大缩短了乘客等候时间。这只是人们日常生活中的出行方面。有需求就有市场，互联网将人们的需求记录为数据，最终分析形成结果。如打车软件，预约上门做饭，预约美甲APP，预约看病……"互联网＋"衍生出的商机无处不在。

所以说，互联网是一个平台，是每个人都可以借助其庞大的资源规模和快速高效的信息沟通优势，进行资源整合和跨界合作的开放式平台。传统时代，某一行业的从业者可能只需要掌握单一的专业知识，而在"互联网＋"时代，通过互联网平台的资源将掌握更多的知识，利用互联网移动端工具可以让我们进行跨界整合，不必依赖大规模的固定投入就能提供更丰富、更便利、更低廉、更优质的商品和服务，可以形成以市场需求为导向的生产供给，做出更多有价值的东西。

"互联网＋"代表一种新的经济形态，它充分发挥出互联网在生产要素配置中的重要作用，将互联网的创新成果深度融合于社会各领域之中，提升了各个行业的创新力和生产力，就像很多传统行业的惊人变化一样，"互联网＋"将成为经济发展新形态。有人形象地形容："互联网＋"是要给我们国家的经济发展装上互联网的翅膀。未来，"互联网+"的深度会增加，辐射范围将越来越广泛，将成为大众创业、经济社会大发展的摇篮。

第三节 "互联网+"重点行动

"互联网+"是将互联网的创新成果和经济社会各领域深度结合，促使网络思想、技术、理念在各领域、各专业都能得以应用，推动各领域技术进步、生产效率高速发展的一种经济社会发展新形态。国家十分重视"互联网+"的推动工作，国务院颁布《关于积极推进"互联网+"行动的指导意见》明确了多项重点行动，下面对其中重要的几个进行简要介绍。

一、"互联网+"创新创业

"互联网+"创新创业就是在这种情况下产生的，它旨在充分发挥互联网的创新驱动作用，以促进创新创业为重点，推动各类要素资源聚集、开放和共享，强化创新创业支撑、积极发展众创空间、发展开放式创新等，引导和推动全社会形成"大众创业、万众创新"的浓厚氛围，打造经济发展新引擎。

"互联网+"创新创业的推行有助于借助互联网的信息互动平台和信息技术推动各行各业的发展与创新，使国家经济走上便携高效的道路。例如，将互联网技术、互联网思维等引入传统企业生产领域，促使企业学会利用互联网开展产品营销、产品销售等，提高企业产品的销售量，增强企业效益。又如，将互联网与餐饮、打车、超市等服务相融合，创造出多样化的网上订餐、网上打车、网络超市等行业，刺激传统经济的转型和发展，带动经济的快速发展。

二、"互联网+"协同制造

"互联网+"协同制造是指在充分利用互联网技术、互联网优势特征等的基础上，将原本串行的工作变为并行，缩短供应链企业产品衔接所需的时间，实现产业资源充分利用的一种理念和方式。

《国务院关于积极推进"互联网+"行动的指导意见》指出，新时期我国将大力推动互联网与制造业融合，提升制造业数字化、网络化、智能化水平，加强产业链协作，发展基于互联网的协同制造新模式，具体包括以下几个方面的内容。

（一）大力发展网络化协同制造

网络化协同制造是将产品的生产、销售、质量监控、售后管理等用网络信息技术全面联系起来，通过这些环节的协同化促进制造业内部的科学融合与创新。

（二）大力发展智能制造

加快推进云计算、人工智能、智能感知元器件等多个环节的发展，促使现代信息技术和人工智能技术能运用到工业领域，推动现代工业的发展和转型。

（三）大力发展个性化定制服务

传统制造业大多是卖方市场，即企业根据市场需求的调查生产能符合大多数客户需求的普适性产品，然后将其推向市场，用户根据自己的需求选择产品。在互联网时代，通过互联网，企业能够及时把握和适应市场变化，满足消费者的个性化需求，从而完善企业的产品线，增强企业的竞争力，同时，网络化也使消费者不再是被动的产品接受者，他们只需要利用搜索工具就能找到符合自己要求的产品并进行组合，做出个性化的选择，或者定制其所需要的个性化的产品。企业应该通过互联网向潜在客户推广产品和服务，向已有客户介绍新产品和服务，企业还可以通过网络反馈回来的客户信息，使面向消费者的营销活动更趋个性化。

三、"互联网＋"现代农业

农业中存在三大问题：一是信息不对称，导致农业产能过剩；二是地处偏远的农村，产品不能直接跟市场对接；三是许多美景美食不为人知。"互联网＋"的推广行为为现代农业的发展提供了便利。

一方面，当前零散的土地已不适应互联网农业生产的要求，必须将土地集中起来，进行产业化、规模化经营，互联网在解决这一问题上具有较强的便利性。它可以通过网络技术的全覆盖、无缝渗透、高效互联等优势实现农业信息的规模化经营。也因为如此，近年来政府已把互联网当成解决农业问题的重要途径，各级有关支农惠农的政策文件中都突出了互联网对于农业发展的重要性。当前，互联网技术被越来越多地应用到传统农业生产中，利用互联网固有的优势提升农业生产水平和农产品质量控制能力，并进一步畅通农业的市场信息渠道、流通渠道，使农业的产、供、销体系紧密结合，从而使农业的生产效率、品质、效益等得到明显改善。

另一方面，互联网的信息集成、远程控制、数据快速处理分析等技术优势在农业中得到充分发挥，5G、云计算、物联网、大数据等最新技术也日益广泛地运用于农业生产之中，集感知、传输、控制、作业为一体的智能农业系统不断完善，自动化、标准化、智能化和集约化的精细农业深度发展。

四、"互联网+"智慧能源

国际学术界提出，互联网科技将大大改变人类世界的运行方式，在互通互联网的网络环境下人类要"构建一个更有智慧的地球"，"互联网+"智慧能源的概念由此提出。"互联网+"智慧能源就是利用互联网技术、理念等。

建立一个符合生态文明和可持续发展要求的能源制度体系，它是现代社会中，人们对能源消耗认知的一种进步。

《国务院关于积极推进"互联网+"行动的指导意见》明确了推动"互联网+"智慧能源的要求，即通过互联网促进能源系统扁平化，推进能源生产与消费模式革命，提高能源利用效率，推动能源生产智能化，建立能源生产运行的监测、管理和调度信息公共服务网络，加强能源产业链上下游企业的信息对接和生产消费智能化，支撑电厂和电网协调运行；加强分布式能源网络建设，提高可再生能源占比，建设以太阳能、风能等可再生能源为主体的多能源协调互补的能源互联网；加快发电设施、用电设施和电网智能化改造，提高电力系统的安全性、稳定性和可靠性。

五、"互联网+"普惠金融

《国务院关于积极推进"互联网+"行动的指导意见》也将"互联网+"普惠金融列为重点行动领域之一。当前中国中小企业和广大农村地区金融服务体系单一，金融服务投入较少，信贷资金供给不足，金融服务功能整体弱化，中小企业和"三农"的需求难以很好地满足，在农村市场信贷资金的"非农化"问题十分严重，因此，对城乡金融服务予以优化和完善就显得尤为重要。能够全方位地为社会所有群体（尤其是弱势群体）提供有效服务的金融体系普惠金融就成为推动我国金融发展的一个必然选择。

普惠金融体系想要超越时空限制的配置、变现和激励必须借助互联网，并且每个人都应该有获得金融服务机会的权利。只有每个人拥有金融服务的机会，才能让每个人有机会参与经济的发展，才能实现社会的共同富裕，建立和谐社会。因此，普惠金融必须是和互联网体系深度融合起来的一种社会化的大众行为。

一方面，互联网技术是互联网金融的有力支撑。互联网主要提供了数据产生、数据挖掘、数据安全和搜索引擎技术，通过电子商务、社交网络、搜索引擎等形成巨大的数据库；云计算和行为分析理论使大数据挖掘成为可能；数据安全技术使隐私保护和交易支付顺利进行；搜索引擎则帮助网民更加便捷地获取信息。互联网技术的发展极大地减小了金融交易的成本，扩大了金融服务的边界。

另一方面，我国的金融市场存在一些结构性问题，小微企业主、个体工商户等的融资需求无法有效满足。中国目前稳健型、固定收益类的投资工具非常少，尤其是中小投资者，更是存在缺少有效的投资渠道等诸多问题。由于金融运营和交易成本高、资产和负债期限匹配难度大、流动性管理困难等，致使存在理财产品门槛高、中小微企业无法获得融资等多种问题，传统金融机构无法满足市场需要。

为此，《国务院关于积极推进"互联网+"行动的指导意见》要求，我国要大力发展"互联网+"普惠金融，在为大众提供丰富、安全、便捷的金融产品和服务，更好地满足不同层次实体经济的投融资需求的同时，培育一批具有行业影响力的互联网金融创新型企业。

六、"互联网+"益民服务

在践行群众路线和"三严三实"的大背景下，服务好群众是党和国家提升社会经济发展的着力点和落脚点。在网络时代，发展益民服务必然也需要与网络挂钩，为此，《国务院关于积极推进"互联网+"行动的指导意见》提出要充分发挥互联网的高效、便捷优势，将互联网与益民服务结合起来，加快基于互联网的医疗健康、养老、教育、社会保障等新兴服务。

（一）"互联网+"医疗健康服务

进入21世纪后，党中央、国务院确定了全面建成小康社会的奋斗目标。习近平总书记指出，没有全面的健康就没有全面的小康。医疗卫生关乎民生。为实现人人享有基本医疗卫生的目标，国家卫生计生委提出了健康中国的发展战略。如何利用现代信息技术，构建"互联网+"医疗卫生的服务模式，促进医疗健康信息化，支撑和保障人人享有基本医疗卫生目标的实现，是当前我国医疗卫生服务必须着力解决好的重要问题。

在医疗健康服务方面，根据《国务院关于积极推进"互联网+"行动的指导意见》，互联网模式下的医疗健康服务需要重点做好以下几个方面的工作。

第一，积极发展移动医疗服务，为患者提供在线的预约诊疗、候诊提醒、划价缴款、诊疗报告查询、药品配送等便捷服务，通过互联网，将大大减少患者的排队等候时间，非常便捷。

第二，积极鼓励建立跨医院的医疗数据共享交换体系，推动医学影像、健康档案、病例、检验报告等实现数字化。

第三，鼓励有资质的医学检验机构、医疗服务机构联合互联网企业发展基因检测、疾病预防等健康服务模式。

第四，支持健康智能产品的应用和创新，推广全面量化的健康生活新方式。

（二）"互联网+"养老服务

随着我国老龄化程度不断加深，养老已成为国家和民众关注的热点问题。在"互联网+"时代，加快互联网与养老产业的融合创新发展，已成为改善民生的必然要求。由智慧养老结合信息科技优势而出现的"互联网+"养老服务，不但创新了我国的养老模式，而且还为破解我国养老事业和产业面临的难题与困境提供了新的思路与切实可行的实践路径。《国务院关于积极推进"互联网 +"行动的指导意见》对"互联网 +"养老服务的改进也做了具体说明，包括以下两个方面。

第一，鼓励养老服务机构应用基于移动互联网的便携式体检紧急呼叫监控等设备，提高养老服务水平。

第二，依托现有互联网资源和社会力量，搭建养老信息服务网络平台，提供护理看护、健康管理、康复照料等服务。

（三）"互联网 +"教育服务

"互联网 +"的热潮席卷了整个社会，信息技术与教育碰撞，致使教师角色、课程模式、学习方式、组织管理等都发生了重大改变。通过"互联网 +"，不仅给教师提供了更大的舞台，也推进了优质教育资源共享，缩小了城乡教育差距，促进了教育公平。"互联网 +"教育服务，在促进社会变革的同时，也将促进教育流程再造，开创教育的美好未来。

根据《国务院关于积极推进"互联网 +"行动的指导意见》，互联网模式下的教育服务需要重点做好以下两个方面的工作。

第一，鼓励互联网企业发展新型的教育服务模式，教育服务不仅是教育界的事情，互联网企业也可以从事教育活动，提供个性化教育服务。同时，鼓励互联网企业与教育机构合作，发展在线开放课程，探索建立网络学习、学分认定和学分转化制度，扩大优质教育资源普及范围。

第二，鼓励学校整合数字教育资源，探索网络化教育新模式，通过线上线下教育资源的对接，探索新的公共教育服务提供方式。

（四）"互联网 +"社会保障服务

当前，互联网、云计算、大数据等新兴信息技术与各领域正在深度融合发展，"互联网 +"给各行各业带来了颠覆式的变革。社会保障管理服务工作如何在这一大变革中，改变传统思维模式，革新传统管理服务方式，更大程度地提升参保群众的服务体验与获得感，是各级政府需要认真解决好的重大课题。分析背景现状，明晰发展思路，选择合适路径，大力推动"互联网 +"时代社会保障管理服务模式的创新。

在"互联网 +"的时代，推进社会保障服务的改进可从以下几个方面入手。

第一，积极运用现代信息技术，按照"五险"统筹的经办模式，构建"以人为本、惠及全民"的互联网社会保障服务新体系，实现大厅业务网上办，窗口业务手机办，线下业务线上办，再造线上服务流程，充实线上服务内容，拓展线上服务范围，创新智能服务方式。

第二，深化社会保障大数据的创新应用，建立"用数据说话、用数据决策、用数据管理、用数据创新"的管理机制，提升社会保障的科学决策、高效服务和风险防范水平。

第三，打破信息孤岛和部门壁垒，强化协同联动，促进政务服务相互衔接，规范统筹各省市数据信息，实现跨区域跨行业信息的互联互通。

七、"互联网＋"电子商务

在中国，电商正在一遍遍刷新销售额纪录，创造着令人咋舌的销售神话。中国电商正在以令人惊叹的速度快速发展。

电商具有投资少、门槛低、打破地域限制、潜在客户巨大等特点，曾在国际金融危机带来的巨大就业压力面前为中国带来了不计其数的就业和创业机会。在中国江浙、广东、河北等地的许多地方出现了义乌青岩刘村、揭阳军埔村等"网购村"，在形势日益严峻的"最难就业季"，很多高校毕业生一毕业即选择通过电商创业。与此相配套的上游制造业和下游物流、快递行业也因电商的快速发展为中国的劳动力市场带去大量的工作机会。

在电商发展的道路上不光充满机遇，也埋伏着无数挑战。互联网的虚拟性，使网络产品质量、售后服务、支付的安全性都难以保证，网购也存在风险。假货与盗版从电商发展肇始即与其相生相伴，多年来并未找到根除良策。解决网上的假货还是只能依靠互联网，相比于传统销售模式，互联网强大的搜索能力可以让制假售假的商家无处遁形。或者我们也可以这样理解，传统零售业与电商同样存在着假货盗版等问题，但在解决这些问题的时候，后者拥有比前者更加强大的武器。

为巩固和增强我国电子商务发展领先优势，《国务院关于积极推进"互联网＋"行动的指导意见》提出，要不断规范电网行为，建立网络时代的电商新秩序。其中，"互联网＋"时代的经济安全应建立于网络安全之上，遵守国家网络安全管理规范，自觉隔离和防控互联网风险，是互联网企业健康发展的基本要求。但国家对信息网络管制的正当性仅在于国家安全和社会公共安全，而不应当束缚商业自由和商业创新。

第四节 "互联网＋"时代创新创业的机遇与挑战

一、"互联网＋"时代创新创业的机遇

"互联网＋"时代的到来，为人们进行创新创业提供了巨大的成长空间，也带来了众多的创新创业机遇。

(一) "互联网＋"能够促进传统产业的调整与升级

在我国当前的经济发展中，为了避免出现"硬着陆"的现象，必须以"双引擎"驱

动经济发展：一方面要积极对新引擎进行创造，要把"大众创业、万众创新"打造成推动中国经济增长的新引擎；另一方面要积极对传统引擎进行改造与升级，特别是用信息化改造传统产业，使传统增长点焕发新活力。也就是说，要借助于信息化改造传统产业，使传统增长点焕发新活力。

事实上，"互联网 +"能够为传统产业升级提供技术上的支持和思维上的革新，促进工业互联网的发展，继而推进传统产业的结构调整，加快传统产业的转型升级。

（二） "互联网 +" 能够推动新兴产业的发展

在新兴产业的发展、新经济增长点的培育方面，"互联网 +"可以说发挥着极为重要的作用。互联网与制造业、生活服务业及农业等领域的联系日益紧密，各产业间的深度融合导致更多新业态、新产业的出现。"互联网 +"加速了产业间的融合，经济潜力巨大。同时，"互联网 +"有助于促进现代服务业及战略性新兴产业的发展。

（三） "互联网 +" 能够促进个人思维模式的变革

在"互联网 +"这一经济模式的影响下，人们的思维模式也发生了一定的变革。如今，互联网已经成为一种全民共知、共享及共赢的生活方式，个人在工作、学习和生活中将更多地把互联网纳入其中，思维模式也会因此发生变化。相比传统的思维模式，融入了互联网基因的个人思维模式将更好地帮助个体释放潜能、实现个体发展，同时也能够带动和推进中国社会进行更深层次的变革。

（四） "互联网 +" 能够使商品更加贴近消费者

随着消费互联网的建设发展，人们的消费习惯和消费方式相比之前发生了很大改变，最明显的便是网上消费日益常见和频繁。对于网上消费来说，只有贴近消费者的需求，才能获得更好的发展。这就要求商品的生产、流通、消费等各个环节都要贴近消费者。而要实现这一点，商品的生产、流通、消费等各个环节都必须借助于"互联网 +"来进行变革。在生产环节，"互联网 +"使生产者得以直接与消费者进行衔接，生产方式逐渐由大规模、单一品种的刚性生产向小规模、个性化定制的柔性生产转变；在流通环节，"互联网 +"通过构建扁平化的营销渠道结构等，简化流通环节，降低交易时间及成本；在消费环节，"互联网 +"使消费模式发生颠覆性变革，如网络购物、网络支付被越来越多的人所接受和使用。

（五） "互联网 +" 能够变革商业模式，提升企业运行效率

"互联网 +"的一个重要特征，便是平台模式与平台经济。"互联网 +"时代促进商业模式的革新，并催生了一系列新的商业模式，如电子商务平台、众筹平台、在线教育平台等。与传统商业模式不同，基于互联网的平台型商业模式有利于集聚不同类型的消

费者群体与生产者群体,促进交叉网络外部性的发挥。通过这种创新商业模式,能够实现资源要素的跨界整合与效率提升,继而提升企业的生产经营效率,提高企业的经济效益。此外,在"互联网+"的影响下,企业的治理模式也会发生一定的改变,即企业的边界模糊化、层级扁平化。这样一来,企业的运行效率便能得到大大提升。

(六)"互联网+"能够为创新创业提供良好的条件

借助于"互联网+"进行创新创业,不仅进入的门槛较低,而且创新创业的成本相比传统创新创业来说要少很多。此外,"互联网+"的出现使创新创业的环境更为公平,创新创业的范围也得到有效扩展。如此一来,我国形成了较为高涨的创新创业氛围,这对于我国转向创业型经济具有重要的作用。总之,"互联网+"为创新创业提供了良好的条件,具体表现在以下几个方面。

第一,在互联网中,每个人都能平等地对信息进行获取、发表言论、进行交易等,这使得"互联网+"创新创业具有了相对公平与透明的环境。

第二,"互联网+"创新创业的重要导向便是创新创业者的能力,在其影响下,"互联网+"创新创业形成了良性的竞争环境。

第三,"互联网+"创新创业的产业链是较为广阔的,而且衍生性较强,合作空间十分广阔。

第四,"互联网+"创新创业的初期投入相比传统创新创业来说要少很多,创新创业的成本得以大幅度降低。

第五,"互联网+"时代以天使投资、风险投资等在内的股权投资更加活跃,在一定程度上刺激了创新创业的开展。

由于"互联网+"能够为创新创业者提供良好的创新创业条件,因而越来越多的创新创业者特别是大学生创新创业者选择借助于互联网进行创业。比如,在校大学生或刚毕业参加工作的高校毕业生,大多选择"网络零售"创新创业模式。这种模式优点非常明显:进入门槛低、机会均等;自由支配度高、受时间地点限制小;信息量大、选择机会多;能结合自己的兴趣爱好;投资少、成本低、见效快;网络人气旺、市场广阔。

(七)"互联网+"能够使创新创业者更方便地接受相关培训

近年来,随着互联网的发展,一些高校、网商通过设置课程、举办网上创新创业培训班等形式,对创新创业者特别是大学生创新创业者开展网络创业教育。比如,阿里巴巴集团启动的"明日网商孵化计划""网络就业创业护航行动"等。这样一来,创新创业者便能够更为方便地接受相关培训,为今后从事创新创业奠定重要的基础。

二、"互联网 +"时代创新创业的挑战

"互联网 +"时代虽然为创新创业提供了众多的机遇，但也存在一些问题，面临不少挑战，具体表现在以下几个方面。

(一) "互联网 +"的核心技术较为落后

对于创新创业者来说，"互联网 +"虽然使其门槛大大降低，但是创新创业中出现的新业态、新模式的成长和发展，都必须以不断发展的"互联网 +"核心技术为基础。

近年来，我国在"互联网 +"领域的技术创新有了长足的发展，但在很多领域的核心技术上，相比欧美等发达国家来说仍有较大的差距。以物联网核心关键技术为例，RFID 标签、非接触式智能卡、应答装置、发射接收器等，美、日、韩排名前三位，核心优势明显。而中国对物联网的研发主要集中在拓展物联网的实际应用层面，对核心关键技术的积累与国外巨头存在不小的差距。

(二) "互联网 +"行业的标准与监管都较为滞后

随着"互联网 +"的发展以及创新创业的开展，基于"互联网 +"衍生出来的新业态、新模式越来越多。这些新业态、新模式要想得到顺利发展，必须有科学的行业标准以及严格的监督管理体制。

就当前"互联网 +"发展的现实来说，以"互联网 +"为基础发展起来的新业态、新模式的行业标准与监管都是较为滞后的。尤其是家政、美容等注重个人体验的服务业，本身在制定相关的行业标准方面难度就很大，而"互联网 +"元素与这类服务业的组合，使得相关行业标准的制定更为困难，从而导致这类服务业在实际运行过程中出现了不少问题。

(三) "互联网 +"创新创业需要无法得到有效满足

我国现行的教育体系与创新创业的现实需求相比，还存在较大的脱节，人力资本积累难以满足创新创业，特别是"互联网 +"创新创业的需要。也就是说，对于"互联网 +"之类的新兴事物，现行教育体系远未建立起系统的人才培养机制。因此，"互联网 +"创新创业要想在未来得到有效开展，必须努力提高我国教育的质量。

(四) "互联网 +"创新创业未能被创新创业者科学认知

在当前，不少创新创业者对"互联网 +"创新创业存在认知上的偏差与误区，由此导致"互联网 +"创新创业实践出现了不少问题。具体而言，创新创业者在"互联网 +"创新创业认知上存在的偏差与误区主要有以下两个。

1. 只注重形式上的"互联网＋"创新创业

当前不少创新创业者在进行"互联网＋"创新创业时，只追求形式上的创新，对创新中需要提升的核心技术、产品质量以及服务品质等则未给予足够重视。这样的"互联网＋"创新创业通常难以获得成功，即使暂时取得成功，也难以维持较长时间。

2. 未充分认识到"互联网＋"创新创业的残酷性

在当前，很多的创新创业者，特别是缺乏社会经验的大学生创新创业者，未充分认识到"互联网＋"创新创业的残酷性，也没有做好应对"互联网＋"创新创业残酷性的准备，由此导致不少的"互联网＋"创新创业最终失败。

"互联网＋"虽然使创新创业的门槛大大降低，但借助于互联网进行创新创业相比传统的创新创业来说，要更加具有残酷性。这是因为，在"互联网＋"基础上衍生出来的新业态和新模式，具有鲜明的先发优势和用户黏性，不利于其他相似业态和模式的发展。举例来说，"互联网＋"餐饮行业的组合使得外卖网站得以发展。就我国当前的外卖市场来说，已被饿了么、美团外卖、百度外卖等占据了绝大部分。在这种情况下，再采取"互联网＋"餐饮行业的模式进行创业不仅毫无新意、浪费资源，而且生存下来的可能性也不大。

第二章
"互联网+"背景下大学生创新创业基础理论

随着社会经济的发展，国家越来越重视创业和创新。正在加快改革科技成果产权制度、收益分配制度和转化机制，同时不断简化创业行政审批手续，降低创业门槛，大力破除技术壁垒、行政垄断的藩篱。"大众创业、万众创新"是经济增长的新引擎。00后是一批受过高等教育的年轻人，他们正在成为社会劳动的主力军。他们思想上更开放，更具有国际化的视野，也深受互联网的影响，创新创业文化已经深入到他们每一个人的内心深处。创业创新为每个人提供了一个以勤劳致富、实现梦想的公平机会。创业创新正在成为实现个人价值的重要方式。当前，我国已形成"政府促进创业、市场驱动创业、学校助推创业、社会扶持创业、个人自主创业"的生动局面。以互联网为依托的创新平台、创业途径正在持续打破时空限制，网店、微店、微客、创客等新兴群体已不断通过新创意来参与公平竞争，踏上成功创业之路。"互联网+"为产业智能化提供支撑，增强新的经济发展动力，为"大众创业、万众创新"提供新环境，当然，也为大学生创业者提供新的理论和技术支持。本章就"互联网+"背景下大学生创新创业的基础理论及相关问题进行阐述。

第一节 创新创业的内涵

一、创新的内涵

创新是以现有的思维模式提出有别于常规思路的见解为导向，利用现有的知识和物质，在特定的环境中，本着理想化需要或者为满足社会需求而改进或创造新的事物、方法、元素、路径、环境，并能获得一定有益效果的行为。具体来说，创新是指人为了一定的目的，遵循事物发展的规律，对事物的整体或其中的某些部分进行变革，从而使其得以更新与发展的活动。

关于创新的标准，通常有狭义与广义之分。狭义的创新是指提供独创的、前所未有的、具有科学价值和社会意义的产物的活动。例如，科学上的发现、技术上的发明、文学艺术上的创作、政治理论上的突破等。广义的创新是对本人来说提供新颖的、前所未有的产物的活动。也就是说，一个人对问题的解决是否属于创新性的，不在于这一问题及其解决方法是否曾有别人提出过，而在于对他本人来说是不是新颖的。

具体来说，创新主要包括以下四种情况：

第一，从生物学的角度来看，创新是人类生命体内自我更新、自我进化的自然天性。生命体内的新陈代谢是生命的本质属性。生命的缓慢进化就是生命自身创新的结果。

第二，从心理学的角度来看，创新是人类心理特有的天性。探究未知是人类心理的自然属性。反思自我、诉求生命、考问价值是人类客观的主观能动性的反映。

第三，从社会学的角度来看，创新是人类自身存在与发展的客观要求。人类要生存就必须向自然界索取需要，人类要发展就必须把思维的触角伸向明天。

第四，从人与自然关系的角度来看，创新是人类与自然交互作用的必然结果。

二、创业的内涵

创业本义是"创立基业""创建功业"。《辞海》的解释就是"创立基业"。在英文中，"创业"有两种表述方式：一是"venture"；二是"entrepreneurship"。"venture"一词的最初意义是"冒险"，但在企业创业领域，它的实际意义是被赋予了"冒险创建企业"。20世纪70年代中期以来，创新和创业精神成为全球理论界和实业界关注的新热点，专家学者纷纷从创业本质出发，重新审视管理理论，谋求创新。创业是一个跨学科、多层面的复杂现象，这一特点使得这一领域既引人注目又显得复杂。

结合我国当前实际，认为创业是通过必要的时间和努力发现与把握商业机会，通过创建企业或企业组织结构创新，筹集并配置各种资源，将新颖的产品或服务推向市场，从而最终实现企业经济价值和社会价值的过程。当然，从更广泛的意义上说，创业就是创造事业。

从以上创业概念上看，它主要强调了以下四个方面。

第一，创业是创造的过程。创业创造出某种有价值的新事物，这种新事物必须是有价值的，不仅对创业者本身，而且对其开发的某些目标对象也是有价值的。

第二，创业需要贡献出必要的时间，付出极大的努力。要完成整个创业过程，要创造新的有价值的事物，就需要大量的时间。

第三，承担必然存在的风险。创业的风险可能有多种形式，一般来说是财务方面的、精神方面的、社会方面的以及家庭方面的。

第四，给予创业家以创业报酬。作为一个创业者，最重要的回报可能是其由此获得

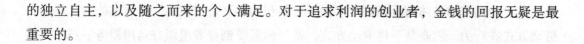

的独立自主，以及随之而来的个人满足。对于追求利润的创业者，金钱的回报无疑是最重要的。

三、创新与创业的关系

（一）创新与创业的内在联系

创新不是创业，但是创新与创业是密切相关的实践活动。一方面，成功的创业离不开创新。创业者要么通过创新进入一个新的领域，获得先机；要么进入一个既有的行业，面对大大小小的进入门槛和形形色色的竞争对手，也只有通过创新才能谋求到竞争优势。另一方面，创新也需要创业。创新的成果经过创业的产业化发展才能更加彰显创新的价值，从而也更能激励企业和个人不断创新。

创新与创业两者的关系相互促进又相互制约，是密不可分的辩证统一体。创新是创业的基础，是创业人才必备的素质；创业是创新的载体和表现形式。创新为创业成功提供了可能性和必要的准备，但如果脱离创业实践，缺乏一定的创业能力，创新也就成了无源之水。

从创新的时效性看，企业创新特别是在科技成果推向市场的过程中，一般总是从产品创新、技术创新开始的。当产品创新和技术创新进行到一定程度时，企业的创新注意力会逐渐移到市场营销创新上。在这些创新重点的不同时序上，还会伴随着必要的管理创新和组织创新。

综上所述，可以看出创新与创业两者相互联系、密不可分。由于创新与创业的密切关系，创业与创新教育应该相互渗透融合，弘扬创新创业精神，健全创新创业机制，完善创新与创业的环境。

机会型创业是衡量一个国家创业活跃程度和创业水平的重要指标。无疑，人数众多的受过高等教育具有较高综合素质的大学生应是机会型创业的主力军。大学生在就业与创业的选择中，可以充分发挥自身优势，利用资源和环境条件，捕捉、识别、筛选并抓住市场机会，作为事业的选择，从事创业活动。

（二）创新与创业的区别

第一，概念不同。按照《现代汉语词典》的解释，创新是指抛开旧的、创造新的，也可简要概括为破旧立新的过程。创业，在《辞海》中的定义是"创立基业"。因此就可以被译为"事业心、开拓精神教育"或是"企业家精神教育"。创业就是创业者对自己拥有的资源或通过努力对能够拥有的资源进行优化整合，从而创造出更大的经济或社会价值的过程。而创新则是一种新思想从产生到首次商业化的过程，简而言之，创新就是美好的梦想加上有效的实施，最后变为价值的创造过程。

第二，涵盖的具体内容不同。"创业"最初的含义是"冒险"，现在的含义是一种劳动方式或行为。创业是一种劳动方式，是一种需要创业者组织并运用服务、技术、器物作业并进行思考、推理和判断的行为。创业是一个从无到有的实践过程。"创新"是指一个独立个体能够善于发现和认识有意义的新知识、新思想、新事物、新方法，掌握其中蕴含的基本规律，并具备相应的能力。创新涵盖众多领域，包括政治、军事、经济、社会、文化、科技等各个领域的创新。

第三，两者的作用不同。创业的作用在于创造财富和价值，同时也推动并深化创新。创新的作用在于发现和创造新东西，它是事业发展的源泉和动力，它的价值体现在创业上。创业者在创业过程中需要具有持续旺盛的创新行为、创新意识，才可能产生富有创意的想法或方案。当今社会，企业是创新的主体，创新是企业最重要的战略重点之一。通过创新实现企业效益的有机增长，是在行业内取得成功的关键。

第四，创业和创新对创业者的要求不同。创业需要创业者不断开发、提高自己的创业基本素质，具备创业精神和创业能力，创新需要创业者具备创新精神和创新能力。创业精神是创业中体现的精神，而创新精神是指在创业者的主观世界中，体现出的具有开创性、新颖性的思想、观念、方法、个性、意志、作风、品质等。

由上述可知，创业与创新虽然都具有开创新东西之意，但两者内涵有着明显区别。创业可能涉及创新，或者也并不涉及；创新可能涉及创业，或者也并不涉及。

四、人类创新创业的发展历程

人类社会发展的历史，从某种意义上讲就是一部不断创新创业的历史。人类文明离不开创新创业活动。创新创业活动推动社会进步，是人类赖以生存和发展的基础。

（一）人类创新创业的起源

1978 年英国出版的《发明的故事》一书详尽介绍了古今中外近 380 种人类创新创业与发明创造成果的历史由来。其中，数得上人类"第一发明"的当推弓箭。弓箭等猎具的发明和推广应用极大地提高了生产效率，使猎物有所剩余，养起来成为家畜，推动人类社会由采集为主、狩猎为辅的时代转入畜牧时代。从此母系社会开始瓦解，进入父系社会。

弓箭的广泛使用使人们产生利用弓弦绕钻杆打孔的想法，从而发明钻具。人类利用钻具与被钻物的摩擦生热进行取火，掌握了取火技术。人工取火技术的掌握不仅可以用于熟食、照明、取暖和驱避野兽等，使人类寿命得以延长，生存质量得到提高，而且在火烧黏土的制陶过程中随着高温技术的掌握，更是可以用火熔炼金属，制造金属农具，给人类带来生产文明。随着以金属农具为代表的整套农业技术的推广应用，人类社会由畜牧时代进入农业社会。可以说，钻木取火技术的发明当推人类历史上第一次技术革命。

（二）农业文明——人类创新创业史上的第一个高峰

在古代社会，以农业文明为代表的创新创业实践与发明创造活动，使我国长期处于封建社会。我国形成了与西方不同、独具一格的政治、经济、文化传统和科学技术体系。在西方处于落后的中世纪时，我国正处于唐宋盛世（公元7—12世纪）。我国古代伟大的四大发明中除造纸技术外，其余三大发明都是在这一时期成熟和推广应用起来的，形成我国历史上科学文化与经济繁荣前所未有的壮观景象。

我国古代的四大发明传入欧洲和亚洲一些国家，促进了这些地区的科学技术和生产力的发展。指南针促进欧洲航海事业和探险事业的发展，火药成为消除欧洲各地封建割据的有力武器，造纸术和印刷术则对欧洲科学文化的普及、提高起到永久性的巨大推动作用。

（三）工业文明——人类创新创业史上的第二个高峰

在我国明末至清朝道光年间（公元17世纪至1830年）、清朝咸丰至宣统年间（1851—1900年）以及清朝光绪至民国年间（1879—1930年），世界生产力的发展先后经历以瓦特蒸汽机为代表的机械技术革命、以煤化学和合成染料为代表的化工技术革命以及以电气化为代表的电力技术革命三次高潮，世界科学技术和生产力发展的中心相继由英国、德国转移到美国。第二次工业革命是以电力的广泛应用为其显著特点的，它使世界跨进了电气时代。

从19世纪六七十年代起，世界上出现了一系列电气发明。1866年，德国工程师西门子制成发电机，1870年，比利时人格拉姆发明了电动机，电力开始被用来带动机器，成为补充和取代蒸汽动力的新能源。内燃机的发明是这一时期应用技术上的又一重大成就。1876年，德国人奥托制造出一台以煤气为燃料的四冲程内燃机，成为颇受欢迎的小型动力机。1883年，德国工程师戴姆又制成以汽油为燃料的内燃机。1892年，又一名德国工程师狄塞尔发明了一种结构更简单、燃料更便宜的内燃机——柴油机，它虽比使用汽油的内燃机笨重，但非常适用于重型运输工具。由于内燃机的发明解决了交通运输工具的发动机问题，在这一领域中发生了一次革命性的变革。19世纪80年代，一种新型的交通工具——汽车诞生了。从19世纪90年代起，许多国家都建立起汽车工业。

内燃机的发明还推动了石油开采业的发展，加速了石油化学工业的产生。在无机化学工业方面，19世纪60—70年代发明了以氨为媒介生产纯碱和利用氧化氮为催化剂生产硫酸的新方法。化学工业也随着煤焦油的综合利用得到迅速发展。从19世纪80年代起，人们开始从煤焦油中提炼氨、苯、人造染料等化学产品。

人造染料成本低、性能好，很快就代替了天然染料。

新的技术革命也推动了一些老工业部门的发展，其中最突出的是钢铁工业。1856年英国人贝西默发明的"吹气精炼"操作法很快得到推广，从19世纪60年代起许多国家都修建了贝氏转炉。1864 年，法国人马丁和德国人西门子兄弟同时宣布发明了平炉炼钢法。平炉不仅可以熔化生铁和熟铁，还可以熔化废钢，使之变成优质钢。但这两种炼钢法都不能使用含磷的矿石。1875 年，英国冶金技师托马斯成功地解决了这个问题。他发明的碱性转炉使用含磷矿石也可炼出优质钢。冶炼技术的不断改进使钢的质量明显提高，产量持续增长。

（四）信息社会知识经济、创意经济的发展与创业革命

到 20 世纪中叶，以原子能、电子计算机、航天技术、网络技术的应用为代表的信息技术的发展，引起社会生产的重大变化，从而又导致了第三次工业革命。信息革命使得科学技术转化为直接生产力的速度加快，科学和技术密切结合相互促进，科学技术各个领域间相互渗透，高度分化又高度综合。所有这些，极大地推动了社会生产力的发展，促进了社会经济结构和社会生活结构的变化，推动了国际经济格局的调整。信息技术革命正在进行中，每一天都有新的信息技术不断改变现状，这就要求整个社会不断地对传统生活方式以及法律法规进行调整。

在多如繁星的信息技术中，计算机技术是推动信息技术革命发展的重要技术。计算机技术也带动了很多相关技术的出现及发展，如微电子技术、网络通信技术、Web 和数字化技术等。在人们的生活中，计算机技术和通信技术在很多电子产品中得到广泛应用，致使现在电子产品种类众多，包括计算机、便携式媒体播放器（如 iPod）、数码相机和便携式摄像机、移动电话、收音机和电视、GPS（全球定位系统）、DVD 和 CD 播放器、电子书阅读器、街机游戏以及平板电脑（如 iPad），甚至连汽车和家用电器（如微波炉、电冰箱和洗衣机）都使用计算机技术进行控制、监视和故障检测。

知识经济社会，知识与信息在经济社会商品价值创造中所起的作用越来越大，很多知识与信息成为独立存在的商品。以知识为主宰的知识经济时代，知识成为衡量企业财富的标准，成为企业的战略资产。在以知识为基础的知识经济社会，智力资源成为一个国家、一个企业取得竞争优势的核心资源。创意产业是基于知识产权，通过对知识产权的开发来创造潜在财富和就业机会的产业。随着社会的发展，创新产业的涵盖面越来越宽泛。创意产业体现新经济的创新性、高附加值性、强融合性、渗透性、辐射性和持久营利性特点，日益呈现出融入服务业、制造业甚至包括初级制造业等其他产业的趋势。创新创业成为经济发展的重要引擎，导致新产品和新行业的不断涌现，特别是创意产业的发展，高科技中小企业呈现强劲的发展势头。

第二节 大学生创新创业与互联网的结合

一、互联网创业的模式

互联网思维与传统行业最迥异的，应该就是商业模式。传统行业思考的只是产品创新，而互联网行业似乎还得思考商业模式创新。比如 Google，20 世纪末大家还为 Google 没有商业模式而担忧。Facebook 上市之后也仍旧没有牢靠的商业模式。但是，Google 和 Facebook 现在都不怎么为收入发愁，只要用户数量积累到一定程度，自然有赚钱的门道"涌现"出来。所以，只要你的产品能够吸引到足够多的用户，商业模式自然就出现了。

互联网行业已经基本上摸索出了所谓互联网思维下的商业模式。在产品积累到足够多的用户后，这些现成的商业模式都可以拿来为我所用。初步归纳一下，大致有以下几种商业模式。当然，更多优秀的企业还在不断开拓新的商业模式。

（一）实物商品的商业模式

如果你的产品是某种物品，受众可以直接持有和使用这种物品，也就是通常意义上的商品货物，那么你的商业模式就很简单，基本上就是以下四种模式：

第一，自己生产、自己销售：自己直接生产、直接销售给用户。

第二，外包生产、自己销售：把生产环节外包出去，自己负责直接销售给用户。

第三，只生产、不销售：自己负责生产，交给分销商销售。

第四，只销售、不生产：自己作为分销商，或者提供销售商品的交易市场。

（二）广告

自从 Google 开始在搜索结果旁边放广告以来，广告已经成了互联网行业默认的首选变现方式。实际上，广告本来是平面媒体的主要商业模式，现在互联网行业已经彻底抢走了广告领域的风头。

1. 展示广告

展示广告的一般形式是文字、banner 图片，通栏横幅、文本链接、弹窗等，通常是按展示的位置和时间收费，也就是我们所说的包天广告或包月广告。这是目前最常见的模式。

2. 广告联盟

广告联盟相当于互联网形式的广告代理商，广告主在广告联盟上发布广告，广告联盟再把广告推送到各个网站或 APP。百度联盟、Google AdSense 是最大的两个广告联盟。基本上网站流量还没有到一定程度时，都会选择跟广告联盟合作，只有做到一定流量后，才会跟确定的广告主直接建立合作关系。广告联盟一般是按广告的点击次数收费。

3. 电商广告

最常见的就是阿里妈妈了，当然京东、亚马逊、当当都有自己的电商广告。这些广告一般是按销售额提成付费。很多导购网站完全依靠这种收入，特别是海淘导购网站，会接入各个海外购物网站的广告赚取佣金。

4. 软文

软文是指把广告内容和文章内容完美结合在一起，让用户在阅读文章时，既得到他需要的内容，也了解广告的内容。很多媒体网站或者微博、微信大号都是靠软文赚钱的。

5. 虚拟产品换广告效果

你还可以为用户提供虚拟产品，但代价是用户必须接受一定的广告，比如看完整段广告、注册某个网站的用户、下载某个 APP。

6. 用户行为数据

通过分析用户在你的网站或 APP 上的操作方式，可以分析用户的习惯和心理，从而有利于在产品设计和商业规划上做出正确的决策。很多企业都需要这样的用户使用习惯的数据，所以可以卖这样的数据以获利。淘宝数据魔法就提供这样的服务，比如告诉你什么地方、什么商品、什么风格、什么尺码最受用户欢迎。

（三）交易平台模式

1. 实物交易平台

用户在你的平台上进行商品交易，通过你的平台支付，你从中收取佣金。天猫就是最大的实物交易平台，佣金是其主要的收入来源。

2. 服务交易平台

用户在你的平台上提供和接受服务，通过你的平台支付，你从中收取佣金。饿了么、美团、大众点评网就是这样收取佣金的。滴滴打车的盈利模式也是收取司机车费的佣金。

3. 沉淀资金模式

用户在你的平台上留存有资金，你就可以用这些沉淀的资金赚取投资收益回报。传统零售业用账期压供应商的货款，就是为了用沉淀资金赚钱。现在这个方法也用到互联网行业了，据说京东就是靠这个沉淀资金赚钱的。很多互联网金融企业、O2O 企业也是寄希望于这个模式。

（四）直接向用户收费

除了广告，另外一大类商业模式就是直接向用户收费。当然，如果前期就收费，很可能会"吓跑"用户。所以，需要借助一些巧妙的做法。

1. 定期付费模式

这种商业模式类似于手机话费的月套餐，定期付钱获得一定期限内的服务。相对于一次性付费直接买软件，定期付费的单笔付费金额比较小，所以用户付费的门槛相对较低。

比如 QQ 会员，就是按月按年付费的模式。

2. 按需付费

按需付费是用户实际购买服务时，才需要支付相应的费用。比如，在爱奇艺里看到想看的某一部电影，花 5 块钱，就是按需付费。如果买了爱奇艺的 VIP 用户，在一段时间内所有会员免费的电影都可以看，这就是定期付费模式。再比如，在道客巴巴找到一个需要的文档，下载要 5 块钱，用微信支付后就可以下载这个文档了。

3. 打印机模式

打印机的商业模式是指，先以很便宜的价格卖给消费者一个基础性设备，比如打印机，用户要使用这个设备，就必须以相对较高的价格继续购买其他配件，比如耗材。剃须刀也是采用类似的商业模式，刀架的价格近乎白送，然后通过卖刀片赚钱。

（五）免费增值模式

免费增值商业模式就是让一部分用户免费使用产品，而另外一部分用户购买增值服务，通过付费增值服务赚取利润。不过，可能只有 0.5% ~ 1% 的免费用户会转化为付费用户。

1. 限定次数免费使用

这种模式是在一定次数之内，用户可以免费使用，超出这个次数后就需要付费了。

2. 限定人数免费使用

这种模式是指用户数量在一定人数之内是免费的，如果用户数量超出这个限定额就要收费了。比如很多企业邮箱服务，如果公司注册某个域名，打算用这个域名做企业邮箱，企业邮箱服务商可以要求 5 个以内邮箱地址免费，超过 5 个邮箱地址就要付费购买他们的服务。

3. 限定免费用户可使用的功能

免费用户只能使用少数几种功能，如果想使用所有功能就得付费。

4. 应用内购买

应用的下载和使用是免费的，但是在使用的过程中，可以为特定的功能付费。最常见的就是游戏了，购买虚拟装备或者道具需要付费。再比如在微信内购买付费的标签。

5. 试用期免费

让用户在最初一定的期限内免费使用，超过试用期之后就要付费了。比如 Office 软件。

6. 核心功能免费，其他功能收费

APP 有不少是这种模式，一个产品分为免费版和收费版。免费版里基本功能都有，但是要获得更多的功能，就要收费。比如照片处理应用，免费版有几个基本的滤镜效果，差不多够用，但是如果要更炫更酷的滤镜，就要下载付费版。

7. 核心功能免费，同时导流到其他付费服务

比如微信，微信聊天是免费的，但是微信内置了很多其他服务，如游戏、支付、京

东、滴滴打车，这些服务都有可能是收费的。

8.组织活动

通过免费服务聚集人气，然后组织各种线下活动，这些活动可以获得广告或赞助，或者在活动中销售商品或服务。比如，很多媒体通过组织线下行业峰会赚钱。还有的地方社区会组织线下展销会、推荐会销售商品或服务，比如装修展销会等。

创业者努力做好产品，努力"粘"住更多的用户，用户数量达到一定程度了，选择一个合适的商业模式就可以赚取利润。

二、网络创业模式的特征

网络创业模式本质上是以网络技术为基础创业的组织形式、方式以及行业选择的组合，不同的组合方式呈现不同的特点，下面从创业的启动资金量、资金来源、创业团队、推广方式、盈利模式等方面分析总结不同模式的特征。

（一）产品和服务销售模式的特征

第一，创业启动资金较少，以自给为主。调查数据显示，超过 70% 的该模式创业者的启动资金在几千元，主要是网络平台使用费、会员注册费等。

第二，运营费用少，创业风险系数较低。网上商店仅须向电商平台开发企业支付网店租金、交易佣金及网站维护建设费等，运营成本较少，资金占用率低，很大程度上降低了创业风险。

第三，推广方式以产品促销和广告宣传为主。缺乏资金的小规模商家大多采取商品减价促销的推广方式，而有实力的大型商家则倾向于借助第三方平台投放广告，进行推广。

第四，技术要求较低。仅需掌握基本的网站平台操作技术，并具备一定的经营能力、财务管理能力以及社会关系处理能力即可。

第五，盈利模式较简单。网店的盈利模式较简单，主要通过销售产品和服务获利，而提供网络平台服务的创业者则以收取平台使用费、会费、佣金和广告位置费等方式实现盈利。

（二）访问量利用模式的特征

1.创业的启动资金数额大

我国网页数量已达几千亿，创业者要想在激烈的竞争中脱颖而出，必须加强网站建设，及时更新数据库信息，而这需要强大的资金支持。因此，该创业模式对启动资金的要求较高，一般在千万元以上。

2.创业资金来源多样化

由于该创业模式投入资金的数额较大，因此资金来源往往并不单一，主要包括团队内部募集、银行贷款、风险投资等方式。

3. 推广方式多元化，线上与线下相结合

为充分提高网站知名度、增加访问量，创业者往往选择多元化的推广方式，即线上推广与线下推广相结合。线上推广主要利用大型门户网站进行链接推广或广告宣传等，线下推广主要以活动赞助或自行举办活动等方式开展。

4. 运营费用较高，创业风险系数高

该模式要求创业者定期进行网站维护和数据库更新，因此不仅要求前期投入数额较大的启动资金，中期还需投入较高的运营费用。巨大的资金投入和激烈的竞争环境使该创业模式的风险系数较高。

5. 盈利模式多元化

该模式以网站的访问量为资源，主要通过向商家收取广告投放费、用户注册会员费及第三方应用分成（如游戏收入）等途径实现盈利。

（三）创意类商品交易模式的特征

1. 创业启动资金少，以自给为主

若不考虑前期的教育投入，该模式所要求的启动资金数额小，以自给为主，主要用于平台的会员注册，部分网站甚至免费注册。

2. 对创业者知识技能要求较高

该模式要求创业者必须创造性地解决客户的个性化需求，将个人知识、经验、技能等无形资产转化成实际收益，因此创业者需要具有较高的知识水平和特定的专业技能。

3. 创业团队规模小

该模式的创业者一般以个人或小规模的创业团队为主，团队人数基本在 5 人以内。

4. 推广以口碑营销为主

创业者自身的知识、技能水平将决定客户的满意度，因此，口碑营销是该模式最有效的推广方式。此外，创业者还可借助大型社交网站进行自我推广。

5. 盈利模式与实体商品交易模式相同

创业者运用自身的知识、专业技能满足客户的个性化需求，以获得客户支付的等价报酬，其盈利模式与实体商品销售模式本质上是相同的。

（四）网络技术业务模式的特征

1. 启动资金较多，初期发展需大量的资金支持

该模式的启动资金主要应用于开发试运营技术，又称为"试错成本"，资金数额较大，并且在发展阶段仍需强大的资金支持，金额在百万元至千万元不等。

2. 资金来源以风险投资为主

若创业者所拥有的技术项目具有较强的市场竞争力，则易受风险投资者的青睐，获

得发展的资金支持。此外，银行和其他金融机构的贷款资助也是重要的融资渠道。

3.创业团队技术水平要求高，成员综合素质强

为增强项目的市场竞争力，实现经济效益，该模式不仅要求创业团队具备较高的技术水平，还须具备一定的营销推广能力、项目管理能力等。

4.推广方式以口碑营销和广告宣传为主

该模式创业者一般选用多元化的推广方式，包括社交平台推广，口碑传播、SEO推广、广告宣传以及举办线下活动等，其中口碑营销和广告宣传是最主要的推广方式。

5.盈利模式多样化

网络技术的差异性导致企业的盈利模式不尽相同。大部分创业企业的利润由技术服务费和广告宣传费两部分组成。

三、传统行业接轨互联网思维

"互联网＋传统行业"的初期，是销售环节的电商化，如开网店。而当下，传统产业的管理模式和商业模式必须改造升级，利用资本投资的杠杆作用，实现传统业务模式下的业务创新。

（一）思维层面：忘掉客户，连接用户

互联网革命对于传统产业核心的改变，就是去中心化、去中介化。通过线上的平台，可低成本地实现B端和C端、C端和C端的连接，绕开商业链条中经销商之类的中间者。

而移动互联网的发展，使个体能力被无限放大，改变了传统工业时代以商品为中心的商业逻辑，形成了以人为中心的商业新逻辑。

以上两种变化都形成了一个明确的观念：连接用户比连接客户更重要。互联网思维便是连接市场主体的个体用户，这是互联网商业逻辑实现的基础。

以易积电器为例，在做传统家电企业电商运营时，虽然也是以服务甲方的方式在进行乙方业务，但他们掌握了与消费者直接接触的通道，实现销售时与消费者（C端）的有效连接和互动。

而传统家电企业，长期以来围绕渠道商（B端）进行管理工作。虽然连接的个体数量较少，效率好像提高了，但因存在这个中间环节，无法与最终用户（C端）直接连接。理论上，所有商品到达的用户都是这个品牌的用户，但它缺少一个能够高效低成本进行实时互动的平台。

易积电器从事互联网电商代运营业务，既能进行线上数字化销售，又能直接面向消费者，产生基于互联网平台的信息数据交互，获得了真正和用户连接互动的日常协同平台。有连接、有平台是实现互联网化的基本前提。

而传统家电企业进行的所谓互联网化转型，都未触及互联网化的首要命门，没有与

用户直接连接互动。虽然进行电商业务的拓展，但依然是围绕传统销售渠道，为渠道代理商提供增值服务，仍是工业化思维逻辑中的以产品为中心，而非以人为中心。

忘掉客户，连接用户。从 2B 到 2C，无论你愿不愿意，这才是实现互联网化的首要转变和新思维。

（二）方法层面：去做，才可能想明白

MVP（Minimum Viable Product，最小化可实行产品）可以在线上或者实验室中，通过低成本的方式完成，其结果反馈是进行大规模实践的重要依据。

MVP 是互联网革命这台机器能高效运作的最重要的方法论。在互联网产业变革领域，变革的动力来自对未来的宏观预见，而这种预见充满着不确定性，且无法用工业化时代的战略、规划等方法准确透析。因此，需要面对不确定的未来进行最小化的试验。

而传统行业决策者，在充满不确定性的情况下，缺乏投身进行试验的习惯和勇气。他们一心向往可以一眼看得到未来的模式，或是曾经实践过但当下或许已经过时的方法，始终不愿投入 MVP 的实践中。

去做、去试验，不去想太多结果性的东西。这是一种雷厉风行的实用主义，也是互联网精神的核心之一。

当下，未经过充分试验就可以看得清楚的商业模式几乎是不存在的，或已是红海市场。而复合型的商业模式，复杂的价值实现逻辑，不是坐在传统行业老板位子上的人想想便能得出的。即使最终变现的方式可能还是很传统，但是其运作逻辑已经发生了重大的变化。这些运作逻辑是通过许多 MVP 试验才能探索出来的，而坐着想想或通过翻看数据库是不能得出的。

（三）支撑层面：跨界，才能连接人才

转变了理念，也能真正动手去做，但由谁来操盘转型实践又是另一个问题。因此，吸引更多的人才加入宏伟计划之中就成为当务之急。

然而，传统企业之所以距离互联网较远，一方面是因为这是一个新生事物，另一方面也是更重要的，便是其圈子往往距离互联网从业人群较远。这导致传统行业与互联网无法实现真正的融会贯通。即便对于互联网有所理解，其接触到的也都是互联网思维方法的表层。例如 "参与感" "饥饿营销" "极致" 等热词，充满无数的假象和幻想。但是，若不能从互联网思维的本质去深究，仅从表层意思去理解其中的内涵，只能是走马观花，无法深入互联网产业发展的内核之中。因此，必须勇敢地进行跨界。

一方面，是从传统工业思维到互联网思维的跨界；另一方面，是社交圈子的跨界。你需要的人才往往在与你没有交集的另一个世界里，只有跨界才能够与其连接。

传统的招聘方式是将需求给企业人力资源，再由其去招聘。然而，其掌握的渠道及人才库，往往和企业过往的发展相适应，缺乏必要的新渠道。同时，看简历、面试的传

统方法，在互联网时代已经不再适用。

例如，想招聘一个社会化媒体营销的人才，你在心中就要清楚地知道，在资讯发达的今天，能够做好社会化媒体营销的人才一定可以通过各种渠道，在开放的平台上进行自我传播和表达，形成品牌的展现。所以，你要做的不是去发招聘广告，而是直接去那些能够体现社会化媒体营销能力的场合去发现他。而能力如何，通过一个自媒体账号、论坛或微信群的实践结果便可看出来，而不再需要面试、试用期等。

跨界，跨出自己固有的交际圈子，通过更加互联网化的手法来获得人才。走出这一步，才是成功启动所有互联网化大计的第一步。

在互联网大潮之中，核心的商业本质或许没有改变，但商业的逻辑和组织流程发生了翻天覆地的变化。无法熟练掌握新的商业价值实现逻辑，则意味着距离商业本质又远了。

互联网的思维逻辑、方法论以及工具手段，都是带你进入互联网商业逻辑的引路人。进入这样的轨道和思维逻辑中，互联网化转型来得自然会更快。

第三节 "互联网＋"背景下大学生创新创业的培育方法

我国正处在经济社会转型的关键时刻，创新创业成为一种社会需求，可以说，西方发达国家的经济可持续发展都是以大学生创新创业为驱动的。作为社会关注的重点，大学生创新创业不仅是社会需求，也是自身需要，是大势所趋。而伴随着互联网的飞速发展，"互联网＋"为大学生创新创业打开了新的大门。本节即对"互联网＋"背景下大学生创新创业的路径进行分析探讨。

一、"互联网＋"背景下大学生创新创业的现实需求

（一）大学生创业是经济平稳转型的形势所需

在当前这个经济社会转型的重要时期，企业的转型决定了经济社会转型的成功与否。而企业的转型又与其人才的数量、质量息息相关，可以说，是否拥有足够的创新型人才资源是企业转型的关键。而高校的创新创业教育又是高技能创新型人才的培养基地。因此，为了确保企业乃至整个经济社会能够顺利转型，高校应高度重视创新创业教育，积极适应市场要求，并主动寻求变革发展，在校园内建立起良好的创新创业氛围，帮助大学生树立创新创业意识、增强创新创业素质、提高创新创业能力，培养出具有区域特色的创新创业高技能人才。

（二）创业成为大学生自我发展的需要

作为国家的未来、民族的希望，大学生是一群有着强烈责任心的知识密集型群体，他们有着比普通人更为强烈的实现自我价值的愿望，他们想通过自己的努力促进国家的建设发展，同时也实现自身的全面发展。而这都可以在创业这个舞台上得到实现。

通过创业，大学生可以很好地展示自己的聪明才智，实现自我发展的需要，也可以带动更多的人就业，帮助更多的人就业，为社会创造出更多的价值，达到实现自我价值与社会价值的双赢目的，促进社会的和谐稳定发展。

二、"互联网＋"背景下大学生创新创业的培育方法

网络技术已经延伸到社会的各个角落，人类的生活与互联网的关系也日益紧密。高等教育自然也不例外，教育改革的呼声也越来越高，而有效的途径和突破口正是创新创业教育。基于"互联网＋"技术的高校创新创业教育体系的构建意义重大，体系间是一个周而复始、循序渐进的过程。

（一）以"互联网＋"技术为支撑构建创新创业课程体系

合理设置高校创新创业课程体系，是高校实现创新创业教育目标的主要途径。因此，为了帮助大学生树立创新创业的意识，提高大学生的创业知识，高校要从大学生的需求与特色出发，依靠"互联网＋"技术，构建立体式、全天候、高覆盖的自助课程体系，如建立专门的创新创业教育网站、创新创业微信群、创新创业教育大讲堂以及"碎片式"手机 APP 移动创新创业课堂等。

（二）以"互联网＋"技术为支撑构建创新创业文化体系

高校还可以借着互联网的东风，构建创新创业文化体系，在充分发挥互联网优势的前提下，为大学生开辟创新创业路径。对此，高校可以从以下两个方面入手。

第一，高校可以在学报专刊、校报校刊、校园广播、橱窗板报、校园文化长廊、网络等各种媒体上开辟创业宣传阵地，大力宣传弘扬创业文化和成功创业事迹，营造浓厚的创新创业教育文化氛围，使学生的创新创业知识在潜移默化中得到增加，创业意识也随之得到提升。

第二，高校可以加大对学生成功创业典型的表彰和奖励力度，从而激发大学生的创新创业意识。

（三）以"互联网＋"技术为支撑构建创新创业资讯体系

今天，互联网技术突飞猛进，谁能够熟练利用互联网技术，谁就会掌握主动权。所以高校要积极发挥互联网优势，构建创新创业资讯体系，通过手机客户端、网站、答疑系统、

微信群等为学生提供及时的资讯服务，让学生能够紧跟时代步伐，既感受到创新创业的魅力，又能学习到创新创业的相关知识。与此同时，高校还可以加大投入，建立企业家与学生互动交流的平台系统，让企业家与学生能实现实时互动，学生通过平台找到合适的企业进行创业实习。

（四）以"互联网＋"技术为支撑构建创新创业实践体系

作为一种实践性很强的活动，创新创业要利用"互联网＋"技术设置一系列的实践活动，改变传统的实践方式。高校可以以"互联网＋"技术为支撑，由相关主管校领导牵头负责建设相应的创新创业实践基地，如构建线上线下创业实践平台、网上模拟创业，建立远程创新创业视频系统，建立网上大学生创业园，等等，把创新创业实践基地纳入日常教学管理工作中，进行相应的预算投入，在人、财、物等方面来保障实践基地在创新创业教育中发挥实效。同时，高校还要建立长效机制来保障实践基地的有效运作，通过建立一套相关的考核制度来促进学校各部门参与到学生的创新创业教育工作中来，确保大学生的创业实践活动能突出"创造性、实践性"特色。

（五）以"互联网＋"技术为支撑构建创新创业教育评价体系

为更好地确定创新创业教育实施情况和最终效果，高校要以"互联网＋"技术为支撑，以创业率、创业成功率、创新创业教育影响力等因素为核心指标，构建创新创业教育评价体系。高校可以通过建立相关模型，以大数据分析法，得出能够真实全面反映创新创业教育实际情况的科学结论，从而推进创新创业教育健康持续发展。

（六）以"互联网＋"技术为支撑建立相应的创新创业指导服务机构

为了帮助大学生更好地进行创新创业实践，高校要以"互联网＋"技术为支撑，建立相应的创新创业指导服务机构，为大学生提供创新创业指导与服务。

三、"互联网＋"背景下大学生创新创业路径的模式

在"互联网＋"背景下，大学生创新创业路径可以分为政府支持下的大学生创新创业路径和学生组织拓展大学生创新创业的两种模式。

（一）政府支持下的大学生创业路径

创业对国家经济发展的促进作用不言而喻。高校把服务社会作为学校的重要职能，着力培养大学生创新创业的能力。政府也在积极创造条件，制定推行创业的扶持政策和措施，千方百计鼓励和扶持大学毕业生创新创业，这可以从以下几个方面入手。

1. 营造正能量的舆论氛围

农耕经济文化在社会上流传了几千年，人们的创业意识薄弱。加上计划经济体制的影响，社会中普遍存在着对创业的惰性情绪。此前，在高等教育中，创新创业教育一直不被重视，甚至是缺失的，这导致大学生创新创业素质较低，为了不承担创业失败的风险，他们宁愿去挤就业的独木桥。这些不敢创业、不愿创业、不会创业、不能创业的想法，成为严重束缚大学生就业和创业的"瓶颈"，严重制约了大学生创业的积极性。

这就要求政府要倡导创业精神，营造全社会尊重和包容创业的舆论氛围。传媒是政府的耳目喉舌，政府要积极利用网络媒体宣传大学生身边的典型事迹和致富经验，宣传诸如温州人的"四千精神"，即"走遍千山万水，说遍千言万语，历尽千辛万苦，想尽千方百计"的创业精神，营造正能量的、有利于大学生创业的良好社会舆论环境，引导大学生转变择业观念，增强自主创业意识，积极创造条件鼓励大学生立足现有岗位创业。

2. 提供政策支持

除了营造良好的社会舆论环境外，政府最为直接的创新创业支持，就是政策支持。政府要从客观实际出发，更好地为大学生接受创新创业教育、开展创业实践提供有效服务和政策支持，要对有创新创业实践的大学生给予特别关爱，维护他们身上的创新创业理想，给予他们更靠实、更优惠的政策。

此外，政府还要加大扶持力度，进一步完善鼓励、支持、引导和服务大学生创新创业的政策措施和工作机制，做好行政管理机制改革，清除一切限制创新创业的体制性障碍，以优化大学生创业的政策环境和法制环境。

3. 强化制度创新

政府在教育中处于主导位置，其制定的教育指导思想、教育管理取向以及相关政策导向都决定着教育的发展走向。可以说，政府主导着高等教育尤其是高校创新创业教育的深化改革。因此，政府部门要通过宏观指导和行政管理推动高校创新创业教育体系的构建与实施。具体来说，政府要强化制度创新，将创业意识贯穿教育的始终，从初等教育阶段就向青少年学生灌输创新创业思想，培养他们的创新创业意识。到职业教育阶段和高等教育阶段，政府要着力培养大学生的创新创业能力和素质。此外，政府还要把创新创业教育融入国民教育体系，将其与国家教育发展规划、素质教育、青少年思想教育、职业生涯发展教育等紧密结合，以创新创业教育带动国家的教育振兴行动计划。

4. 完善大学生创业的社会配套体系

中国社会目前还处于转型期，中国大学生创业者肩上的负荷更重，创业所需要的各种服务还不完善，创业政策还不能得到很好的落实，创业的制度环境还需要进一步优化，大学生创业的社会配套体系也需要进一步建立和完善。

第一，积极扶植大学生创业的中介机构，使其在大学生创新创业和相关企业、资金、法律政策咨询机构间架起桥梁，为大学生在创办企业、产品开发、科研成果转化方面提供便利。

第二，形成以政府为主导、高校为主体、企业为支撑、全社会配合与家庭支持的"五位一体"的创新创业教育新格局。

第三，积极鼓励和扶持建立起若干个创新创业教育非营利性第三者组织，为高校创新创业教育提供非政府支持，分解高校创新创业教育的工作压力。

（二）学生组织拓展大学生创业路径

1. 利用组织体系全面的优势引导大学生创新创业

学生组织自身有较为完备的组织体系，纵向上从校学生会到院学生会再到各个班级，横向上则是各个独立的学生支部之间、院学生会之间，覆盖面广泛，组织架构清晰。学生组织要积极利用这一优势引导大学生进行创新创业，这样不仅能够方便快捷地开展学生工作，上层也更容易获得下层的信息反馈，能更好地掌握学生的需求，更好地为其服务。

2. 利用文化阵地提高大学生的创新创业素质

目前的大学生多为00后，他们与80后、90后有着明显的不同，他们更有朝气，心理特征更鲜明，自我价值的追求也更高，也更与时俱进，对网络的接受度更高。这些特点都是创新创业不可或缺的品质，但需要学生组织进行积极转化。为了在保护大学生创新创业热情的同时提高他们的创新创业素质，学生组织就要合理利用文化阵地的优势，将新时期的青年人的特征与学生组织的文化特征相结合，通过一定的培养、培训提升学生的创新创业素养，更好地为青年学生的创业活动服务。

3. 搭建创业平台

高校学生组织有广泛的组织体系，自然也有着丰富的人力资源、社会资源和资金资源。高校学生组织要合理利用这一优势，为大学生搭建创业平台，在大学生和企业之间搭建起沟通的桥梁，为大学生提供提升自身的组织能力、管理能力、积累创业经验的机会，也为企业提供引进先进人才、获得合作的机会，推动学生创业与社会各界共同发展，实现互利共赢。

要注意的是，学生组织可以为大学生提供两种资源，即资金资源和校友资源。

所谓资金资源，就是指高校学生组织通过社会募捐、贷款或基金等形式，为大学生提供创业资金，帮助大学生落实创新创业项目，促进创新创业项目的发展。

所谓校友资源，则是指高校学生组织或者以微信群的形式，或者以网站的形式，将历届校友集中在一起，让他们对有意从事创新创业的在校大学生进行指导，与他们分析、交流经验，帮助这些学生绕过弯道，避免创业误区。

4. 利用平台增强大学生创新创业的能力

学生组织还要充分利用高校内部资源，创建创新创业平台，在平台上举办创新创业教育和实践活动，增强学生的创新能力和创新创业意识，提升大学生的动手能力、社会责任感和社会经验，提高大学生创新创业的综合素质，降低创业的风险。

第四节 "互联网＋"背景下大学生创新创业支持体系构建

大学生在创新创业过程中遇到政策、资金、技术、服务等方面的难题是不可避免的一件事。如果仅靠自己或是力量单薄的学校、家庭是不够的，还需要一个完整、成熟的创业支持体系。在这一方面，发达国家做得比较好，我国还处在探索阶段。不过，庆幸的是，在"互联网＋"快速发展的今天，我国对大学生创新创业支持体系的建构已经越来越重视，在借鉴国外先进经验的同时，还非常注重结合中国的实际国情。

一、大学生创新创业政策支持体系的构建

政府和社会组织应从各个方面制定一系列政策和措施来鼓励大学生创业，增强他们创业的信心与积极性，为他们的创业保驾护航。根据长期以来的发展情况来看，建构大学生创新创业政策的支持体系主要从以下几个方面来着手进行。

（一）创业鼓励

大学生创业是一件值得鼓励的事情，所以政府、高校、社会组织应当拿出一定的态度，制定相关的政策来进行正面鼓励。当鼓励政策制定并公布后，要通过一定的办法让尽可能多的大学生了解和知道这些政策的存在。有的大学生可能有创业的念头，如果知道这些鼓励政策的支持，定会付诸实践，但调查发现有不少大学生根本不知道，也因此放弃了创业念头。

为了让更多大学生知道政府、高校、社会组织所制定的鼓励大学生创业的政策和措施，让广大有潜在创业想法的大学生通过了解这些鼓励政策真正踏出实践的第一步，将创业想法变成创业现实，社会各界应该通过各种媒介进行深入宣传；同时，各种媒介之间应加大合作力度，联合起来多组织一些有关大学生创业的社会活动，增强他们的创业主动性与积极性。此外，对大学生创业成功的典型案例进行深入报道，通过发挥榜样作用来鼓励大学生创业。这可以说也是一个很好的方法。这种方法还有利于营造一个轻松、友好的创业氛围。

（二）税费减免

我国的税收项目比较多，征收的也相对较高，除了企业必须缴纳的国税、地税和所得税以外，根据企业所从事的不同行业还会缴纳一些其他的税。所以，国家出台一些税费减免政策对大学生创新创业也是一种较大的支持。在税费减免的同时，国家也可简化大学生创办企业和企业运营中的各项程序，并对相应的行政管理费用进行适当减免，从而使大学生创办企业的负担得到减缓。

(三) 项目支持

大学生在创新创业过程中，如果遇上了好的创业机会，但是没有好的项目，难以获得可观的效益，那么也不能长久地生存发展。大学生创业者往往是一毕业就着手创业的事情，所以关系网和社会网是非常缺乏的，市场渠道也不是很通畅，这很有可能会致使其选择不到好的项目，最终导致创业不成功。对此，政府和社会组织应适当地给大学生创业者分配一定比例的政府采购项目和社会采购项目，并通过正确、合理、积极的引导，促使他们的企业快速成长。

(四) 技术支持

大学生在创办企业后，尤其是互联网企业，会不可避免地遇到一些技术难题，而使创业脚步停滞不前。此时，如果有政府制定的保证大学生企业获得核心技术的相关法律法规，那对大学生创业者来说是一件非常值得高兴的事情。政府可要求国有企业和知名企业在条件允许的范围内帮助大学生企业解决技术问题，同时尽可能地花一定时间与大学生企业进行技术交流，给予大学生技术层面的有效支持。

此外，高校往往具备较高的科研力量，帮助大学生企业改良技术也不成问题。所以，大学生企业从高校这一平台上获得一定的技术支持也是一件靠谱的事情。有时候，大学生企业与高校合作还能将一些科研成果转化为市场上畅销的产品，这又可以实现双赢。当然，如果政府出面制定相关的政策，则更容易实施。

二、大学生创新创业资金支持体系的构建

企业的创建、运营、维系都需要资金的注入，资金链状况的良好对于一个企业正常健康的发展意义重大。而对于大学生创业者来说，经常面临的一个问题就是资金困难。所以，要想支持大学生将创业构想转化成创业成果，就必须有效地通过各种渠道来引入资金，建立和完善以家庭、学校、政府、社会为基础的资金支持体系。

(一) 政府的资金支持

政府应当通过各种政策与措施在资金方面支持大学生的创新创业，使其在创业初期顺利解决资金困难问题。具体而言，政府对大学生创业的资金支持可以从以下几个方面入手。

第一，相应的资金政策。除对大学生创业减免相关的税费外，降低大学生创业的门槛也是一种很好地减轻其创业负担的办法。

第二，银行贷款。政府可以硬性规定国有商业银行设定一定比例的商业贷款给大学生企业，贷款利率在各地做相应的调整，同时建立适合的担保预约制度，保证大学生可以相对容易地进行融资。贷款方面可参考美国面向大学生创业的贷款担保计划和小额贷

款计划。

第三，政府设立创业基金。不少地方政府拨出专项创新创业资金来扶持大学生创业，科技含量高的产业、科技型中小企业或者优势产业可以考虑申请政府基金或创新基金。

（二）学校的资金支持

高校的资金支持可以有效减轻大学生创业的时间成本，缩短创业周期，使其在高校内专心于理论知识的学习、创业技能和创业品质的培养及创业计划和创业构想的实施。高校的资金支持可以从以下三个方面着手进行：一是将科研成果进行商业化；二是举办高品质的创业竞赛进行创业奖励；三是直接设立创业种子基金。近年来，中国很多大学也相继设立了创业基金，它们有力地支持了大学生的创新创业实践。

（三）家庭的资金支持

大学生创业的"第一桶金"往往是来自家庭、亲戚、朋友。所以，家庭的资金支持对大学生创业发挥着重大作用。当然，这也反映了两个方面的情况：一是我国现行的金融市场上，想要通过商业信贷来支持大学生创业还十分困难；二是我国相关的法律法规和优惠大学生创业的资金政策还不完善，亟待出台。

家庭资金支持除了指大学生的自有资金和通过亲戚朋友的帮忙所获得的资金和物资外，还包括家庭对于大学生创业的精神支持，精神支持是指家庭赞同大学生的创业行为，减轻大学生毕业后对其成家立业、赡养父母等的经济负担，能够容忍创业所抛弃的机会成本和创业失败的损失，相当于减轻了大学生创业负债的压力。

（四）社会的资金支持

社会的资金支持主要是指通过市场上的一些民间组织及市场力量来帮助大学生进行企业融资。这虽然不是主要的融资渠道，但确实是大学生创业融资的一个有力补充。

民间组织可以联合一些专门的机构投资者对项目较好的大学生企业进行风险投资，这在国外比较常见。尽管这种是带有股权性质的投资，但机构投资者会在咨询、财税等各方面对大学生的新创企业进行援助，从而增强大学生企业的存活率。

一些民间组织也可以组织一些企业投资与其发展方向相关的大学生企业，以加盟公司、旗下公司、技术联合等方式出现，促进双方企业的发展。

三、大学生创新创业教育支持体系的构建

创业教育是成功创业的重要因素。高校作为大学生创业前期理论学习的基地，对于培育大学生相关的专业理论知识、创业基本技能及大学生的艰苦奋斗、持之以恒、敢于创新的企业家冒险精神有着十分重要的作用。近年来，国家也非常重视大学生的创新创

业教育，不仅增强了理论方面的研究，而且力促各个高校来真正实施创业教育。不过，从目前的情况来看，我国大学生创业者的创业理论知识储备不丰富，基本素质较低。所以，为了更好地支持大学生创业，有必要大力开展创业教育。具体来说，高校可通过以下几个方面形成有效的创业教育支持。

（一）将创业教育纳入学分体制

当前，很多高校都实行学分制。在学分制下，高校完全可以把创业教育纳入其中，使其成为学生必修的课程。这样，大学生就有了接受创业教育的稳定机会。将创业教育纳入学分体制后，高校要注重经常性地评估创业教育任务，并努力丰富创业教育的内容。同时，可以规定学生要想获得创业教育课程的学分，就必须参与各种创业培训、创业活动，并取得一定的成绩。

（二）设置具有特色的创业教育课程

将创业教育作为一门必修课程纳入学生的课程体系后，对于高校来说，很重要的一件事就是创业教育课程的设置。设置创业教育课程最应该关注的问题就是怎么样能激发大学生创业的兴趣，怎么样增强大学生创业的积极性，以及怎么样让大学生真正掌握相关的创业理论与创业经验等。很显然，要想解决上述的一些问题，大学生创业教育课程必须灵活生动有趣，课程内容和课程形式都要有所创新。模拟商业谈判、创业课程试验、圆桌会议等都是国外比较典型的课程形式，我国高校可以适当借鉴。

（三）积极组织创业竞赛

早在20世纪80年代的时候，美国百森商学院和得州大学奥斯汀分校就在校园内组织开展了创业计划大赛，后来，纽约大学、斯坦福大学、芝加哥大学等多所高校都开展了创业计划大赛。这种大赛之所以得到很多高校的欢迎，主要是因为其确实能鼓励大学生创业，帮助大学生增加创业方面的知识和经验。这得到了中国一些高校的借鉴，如清华大学开展的"清华大学创业计划大赛""挑战杯""大学生创业求实杯"等，确实产生了不错的教育效果。所以，在构建大学生创新创业教育支持体系的过程中，高校要积极组织创业竞赛，并采取一定的鼓励方式让更多的大学生参与其中。

四、大学生创新创业服务支持体系的构建

对于大学生创新创业来说，一套完整的服务支持体系是非常有必要的。它对大学生的创新创业可以起到润滑剂的作用。构建创业服务体系时，可从以下两个方面努力。

（一）创业孵化基地

创业孵化基地是指政府为创业者搭建的制度性、智能化的服务平台，经市、县人力资源和社会保障部门、财政部门认定，能为入驻的初创小微企业和个体创业者提供基本的生产经营场地以及有效的创业指导服务和一定期限的政策扶持，能够持续滚动孵化和培育创业主体。

创业孵化基地提供的服务主要有低成本的生产经营场地、基本办公条件和后勤保障服务；创业培训、经营管理指导、创业项目推介和创业信息咨询等服务；战略设计、市场策划、市场营销、项目推广等服务；财务代账、融资担保、专利申请、法律维权等服务。

此外，大学生入驻创业孵化基地还可享受一次性创业补贴。这主要是在其办理工商营业执照后，稳定经营并依法纳税一段时间后，由孵化基地运营管理机构申请，经基地所在地区县、开发区人社部门审核，给予一次性的创业补贴。

（二）管理服务

企业的管理服务水平对大学生新创企业后期的生存与发展有着非常直接的影响。因此，要想让大学生新创企业健康成长，不断壮大，而不是停留在创办起来的阶段，还应当在创新创业服务支持体系中，重视管理服务方面的支持。具体来说，可从以下几个方面做出努力。

第一，在创业基地、大学创业园等设立专门的管理服务部门，就大学生在创办企业的过程中遇到的一些基础性的常识问题，给出正确的回答，尤其是提供法律、财税、会计等方面的咨询，让大学生顺利创业。

第二，帮助大学生创业者对企业的产权结构和现行的企业组织结构进行全面了解，从而合理分配与设计自己企业的组织结构和产权结构，避免企业面临一些不必要的纠纷和问题。

第三，积极组织培训活动，让大学生企业的相关人员接受培训。培训的内容主要集中于行业内的基本问题，包括在企业内任职不同的员工应该承担哪些相应的权利和责任并具备怎样的素质和能力，努力提升企业的核心竞争力，使大学生企业能够尽快做大做强。创业集群辐射效应使创业的大学生都在这个孵化基地进行创业，相互交流，提高大学生企业的存活率。

五、"互联网 +" 背景下大学生创新创业支持体系构建的建议

大学生创业的创新创业活动是一个长期的、艰辛的过程，除了需要政府、社会等各个方面的共同努力外，更需要在当今"互联网 +"背景下，充分利用互联网相关技术，以"互联网 +"思维促进大学生成功创业。具体来说，在"互联网 +"背景下，构建大学生创新创业支持体系时应注意以下几个方面。

（一）以"互联网＋"为载体构建高校创业教育体系

以"互联网＋"为载体构建高校创业教育体系，一般需要在以下三个方面努力。

第一，利用"互联网＋"技术构建具有针对性、适用性、因地制宜的创业教育课程体系。从当前的高校创业教育来看，主要的实施途径就是开设创业教育课程。创业教育课程既是创业教育理念的主要载体，也是实现创业教育目标的重要手段。在设置创业教育课程时，高校相关人员要充分考虑学生的特点和需要，除了正常的必修课程外，还充分利用"互联网＋"技术设置一些自由选择课程。比如，开发专门的创业教育网站，在网站上，放置一些创业网络课堂供学生根据自己的时间自由上课，也可以放置一些创业经典故事，让学生通过阅读，提高创业的积极性。再如，开发专门的创业课堂 APP，让学生在手机上就可以轻松自由地进行碎片式的学习；同时，建立校园内的创业微信群，通过群内的活动与讨论，鼓励学生创业，并解答与创业相关的问题。

第二，利用"互联网＋"技术构建高校创业教育实践体系。加强高校的创业教育力度，除了让学生接受一定的课程外，还应当注重创业教育实践。因为创业活动本身就具有较强的实践性。高校在设置一系列创业实践活动时，可注意将"互联网＋"技术应用其中，使得传统的实践方式得以改变。例如，搭建线上线下创业实践平台体验，让学生在网上进行模拟创业，这就像游戏一样，既能给学生带来乐趣，又能让学生了解一些创业知识，掌握一些创业能力；还可建立远程创业视频系统，让大学生与创业教育专家和创业成功人士进行真实的互动与交流，以增强大学生的创业信心和创业积极性。

第三，利用"互联网＋"技术构建高校创业教育评价体系。高校创业教育的实施情况和最终效果如何，还需要科学合理的评价才能知道。以前可能主要是看创业学生的数量有没有增加，大学生的综合素质如何，创业能力是否提高等。这些指标虽然能大致看出创业教育的实施情况，但不全面。利用"互联网＋"技术建立创业教育评价体系，往往能够从多方面来判别创业教育的综合实施情况，评价指标也变得更为细致多样，除了创业学生数量、创业能力等之外，还包括创业率、创业成功率、创业教育影响力等。

（二）充分运用"互联网＋"新理念，打造大学生创新创业新模式

理念往往指导着实践。在"互联网＋"时代背景下，大学生创业者创办企业时，就应当充分运用"互联网＋"的新理念。如果大学生企业经营的是传统产业，就应注意将企业与互联网结合起来，让企业走信息化与工业化相融合的路子，从而跟上时代的步伐，与时俱进。如果大学生创办的是小微型科技企业，那么就更应该充分发挥互联网优势，创建开放式创新平台，为企业的客户提供各类个性化的服务和体验，促进企业的创新发展。

（三）基于互联网技术搭建众创服务平台

为了更有力地支持大学生创业，政府应利用互联网技术搭建众创服务平台。众创服

务平台主要通过充分发挥互联网的作用，有效利用国家的创业创新政策，收集整合各大创业项目和创业培训课程，为创业者和大学生提供系统的创业服务，提供良好的网络空间和社交空间及资源共享空间。通过众创服务平台，大学生可以在创业基地、创新服务、创新项目、创业课程等多个方面获得有效的建议与指导。

（四）引导大学生在电子商务领域创业

在互联网经济迅猛发展的当前，国家应开展大学生网上创业模拟实训，提高创业人员的操作能力，打造大学生电子商务创业实践基地，从而引导大学生在电子商务领域积极开展创业活动。在大学生电商企业进驻电商创业园后，要为大学生电商企业提供电商培训、电商企业孵化和运营的一体化服务。此外，还应对大学生电商创业实行以奖代补，实行社保补贴和场地租金补贴等。

（五）提供完备的创业指导咨询服务

为了改善中小企业经营环境，促进中小企业健康发展，扩大城乡就业，发挥中小企业在国民经济和社会发展中的重要作用，《中华人民共和国中小企业促进法》强调要建立与完善中小企业社会化服务体系。可见，服务体系对于企业的发展来说非常重要。要想构建一个好的网络，能够提供多层次、全方位、网络化、社会化服务的体系，就应当多重视以下几个方面。

第一，树立以人为本的服务理念，从高校学生创业的实际需求出发，不断完善和创新服务内容。服务的重点包括：为有意创业的高校学生提供创业咨询、创业指导与策划、创业培训等服务；为注册登记两年内的新创办高校学生创业企业提供财税、法律、劳保、外贸等代理服务，政策与信息服务，管理咨询服务，技术服务，融资指导服务，人员培训服务等。

第二，鼓励各类服务机构多渠道征集、开发创业项目，建立"创业项目信息库"和"创业者信息档案库"，及时为高校学生创业提供服务，帮助高校学生掌握基本创业技巧，指导制定创业计划书，规划创业项目，帮助其实现创业。通过多方面的指导帮助，采取多种形式来帮助高等学校毕业生创业，构建合理的支持服务体系，使学生能成功创业。

第三，建立高素质的创业教育培训的辅导员队伍。这可以说是创业教育服务支持工作的基础。各级政府和相关职能部门要把当地各行各业有经验的人组织起来，如优秀的企业家、法律专家、管理咨询专家等，为高校学生创业服务。同时，建立创业辅导员选聘及管理制度，也有利于构建一支高素质的创业教育培训队伍。

第五节 "互联网＋"背景下大学生创新创业教育的发展与展望

互联网对大学生创新创业教育的影响越来越明显。这种影响使得传统人才教育方法得到了突破和创新，又在一定程度上让创新创业人才的培育更加具有科技特色。"互联网＋"首先打破了权威对知识的垄断，让教育从封闭走向开放，人人能够创造、共享知识。在"互联网＋"的冲击下，教师和学生的界限也不再泾渭分明，教育组织和非教育组织的界限也越来越模糊。学校和学生之间的关系发生了逆转，是学生主动学习知识，而不是被动接受学校的安排。因此，开展大学生创新创业教育的模式也发生了巨大的变化。下面就"互联网＋"背景下大学生创新创业教育的开展与展望进行阐述。

一、创新创业教育的内涵

创新教育是指以培养人的创造精神和创造能力为基本价值取向的教育改革实践活动。创新教育提倡培养学生在学习过程中表现出来的探索精神，发现新事物、掌握新方法的强烈愿望以及运用已有知识创造性地解决问题的能力，以发现人的创造潜能、弘扬人的主体精神、促进人的个性和潜能的发展为宗旨，着重营建一个有利于学生创造能力发展的环境。其中，创新能力的培养是创新教育的核心。

"创业教育"是由英语中"enterprise education"翻译而来的。创业教育可以看作是通过教育培养创业意识，形成创业能力和技能，最终促成个体的创业行为。

创新教育与创业教育是相互融合、相辅相成的。创新教育是创业教育的思想基础，创业教育是创新教育的具体化、行为化。创新教育和创业教育是密切联系和相互推进的，其在整体培养目标上和时代精神上都有内在的一致性。当然，二者也有差别，创新教育注重的是对人的素质发展的总体把握，而创业教育是培养具有开创性的人，更看重的是如何实现人生的自我价值。

二、"互联网＋"背景下大学生创新创业教育新模式

互联网时代的到来给传统的教育模式带来了翻天覆地的变化。在线教育使得优秀的教育资源突破时间、空间的限制，使知识得到前所未有的普及和传播。"互联网＋教育"有着巨大的市场潜力，完全可以利用其作为大学生创新创业教育的工具。

结合当前国内外实际，总结近年来出现的互联网教育新形式，可以概括为内容模式、平台模式、社交模式、工具模式，开展大学生创新创业教育也可以对此进行借鉴。

（一）内容模式

教学资源信息化平台可以实现对传统教学内容的高效组合和整合创新。互联网可以作为内容传播的平台，通过将教学内容放在互联网上，实现共享。互联网上的教学资源除了具备传统资源具有的多人共享同一资源的特性之外，由于其信息的公开性，凡是能够使用互联网的用户均能够共享这一资源，不受副本数量的限制。以课程为核心，平台可以整合包括课程介绍、教学大纲、教学日历、教案或演示文稿、重点难点指导、作业、参考资料、教学录像、案例库、专题讲座库等资源，并在整合资源的同时，实现对教学资源创作和分享。互联网作为内容平台，其内容形式包括视频内容和文档内容。

视频内容又可分为两种类型，一种类型是传统远程教育或网络学校，主要教育形式是把传统教学的内容以视频的形式在网站上播放，让无法到学校学习的人也能接受教育，由此突破了地点的局限，但互动性差，缺乏针对性，主要用于 K12 课外辅导和成人从业资格培训。在实际教学过程中，教学资源能否被充分有效地利用，不仅取决于其本身的质量，也取决于资源的来源和资源被使用的方式。凭借教学资源信息化平台，可以实现以项目教学、案例教学、小组讨论、小组作业等合作性的教学方式开展的团队创新教学活动。通过真实的实践项目、开放的实践内容、充分的实践互动等，可以激励学生投入理论知识、实验实训课程的学习，引导学生主动参与，有效解决教学过程中的冲突、压力和倦怠等问题。另一种类型是最近几年流行起来的慕课。它是为了增强知识传播而由具有分享和协作精神的个人组织发布的、散布于互联网上的开放课程。传统的科学教学与慕课的区别就在于：前者是以教为主，后者是以学为主；前者是以知识传授为主，后者是以能力培养为主；前者是以课堂教学为主，后者是以课内外结合为主；前者是以终结性评价为主，后者是以过程式评价为主。慕课的到来带来了一种全新的科学教学模式，一种以学生为主体，多角度获取知识的方式。它冲击着传统的教学模式，为优质教育资源在全世界范围内共享提供了机会，给学校的人才培养带来了新的变化。任何人都可以将教学视频通过网络进行全球范围内的分享，优质的慕课网站可以聚集全球顶尖学府的优质教育资源，可以使教育突破学校的限制，每个人都有机会上名校。目前，慕课时代下的课程平台为数众多，其中 Coursera（目前规模最大）、edX（哈佛大学和麻省理工学院共同出资组建）和 Udacity（以计算机类课程为主）是当代慕课课程平台的主要代表。国内的有网易公开课、超星学术视频、腾讯微课堂。目前慕课正在探索多元化的互动形式，以解决慕课教学模式中现有互动性不强的弱点。

文档内容以提供文档资源作为平台的主要功能，将散落的知识资源集中到一个平台上，使平台成为学习资料库，从而提高资源利用效率。国内最常见的提供文档内容的在线平台包括百度文库、豆丁网等。

网上有许多网友或出于个人爱好，或出于商业目的，把自己收藏的电子图书或网友提供的电子图书整理后免费提供给公众，供大家阅读和下载。

还有一种类似社交网站的文档资料平台用户可以在网站上随意提问，其他成员将会对问题进行回答，互动性较强。这类平台包括百度知道、知乎、百度百科、维基百科、博客、微博、各类论坛及专业网站、微信公众号等。凡是能提供某一领域某一门知识，都可以算作知识提供平台。

同时，互联网还提供了大量的免费检索工具、下载软件，并开发了大量免费的资源库供用户使用。

(二) 平台模式

这种模式以提供平台作为运营的侧重点，网站本身不生产内容，仅仅是为资源和用户之间创建连接的平台。根据服务对象不同，目前这种模式的在线教育网站又分为 C2C 模式、B2C 模式、B2B2C 模式、B2C+O2O 模式等。

C2C 模式即个人对个人的交易平台。C2C 教育模式为个人间知识和经验的传授与交易活动提供了便利。个人可以作为资料提供方，通过网站发布自己想要发布的内容，同时，个人也可以作为资料索取方，通过网站得到自己想要得到的知识。国内主要的 C2C 模式教育独立平台有多贝、传课等，大平台下的子平台有 YY 教育、淘宝同学等。教师可以通过在平台上分享经验或传授知识的方式获得一定的收益。

B2C 模式即企业对个人的模式，内容提供商负责生产内容，通过网站平台直接提供给用户。网校作为网络教育资源和服务的提供者，将其教学内容放在网校网站上，学习者通过购买网校的学习卡，来获得这些资源的使用权。B2C 模式，把学习者作为服务的主体，体现了学习者的中心地位。

B2B2C 模式的主体包括三个环节：内容供应商、平台供应商、用户，内容供应商将内容提供给平台供应商，由平台供应商负责发布，然后用户才能对内容进行消费。目前一些在线教育品牌（如 YY 网）就是采用这种模式。

B2C+O2O 模式即机构到个人，线上到线下模式。依靠 B 端的品牌优势和师资优势，吸引用户先到网上进行注册，然后再进行线下体验，最终建立起机构和个人的连接。

(三) 社交模式

这种模式注重网站社交功能的开发，提供类似在线社区的服务平台，使学员之间、学员与教师之间能够更为便捷地沟通交流，相互学习。代表产品有课程格子、三人行、微课网等。作业帮是一款由百度知道打造的在线作业解答 APP，问作业与学生圈是其主打的两个功能。当遇到难以应对的题目时，用户可以通过拍照的方式发布问题，由看到问题的学霸给出答题思路和答案解析。与百度知道的模式相同，提问者可以选择最佳答案给予采纳与感谢。这样可以节省成本，使用户的需求更快解决，沟通更高效。同时，作业帮构建出的学生圈，可以让用户在圈子中与全国的同龄人沟通，讨论彼此感兴趣的话题，将视野开拓到课堂之外。作业帮是以社交的模式来做教育，其优势是互动性强，

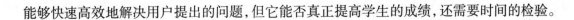

能够快速高效地解决用户提出的问题,但它能否真正提高学生的成绩,还需要时间的检验。

(四) 工具模式

工具模式在线教育产品主要是提供各种有助于便利学习的工具,形态比较分散,功能较为单一。这种模式是当前用得比较普遍的一种模式。对教师而言,可以事前上网搜集与课程相关的教材、教案或资源,直接下载使用或重新编辑整理,作为上课之用;对学生学习而言,教师可以选定主题作为拓展学习的内容,要求学生课后利用网络搜寻相关资料,撰写报告,也可以利用信息技术手段将作业、报告以计算机邮件、文件档案或电子演示文稿方式呈现出来。代表产品有专门背单词的扇贝网、用来做笔记的印象笔记、提供各类考试训练题目的猿题库等。

三、"互联网 +" 背景下大学生创新创业教育的发展

党和国家高度重视教育信息化工作,提供一系列政策支持和引导。很多我国政府颁布的文件中均对教育的信息化建设作出明确部署。随着 Internet 及移动互联网技术发展,为教育技术和教育行业的发展提供变革通道,慕课、教育 APP、电子书包云服务、翻转课堂纷纷出现。国家教育资源公共服务平台也于 2012 年底开始试运行,提供统一用户注册、统一资源规范、统一交易结算、统一界面标识和就近服务。之后,中央电化教育馆网络部承担平台从 V1.0 到 V2.0 的运行维护工作,并建立了平台的门户网站,设立新闻、资源、活动、培训、导航、发现等网站频道,并开通了客服 400 服务呼叫中心,设立实时监控,加固及加速网络服务设施,努力更好地为广大网络用户提供优质的服务。网络教学环境的大力改善,降低学校信息化成本和建设难度,从而也就推动创新创业教育资源建设与使用良性互动。

四、"互联网 +" 背景下大学生创新创业教育的展望

"互联网 + 教育"已经深刻影响着人们的社会和生活。触网即活,已经成为一个时代特征。"互联网 + 教育"模式下的人机互动、人机智能,不仅促使课堂教学模式、学习场所发生了明显变化,同时也倒逼教育观念、教学方式开始转变。可以预见"互联网 +"背景下,未来大学生创新创业教育的教育理念、课程体系、教学模式、评价方式、教学空间等都将具有更强的互联网特征。

(一) 教育理念

当前,互联网正在以惊人的速度渗透到教育领域,不仅改变了传统的教育模式中的培养方式、课程管理、技术手段,还改变了教学思想、信念和价值观。以前以课本为中心、教师为中心、考试为中心的基础教育模式将进行重大转变,而要遵循"以人为本""学

以致用""面向未来"的教育理念。

1."以人为本"的理念

"以人为本"主要是指教师角色和教师观念的转变。教育的本质是育人,人的发展是教育的出发点和归宿。在教育教学的过程中,要把人的因素放在第一位来考虑,把人的发展作为首要目标来追求。教师必须树立以学生为本的理念,做到尊重学生、理解学生、关心学生。"以学生为本"的教育理念是指教育要从学生的发展出发,使学生获得全面、主动、有个性的可持续的发展。"以学生为本"就是要把学生特别是学生的发展作为教育活动的本体,一切教育活动都从学生的发展出发。这是"以学生为本"教育理念的逻辑起点。在网络教育的冲击下,教师已经不再是学生获取知识的唯一途径,教师的权威性及重要性受到了挑战和质疑。教师的角色正在由"中心"向"边缘"变化,而学生的角色则由被动变为主动,成为课堂活动的"主角"。这就需要教师转变自己的角色意识,树立课堂联网的开放观,梳理网络时代的学生观,树立平等、民主、合作交往的师生观,还有教育技术观。

（1）树立课堂联网的开放观

在互联网时代,教师必须有创新意识、开放意识。比如,采取翻转课堂的形式,让学生通过网络查询到课堂要讲解的内容、概念、原理、案例等,进而在课堂上引导学生讨论、分析,得出结论,改变过去课堂满堂灌的陋习。腾讯 QQ 群为用户提供了许多的交互工具,包括沟通工具、协作工具、追踪评价工具、个人主页空间等,能满足翻转课堂中学生之间相互交流的需要,是比较理想的翻转课堂学习交流平台。利用 QQ 群可以构建翻转课堂班级学习共同体。在"翻转课堂"QQ 群里,助学者（主要由任课教师组成）解决学生在自学过程中遇到的疑难问题;开展课前学习时,教师把录制好的教学视频和课前练习上传到 QQ 群共享,并发布教学安排;学生按要求完成相应的课前学习任务,在学习过程中遇到问题时可以通过 QQ 群交流解决,并把问题发布在论坛上,以便学生之间进行交流,同时帮助教师掌握学生的学习情况。这样,由学生、助学者、QQ 群三者构成了虚拟的翻转课堂班级学习共同体环境。

"互联网 +"课程,既充实更新了课程内容、强调了多种教学方式的转变,也加深了学校与社会技术发展的进一步联系。

（2）梳理网络时代的学生观

网络时代的教育追求学生自主性、能动性的发挥,不以追求高分和升学率作为教育的目标,这就要求教师将每一个学生都当作具有自己感情的独特个体,培养学生思维的多向性和批判性。教师还应该注意开发、利用学生的信息资源。学生资源在传统教学中是被忽视的,没有引起足够的重视,导致学生课程资源的埋没与浪费。随着人们教育观念的变化,学生成为有待开发的宝贵的课程教学资源。学生的主体地位要得以充分发挥,就必须重视学生的课程资源地位。在现今的信息网络时代,学生拥有的信息是丰富而多样的,一个学生团体拥有的信息总量往往会超过教师拥有的信息量,教师利用这些学生

的信息组织教学活动，学生利用同伴们的信息进行学习将会成为现代教学的重要特征。

（3）树立平等、民主、合作交往的师生观

网络时代的交往有虚拟化、符号化的特点，师生之间是平等的主体，主体之间更多的是基于网络的信息与思想的交流，以此来证实彼此存在的价值，因此，师生间是一种相互认可、相互理解、相互接纳的社会性关系。教师应该是学生的对话者和合作伙伴。

（4）教育技术观

网络时代为教育提供了很多的便利，引发了教育手段和教育理念的更新，大数据、云计算、慕课、翻转课堂等新生事物层出不穷，教师如果不了解这些技术手段在现代教育中的重要作用，势必会被时代所淘汰。为此，教师需要以开放的态度积极学习新的技术手段，与时俱进，才能获得网络时代的高速度、高素质。

2."学以致用"的理念

在网络时代，教育的最终目的不仅仅局限于知识的传承，而且是为了创新，创造出新的更有价值的东西。现代信息技术的发达，使得网络教育为知识的传承和创新之间搭建了更好的平台，大大缩短了"学"与"用"之间的距离。人们之所以要选择或通过网络进行教育，就在于要学到对自己有用的东西，学以致用是硬道理。网络教育是与现代信息技术结合最为密切的教育领域。比如，学校采用的录播系统，可实现对教学活动过程的多路视频、音频和计算机屏幕信号一体化的同步录制、存储和现场直播；可全面记录教学实况，即时生成多媒体教学课件，上传到流媒体服务器上。由于采用了大量先进的教育技术设备、手段，网络教育中的各种新颖教学方式不断出现、名称不一，有菜单式、订单式、双向视频教学、会议研讨式……所有这一切都是为了服务自主学习，而个性化教学成为配合自主学习的必然选择，使网络教育朝着符合每个人现实、具体需要的路径前进。

3."面向未来"的理念

网络教育时代教育的核心和本质内容是"面向未来"。传统的教育无论是教育观念、教育内容、教育形式，包括课堂内容和教材都是对过去经验的总结，是面向过去的，与社会的实际发展状况之间存在一定的时间差。而网络时代，网络技术和信息的日新月异，使传统的教育方式不能跟上时代发展的步伐。因此，创新创业教育要立足当下，面向未来，具有一定的前瞻性，才能培养出不落伍的应用型人才。

此外，在教育理念上还要形成博大精深的教育品格，必须有开放的、包容的心胸和魄力，除了走出去留学，也要广泛吸引国际人才来华求学和工作，形成有利于我国国际化的人才发展环境。

（二）课程体系

"互联网＋"的快速发展使得现有的理论总结远远落后于实践。面对许多新问题、新业态，如何在课程设计上为学生提供较好的指导，如何更好地满足其学习需求，这是教育工作者需要关注的重要问题。在互联网时代，人才培养的课程体系和课程标准急需进行改革、创新与重构。

教育，终究是老师与学生之间的事情。传统的模块化课程内容需要系统化的学习，课程内容是按照每节课 45 分钟的时间设置的，学习者需要有整块的时间在特定的地点学习。而随着移动互联网的普及，碎片化阅读使碎片化时间得以充分利用，可以在这个背景下，重新对课程内容进行设置，突出"适"与"微"的特点。"适"指的是适应学习者学习心理和学习习惯，利用互联网为学习者提供足够的便利。"微"指的是课程内容的短小化。

(三) 教学模式

互联网教育重新解构了传统的学习模式，创新了以互动、参与为特点的新的教学模式，尤其是以在线教育作为传统教育的有力补充得到空前发展。在新的教学模式当中，体验式学习、协作式学习、探究式学习等多种学习方式并存，且各有特色。

1. 教学方式的变革：翻转课堂

"翻转课堂"是指将课堂上老师和学生的角色进行互换，由传统的教师在课堂上讲课，学生回家做作业的模式，转变成学生在网络上通过视频自学知识点，然后带着疑问到课堂上与老师和同学交流。翻转课堂使教师的作用从主动地传授知识到被动地答疑解惑。由于优秀教学资源可以共享，学生可以通过网络自主选择名师或自己喜欢教师的课程。未来的大部分教师可能不再在课堂上讲授知识，而是充当导师或教练的角色。

2. 教学方式的变革：虚拟实践

网络触角的肆意蔓延，虚拟技术的快速发展，使得虚拟实践引入课堂教学成为可能。国内学者认为，虚拟实践是发生在虚拟空间的以"数字化符号"为中介的感性、对象化的活动。在教育方面，虚拟现实技术的应用模式大致分为两类：一类是虚拟课堂，即以学生为虚拟对象或教师为虚拟对象的虚拟学校；另一类是虚拟实验室。以虚拟课堂为例，其教育的宗旨是不仅让学生掌握理论知识，更要注重实践能力的培养。利用虚拟现实技术进行辅助课堂教学，可以使学生全身心地投入到虚拟环境中，与环境中的各种对象相互融合，能够更加深入地学习所学课程。学生还可以通过使用具有交互性的模拟设备实现对虚拟环境的操作，从而进行实践练习。

随着技术的演进，互联网还会以标准算法、系统模型、大数据挖掘、知识库等基础，为学生提供个性化、定制化学习服务。由于技术的增强，学习者的自主性大大增强，学习者的主动性空前调动，充分利用互联网提供的便利条件，进行自主学习和研究。

(四) 评价方式

在传统教育中，学生与老师的成绩基本上都是由学生的成绩来体现，在互联网教育中，这种评价体系将会更加多元化，不仅是对学生的考核进行了多层次的完善，同时对老师

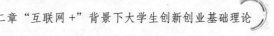

的考评也更加具体。整体而言，在互联网教育中，教学评价将进一步全面和技术化。

1. 全面评价：学生考核方式的变革

在对学生的考核方式上，无论是开卷考试还是闭卷考试都不能全面地反映出学生对知识的真实掌握水平。现有的测评体系需要进行全方位的变革，建立全新的测评体系。不仅要改革考核方式，更要改革考核内容，既有学习之中的测评，也有学习之后甚至学习之前的测评。在网络环境下，对学生的评价不但依据网络学习的目标，对学生整个学习过程、学习效果做出价值判断，而且以发展为出发点，其目的不仅仅限于鉴别，也包括发展，并力求促进学习。在学习过程中设置若干评价项目，尽可能地收集能够反映学生学习情况的所有信息，包括结果性的和过程性的；然后据此展开建设性的评估、判断和学习指导。由此，"互联网 +" 环境中，学生的学习评价不仅是收集多方面信息以准确客观地判断，而且更为重要的是利用评价结果对学习加以指导促进。

2. "网评"：教学评价变革

在高校里，网络评价已经成为考察现代教育教学管理工作的重要标准和手段。在 "互联网 +" 时代，教育领域里的每个人都是评价的主体也是评价的对象，而社会各阶层也将更容易通过网络介入对教育的评价。在互联网条件下，对教学双方的评价是信息化的，是基于教学双方表现和过程的。在学生方面，主要评价学生应用知识的能力，关注的重点不再是学到了什么知识，而是在学习过程中获得了什么技能。评价通常是不正式的、建议性的。对学习者进行评价的指标具体来说，它包括以下几个。

（1）交互程度

对学习者交互程度的评价可以通过记录学习者利用网络教学支撑平台中的各种交流工具辅助学习进行，如根据讨论区发表的文章（发言）质量及数据总量、聊天室的发言次数及发言数据量等。

（2）答疑情况

答疑情况可以通过学习者请教的问题数、浏览问题解决的次数，以及提供解决方案的次数等来反映。

（3）资源利用情况

这里的资源包括课程本身（通常是教师提供）的资源和互联网资源。前者包括对网络教学平台及其中的资源（如问题资源、电子图书馆）的使用情况，后者包括利用浏览器或搜索引擎来浏览互联网资源的情况等。

（4）作业

根据作业完成情况与得分，评价系统据此生成反映学生知识点掌握程度的曲线和作业完成情况的提示信。

（5）考试

评价系统根据考试情况生成学习者知识点掌握程度及问题解决情况报表，并对学习者的下一步学习提供改进意见。

除了应用测试手段对学生进行评价以外，还可以通过对学生行为表现的记录和追踪获取相关信息实施评价。

总之，在互联网条件下，教学评价是由教师与学生根据实际问题及学生先前的知识、兴趣与经验共同制定的，体现为学生主体，教师主导。

（五）教学空间

"互联网＋"技术将给传统教育从形式到内容带来革命性的挑战。教育信息网络将教学的空间从教室拓展到虚拟的电子空间，各种便捷的宽带接入方式，使每一位需要受教育的人都可以通过远程教育的方式随时随地获取教育内容；日益丰富的在线教育课程提供了老师在课堂上不能讲授的丰富多彩的知识，各种各样的多媒体课件资源满足各种不同的学习需求。以网络资源远程传输为手段，以多媒体教学课件资源为内容，以自主学习和互动交流的教育数字革命将不仅提升教育的质量方式，同时将对政府资助的公立学校体系和以私人投资的私立学校的传统教学方式提出新的挑战。互联网教育的开放性能够让学生在开放、积极的学习环境中，以主动的姿态去探索和尝试，谋求个体创造潜能最大化发挥。

总之，在"互联网＋"背景下，大学生的创新创业教育都将发生革命性的变化，一步步走向更加人性化、开放化的未来。

第三章
"互联网 +"背景下大学生创新创业的影响因素及路径选择

第一节 新时代的互联网思维的形成

一、互联网思维的含义

但凡做企业的,不管是新创的还是在互联网冲击下转型升级的,互联网思维已经成为大家的口头禅。但究竟什么是互联网思维?众说纷纭。

(一)互联网思维是相对于工业化思维而言的

一种技术从工具属性、应用层面到社会生活,往往需要经历很长的过程。珍妮纺纱机从一项新技术到改变纺织行业,再到后来被定义为工业革命的肇始,影响东西方经济格局,其跨度有几十年。互联网也一样。但因为这种影响是滞后的,所以,我们有时就难免会尴尬:旧制度和新时代在我们身上会形成观念的错位。越是以前成功的企业,转型越是艰难,这就是一个技术领先的企业在面临突破性技术时会因为对原有生态系统的过度适应而宣告失败。现在很多传统行业的企业,面临的就是这种状况。这种困境可以叫作"工业人"要变成"数字人"的困境。

(二)互联网思维是一种商业民主化的思维

工业化时代的标准思维模式是:大规模生产、大规模销售和大规模传播,这三个"大"可以称为工业化时代企业经营的"三位一体"。但是在互联网时代,这三个基础被解构了。工业化时代稀缺的是资源和产品,资源和生产能力被当作企业的竞争力,现在不是了。产品更多是以信息的方式呈现的,渠道垄断很难实现。最重要的一点是媒介垄断被打破了,消费者同时成为媒介内容的生产者和传播者，通过媒体单向度、广播式制造热门商品诱导消费行为的模式不成立了。这三个基础被解构以后，消费者主权形成。

(三) 互联网思维是一种用户至上的思维

以前的企业也会讲用户至上，产品为王，但这种口号要么是自我标榜，要么真的是出于企业主的道德自律。但是在数字时代，在消费者主权的时代，用户至上是不得不承认的事实，你得真心讨好用户。淘宝卖家"见面就是亲，有心就有爱"是真实的情绪表达，因为好评变成了有价值的资产。

(四) 互联网思维下的产品和服务是一个有机的生命体

在功能都能被满足的情况下，消费者的需求是分散的、个性化的，购买行为的背后除了对功能的追求之外，产品变成了他们展示品味的方式。这样，消费者的需求就不像单纯的功能需求那样简单和直接，所以，对消费者需求的把握就是一个测试的过程，要求你的产品是一个精益和迭代的过程，根据需求反馈成长。小米手机系统每周迭代一次，微信第一年迭代开发了44次，就是这个道理。

(五) 互联网思维下的产品自带媒体属性

需求和品味相关联，也就是和人性相关联，所以，互联网思维下的产品就是"极致性能加强大的情感诉求"。这两样东西都是会自动传播的。现在一些和互联网相关的企业还在开新闻发布会，还在把推广当制胜利器，都是互联网思维不充分的体现。

(六) 有互联网思维的企业组织一定是扁平化的

互联网思维强调开放、协作、分享，组织内部也同样如此，它讲究小而美，大而全。等级分明的企业很难贯彻互联网思维。不管是对用户还是对员工，有没有爱，也是一个重要的评判标准。很遗憾，很多互联网企业还在用工业化的套路做着自己的产品。大家都羡慕小米、极路由的极速发展，但如果不能在观念上进行改变，那么，不管企业做的是 APP 还是其他，本质上还是一个传统企业。

二、互联网思维的产生

"互联网思维"是指要基于互联网自我的特征来思考。

(一) 互联网思维是相对于工业化思维而言的

互联网思维就是要对传统的工业思维进行颠覆，消费者反客为主，拥有了消费主权。过去 2000 多年作为人类文明基石的思想体系将面临新的挑战，我们正在迎来消费平等、消费民主和消费自由的消费者主权时代，整个供应链条上的各个角色，如品牌商、分销商和零售商的权力在稀释、在衰退甚至终结。在消费者主权的大时代下，消费信息越来越对称，价值链上的传统利益集团越来越难巩固自身的利益壁垒，传统的品牌霸权和零售霸权逐渐丧失发号施令的能力。话语权从零售商转移出来到了消费者手中，这是一个划时代的事件，未来全球消费者共同参与、共同分享的开放架构正在形成。这一权力重心的变化，赋予每个消费者改变世界的力量，我们必须主动邀请我们的顾客参与从创意、设计、生产到销售的整个价值链中来。

（二）互联网思维的表现形式

1. 快速便捷

互联网可以说是人类历史上的一次革命，颠覆了很多传统的工作和生活的方式，其中最明显的是让人们的生活和工作变得更加快速和便捷。例如，人们若想学习，不必再去学校，可以通过网络在线学习知识。

2. 交互参与

过去，无论是哪种传播方式，都带有一种片面的单向性。随着互联网的出现，人们在互联网上可以自由地发表个人的评论，对媒体等发布的消息可以在第一时间发表自己的看法，这在一定意义上更能展现更多人的思想和看法。

3. 免费

俗话说"天上不会掉馅饼"，但是在互联网时代，各大网络巨头和商家为获得更多的用户，争相提供免费的产品。但是我们也要看到，免费只是相对来说，对客户而言，要想获得进一步的权益，就需要支付一定的费用，如腾讯的一些付费装扮和游戏等。

4. 人性化

如今的社会，一般的产品已经无法满足人们的需求，人们在众多可供选择的产品中会选择那些更加个性化的、更加适合体验的产品，因此，企业应将客户的体验放在营销的首要位置。

5. 数据驱动运营

所谓的数据驱动运营是商家不再仅仅看到眼前的利益，而是通过一些免费或者其他有利于客户的活动来收集客户信息，通过对数据的分析来了解客户的需求，进而实现营销的目的。

6. 掐架

所谓的"掐架"不过是互联网"大佬"们通过一些矛盾来制造焦点和话题，进而增加品牌知名度，对"掐架"的双方来说不用花广告费就能起到比做广告还要好的效果。

7. 创新

创新是任何一个时代都不可缺少的一种能力，特别是在如今的互联网时代，如果缺乏创新，不论曾经多么辉煌，没落只在朝夕。

8. 打破信息的不均衡性

互联网帮助我们打破了信息的不均衡。在互联网时代，信息的传播更加及时有效，人们甚至可以足不出户地购买外国产品。

三、网络创业的发展

（一）网络创业的概念

基于我国网络创业的实践，网络创业可以从广义和狭义两个层面来理解。从广义层面上看，凡是以互联网及其他电子网络通信设备为基础，发现和捕捉新的市场机会，通过提供新的商品或服务以创造价值的过程就是网络创业，如建立网站；而从狭义层面看，以网络平台为基础，发现和捕捉市场机会，通过资源整合而向消费者提供有价值的产品或服务的过程就是网络创业，如在淘宝网上开店。相比而言，狭义网络创业是在电子商务基础比较完善的情况下的一种普遍的创业形式，现在我国比较普遍的网络创业形式是狭义上的网络创业。

（二）网络创业的社会背景

1. 电子商务迅速崛起

现在电子商务摆脱传统销售模式登上历史舞台。互联网信息碎片化以及云计算技术越发成熟，主动互联网营销模式出现，电子商务已经受到国家高层的重视，并被提升到国家战略层面。

2. 就业形势异常严峻

目前，我国社会正处于转型时期，高校毕业生逐年增加，而企业对新增劳动力的需求减少，高校毕业生就业压力越来越大。

3. 网络经济具有巨大的吸引力

作为一个相对独立的新兴经济体系，网络经济拥有无穷的魅力。与传统营销模式相比，其创业成本低，门槛低，店面租金要便宜得多；店面可大可小，无地区、地域限制，订单可能来自任何人、任何地方。网络购物非常方便，随时随地都可能产生订单。如此方便快捷的创业模式有着传统的创业模式不可比拟的优越性。大学生作为与网络接触最密切的人群之一，自然想通过网络创业来赚取人生的第一桶金。

四、网络创业的趋势

未来是全面的互联网时代，是连接时代，是云时代，任何社会事业都将与互联网有关。基于互联网的技术特点及互联网企业的特殊经营模式，互联网创业与传统创业有所不同。

一是互联网创业与最新科技联系紧密，创新性要求高。创业者只有通过树立创新意识，培养新的思维，生产创新产品去打动消费者，才能享受高收益和高回报，才能在竞争激烈的市场中获取一席之地。互联网创业创新是用户导向的，不是生产导向的，因此，互联网创业要发掘消费者习惯，以此重组核心技术。

二是互联网新经济使创业与创新、创投形成"铁三角"。创业过程具有创新难度高、资金投入高、市场风险高等特征，这与股权投资的风险偏好特点相匹配。

三是互联网创业主体多元。随着社交网络扁平化，知识和技术的传播更加迅速，创业主体逐渐多元化——由技术精英逐步拓展到普罗大众。互联网新经济正在进入"人人互联网、物物互联网、业业互联网"的新阶段。

四是互联网创业成本相对较低。创业者只要有创新性的项目就可以通过互联网去寻找人才、资金等，通过组建专业化的团队大幅降低创业成本。互联网缩短了创业者和用户的距离，也加快了创新的步伐。

五是互联网创业产业衍生性强。"互联网 +"时代的创业产业链长，衍生性强，与传统产业有广阔的合作空间。"互联网 +"创业可为产业升级提供技术上的支持和思维上的革新。

六是互联网创业与多样化的商业模式相联系。通过网络，创业者的奇思妙想可以和用户直接接触，满足用户的体验。

七是互联网创业环境相对透明公平，以能力为导向，行业竞争更加良性。互联网赋予每个人获取信息、交流沟通、交易同等的机会，这种普惠的赋能功能，极大地助推了创业精神和创新精神的培育，是典型的市场起决定性作用的体现。

（一）互联网趋势

1. 互联网趋势一：网络普及

2021 年 8 月 27 日，中国互联网络信息中心（CNNIC）在京发布第 48 次《中国互联网络发展状况统计报告》（以下简称《报告》）。《报告》显示，截至 2021 年 6 月，我国网民规模达 10.11 亿，较 2020 年 12 月增长 2175 万，互联网普及率达 71.6%。10 亿用户接入互联网，形成了全球最为庞大、生机勃勃的数字社会。

未来网络普及的动力一方面来自一些互联网巨头相继投入大规模资金部署热气球、无人机、卫星等设备以建设使用网状回路和 Wi-Fi，在空中传输数据，为几十亿处于偏远、贫困地区的人口提供网络服务；另一方面，智能手机价格的下降、传统设备的智能化、低廉的可穿戴设备的普及等共同推动网民规模迅速扩张。

2. 互联网趋势二：连接一切

根据互联网世界统计（IWS）数据显示，2011—2020 年，全球互联网用户数量持续高速增长，截至 2020 年 5 月 31 日，全球互联网用户数量达到 46.48 亿人，占世界人口的比重达到 59.6%。整个社会也将从人与人、人与信息连接的信息互联网时代迁移到人与人、人与物、物与物相互连接的智能互联网时代。

连接通过网络和传感器实现，连接将产生海量的数据和信息，这些数据资源通过云端的智能分析，服务于个人、企业、政府，从而创造出巨大的经济和社会效益。

3. 互联网趋势三：万物智能

万物连接之后是万物智能。未来的万物智能依赖于传感、大数据、云计算、深度学习等领域的发展。随着传感器逐步变得微型化、智能化，它们将无处不在，不仅处于周围环境中，感知环境的变化，还能嵌入物体当中，实时监测物体数据，甚至能够被植入人体，读取心率、体温等身体信号。

4. 互联网趋势四：技术爆炸

伴随着信息技术的发展和数字网络的广泛应用，技术创新的速度呈现指数级增长。显示技术有机会改变未来人与计算机的交互方式，是未来实现人工智能的技术支持。AR、VR、FR是三个顺序而又交互发展的阶段，越来越接近自然体验的融合现实正在到来，而所谓融合现实是在家庭、办公室、汽车、地铁、道路等更为广泛的自然场景中，人与现实由外在的、生硬的嵌入连接，发展到交互、融合的阶段。此外，物联网、智能助手、自动驾驶、可穿戴、自然语言处理、消费级 3D 打印等技术将进入大规模资本投入的热炒阶段。

5. 互联网趋势五：商业变革

在信息技术、物联网、能源互联网大规模普及的条件下，生产服务的边际成本趋近于零，这种新的经济模式颠覆了建立在资本积累基础上的资本主义模式，从而驱动商业上的变革。产业模式、供需模式、生产方式、资金、管理方式、营销方式等都将实现变革。

6. 互联网趋势六：万众创业

随着环境的改善，目前创业者可以以极低的成本获得云计算能力、开放平台服务、宽带网络、众筹平台、推广平台等基础设施和服务，极大地降低了创业的门槛。原来由精英主导的创新创业活动转变为越来越多的大学生，科技公司员工投入其中，科技创新和创业活动变得日益社会化、大众化、网络化、集群化。这些创业者从大公司忽视或不愿意进入的边缘领域切入，满足特定人群或特定需求，快速迭代，不断改进，逐步扩展业务，最终将具有颠覆大公司的潜力。

（二） "互联网＋"趋势

1. "互联网＋"趋势一：连接与融合

"互联网＋"把互联网基因注入各个行业，使各行各业在融入新的元素之后实现蜕变。连接，是"互联网＋"商业化的纽带，是互联网价值之所在，众多行业都通过互联网获得发展机会。在去中心化、去平台化的产业互联网时代，门户、电商、社交等都体现了连接。"互联网＋"融合云计算、大数据、物联网等，实现人与人、人与物、人与服务、人与场景、物与物的连接。传统经济需要互联网来连接用户，互联网需要传统经济提供长远支撑，

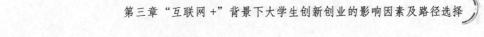

企业通过"互联网＋"互相关联，将创造新的社会价值。

2."互联网＋"趋势二：开放与共享

"互联网＋"引起的产业变革正在从媒体、零售、金融、旅游、餐饮等行业向医疗、教育、地产拓展，使更多的产业发生变化。"互联网＋"为各行业提供了无限的协同可能，优化了行业内部生态，互联网的开放度决定了企业、行业的命运，也使得企业之间超越竞争。

"互联网＋"的探索意义在于，以互联网为牵引，以共享、平等、开放的价值观为导向的行业新秩序初步建立。随着消费经济开始步入过剩时代，开放与共享将成为"互联网＋"产业变革的方向。

3."互联网＋"趋势三：转型与变革

"互联网＋"产业的转型与变革体现在互联网与传统产业的深度融合方面，其可以整合优化行业资源，提升产品的技术水平，节省交易成本，加速传统产业生产方式变革，从而推动传统行业的优化升级，使经济增长由主要依靠投资拉动转为依靠创新力。

互联网与传统产业的深度融合将以其强大的技术创新、商业模式创新以及应用创新能力等优势，从市场、资本、资源等层面全面介入传统行业，破除行业垄断，促进产业结构升级与资源重新分配，进一步深化改革。

4."互联网＋"趋势四：升级与再造

"互联网＋"是重构、再造、升级的产业过程。随着"互联网＋"的不断深入，新业态必然会在不同行业中不断诞生。以互联网为主要平台和内容的信息技术正与工业、能源、新材料等领域的技术交叉融合，形成新变革。"互联网＋"改造传统产业，将产生迭代、升级的效果，推动行业生产方式与经营方式的转变，这种信息技术与传统产业的生态融合新业态将逐渐趋于常态化。

"互联网＋"更多的是互联网与传统企业的融合，实际上是互联网企业切入传统市场、传统企业主动靠拢互联网的过程，"互联网＋"促使互联网企业落地以及传统企业升级再造。

5."互联网＋"趋势五：跨界与协作

"互联网＋"跨界是指互联网对传统行业、产业组织内部结构的改变。"互联网＋"的出路在于互联网和传统产业的跨界融合，其本质是将互联网的创新成果深度融合于经济社会各领域之中，提高实体经济的创新力，达到经济社会的思维转变、技术转变、格局转变。互联网对其他产业带来的冲击是必然的，各行各业经历着逐步接纳、拥抱、融入互联网的过程。"互联网＋"既是传统产业与互联网跨界融合的过程，也是双方走向协作的过程，跨界与协作成为这种变化背后的重要驱动因素。

6."互联网＋"趋势六：涌现与扩展

"互联网＋"裂变的新产业、新模式不断涌现，创新、创业的特征发生了根本变化，推动"互联网＋"相关创业潮。"互联网＋"创业的主体逐渐由小众转为大众，创新创业由精英走向大众。在此过程中，创新创业形成了一种价值导向、生活方式与时代气息，形成了从创新能力内部组织到开放协同创新、从供给导向到需求导向等许多新特点。"互联网＋"创新的重要方向是把制约创新的环节弱化、化解。

第二节 "互联网＋"背景下大学生创新创业的影响因素

当前中国经济和社会发展正处于深刻调整期，大学生创业面临着严峻的形势，主要表现在以下五个方面：一是自主创业环境不理想；二是缺乏获取启动资金的机会；三是大学生创业能力有待提高；四是家庭社会支持力度不够；五是缺乏可操作性的项目。

对大学生而言，创业不仅是为了解决个人生计，更是为了实现自己的理想。大学生创业是目前解决就业困难的一个重要途径，也是大学生实现人生自我价值的一个重要途径。目前，大学生正处在从理论到实践、从求知到创业的重要转折时期，大学生科技创新、自主创业越来越成为人们关注的话题，它对个人及社会都会产生深远而积极的影响。然而，自主创业是一项极具挑战性的社会活动，是对创业者自身智慧能力、气魄胆识的全方位考验。除了个人的素质和能力影响创业以外，家庭、学校、社会及亲戚朋友等因素都会影响大学生自主创业。大学生创业影响因素主要可分为四类：学生的个人背景、个人特质、创业综合素质及创业环境。

一、个人背景对其创业的影响

个体价值观的形成与个人背景息息相关，大学生创业价值观的形成也是如此。每个个体从生物人经社会化后逐步成为社会人是一个漫长的过程。在社会化期间，个体通过对自身外在环境的接触，不断接收到外来环境的信息，这些信息包含社会的方方面面。每个个体从出生开始，首先接触到的是家庭及家庭周围的社会环境，包括人文地理、风土人情等。每个家庭的构成、社会关系、经济情况是不同的。在整个漫长的社会化过程中，由于不同个体所接触的外部环境不一样，加之家庭对其后天的教育也不尽相同，这就决定了不同个体会形成不同的价值观。价值观随着性别差异的出现而不断变化，随着年龄的增长，不断地与不同社会群体接触，教育程度逐步加深等，个人对外在环境会形成不同的评价。当成为大学生这一社会群体后，又存在专业的区分及学历的差别，这些因素经过个体大脑的加工形成了不同的观念，这就使每个大学生的价值观存在显著差异。这些价值观方面的个体差异包括两个方面：一方面是对自身的价值定位（即个人价值），包括对物质财富的评价与追求、对个人需要的定位与满足、对社会关系的认知与建立、对个人权力与欲望的追求、对个人成就的渴望、对社会地位的向往、对社会认同的期待、对个体思想的验证追求等；另一方面是个人的社会价值定位，这些包括个体对他人、国家、社会等的付出意愿。

大学生的性别、年龄、专业、学历、经验、个人特长、家庭出身、家庭成员、从业

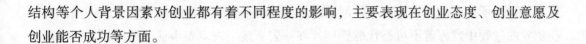

结构等个人背景因素对创业都有着不同程度的影响，主要表现在创业态度、创业意愿及创业能否成功等方面。

二、个人特质对其创业的影响

早期研究中，创业者被认定为拥有一组特定的个人特质，创业行为由创业者的个人特质所驱动。美国国际开发署调研发现，成功创业的特质体现在 14 个方面：积极主动、执着、注重效率、关心质量、预测风险、有独创的解决问题的方法、发现和利用机会、有说服力、亲自寻找信息、系统的计划、履行合同、有决断力、有信心、使用有影响的策略。斯蒂沃特在研究和验证创业目标和个性特征关系时指出，不同创业动机水平的大学生个人在特质上存在着较为明显的差异。凯琼维特斯认为控制源、成就需要、风险取向、精力水平、需要、自主水平、个体自我控制和思想等特质影响大学生创业。

三、创业综合素质对其创业的影响

大学生的创业综合素质是指大学生在创业活动中所呈现出来的一种综合的胜任能力，包括创业意识、创业精神、创业知识、创业能力和创业思维五大部分。

1. 创业意识

创业意识是指创业者根据自身和社会的发展需要而引发的创业动机或愿望。创业意识是市场经济的法律规范、主体市场的预测分析在思维意识中形成的价值追求，是一个创业者素质的最为核心的要素。创业意识是提高其创业认识，进一步提高创业素质的思想前提，是创业活动过程中的内在精神动力。大学生创业应该具有强烈的事业心，追求卓越、重视效益的态度和及时掌握信息的能力。

2. 创业精神

创业精神是创业者主观世界中具有开创事业的品质和意志力。创业是一个较为复杂和特殊的过程，在此过程中需要创业者时刻保持创业热情，树立坚定的必胜信念，保持高度的责任心。也就是说，创业的大学生需要具备高度的社会责任感和诚信的优良品质，除此之外，良好的心理素质、合作精神、冒险精神和竞争意识也是必不可少的创业精神。

3. 创业知识

创业知识主要包含两个方面，一方面是创业的基础知识，主要体现在商业知识、市场运作、法律法规等方面。另一方面是需要掌握专业知识，主要是指大学生在校期间所学的专业课程知识，如经济学、市场营销学、管理学、人力资源管理、会计、财务管理、商法、税法、公司法等。

4. 创业能力

创业能力是一种决定创业能否成功的关键因素，主要表现在能否在创业过程中恰到好处地运用所拥有的知识解决具体问题的能力。创业能力是个人综合能力的一种体现,在创业的过程中发挥着不可替代的作用,在一定程度上决定着事业的持续扩大与发展。创业能力是创业者各方面能力的综合,包括学习能力、沟通能力、领导能力及决策能力等。

5.创业思维

创造性思维是创业者应具备的一种重要素质,运用创造性的方式、方法解决所面临的难题或者筹划未来发展,其主要包括系统思维、发散思维、创新性思维和逆向思维等。另外,大学生的创业活动与外在的宏观经济环境有着密切的关系。宏观环境主要包括政府的支持政策与倾向、当地的经济发展水平和生活水平及生态环境、信息环境和创新文化,此外,也包括市场、技术环境和相关的行业发展状况。

四、创业环境对大学生创业的影响

大学生创业环境可划分为两个方面,即软环境和硬环境。软环境是指国家给大学毕业生提供的创业相关的优惠政策法规和措施。硬环境是指大学毕业生从风险投资机构所能获得的创业支持。国家政策和法律对大学生创业的支持,是构成创业动力的政治基础。

(一)教育环境的影响

高校拥有大量的无形资产,巨大的无形资产优势与品牌效应也为企业的快速发展奠定了基础。高校本身的信誉度较高,在市场运作中,其产品更容易被客户认可,产生品牌效应,而大学科技园在形成技术创新和技术转移平台,在培育创新环境、培养创业人才、孵化科技企业、推进技术转移等方面,对推进高新科技企业的发展都将起到作用。

大学生创业的发展离不开具有创新创业精神和能力的人才,培养具有创新创业能力的一流人才,是高等教育承担的重大历史责任,也是高等院校教育发展的一个巨大契机。高校的创业教育创新性直接影响了大学生的创业效应。创业教育包括创业技能教育和创业精神教育两种。创业技能教育是高校通过开设具体技能课程,提高大学生的创业成功率。中国开展创业教育起步晚,近几年随着高校学生就业压力的不断增加,许多高校在鼓励其毕业生创业的同时,也提供一些必要的创业教育服务。自20世纪90年代开始的创业教育已经在全国高校铺开。

由于中国长期实施应试教育,学生的个性发展受到一定程度的限制,导致创新创业意识的缺乏,观念也以求稳为主,因此实施创业精神教育和技能教育相结合的教育方式能够使中国大学生创业走得更远。

为此,中国高校必须尽快地、大胆地进行教育的改革创新,以便为社会不断地输送具有创造性思维和创新能力的各种人才。创新创业教育的本质是提高学生的创新创业素质,了解什么是创新创业,如何创新创业,怎样创新创业。创业教育的非功利性应体现为"揭示创业的一般规律,传承创业的基本原理与方法,培养学生的企业家素质,而不是以岗位职业培训为内涵,或以企业家速成为目标"。创新创业教育是结合专业教育传授创新创业知识，培养学生的创新创业能力和创新创业品质，使学生毕业后大胆走向社会，实现自主创新创业和自我发展的教育。因此，建立符合创新创业人才培养的一个完整的教学体系和管理体系才是出路。

（二）社会环境的影响

影响大学生创业的社会因素有两个方面：一是社会为大学生提供的创业硬软件环境；二是大学生创业的社会舆论。对大学生自主创业来说，"硬" 的社会环境主要指风险投资机构对大学生创业项目的关注和扶持；"软" 的社会环境是指与大学生自主创业相关的政策环境、法律环境、商业环境。整个社会对大学生自主创业的看法，不但影响大学生的择业，还影响大学生自主创业的成功。

值得一提的是，最近几年来，新闻媒体高度关注大学生的自主创业，人们也纷纷议论大学生的自主创业，对大学生自主创业的宣传和评论存在 "严重偏离适度" 的误区。对大学生自主创业吹捧或者过度唱衰都是不可取的，应该正确对待大学生自主创业，正确评价大学生创业。

从大学生创业选定的行业来说，行业发展空间与社会、政府对个体支持的影响相比较，其对大学生创业有直接的关系，行业发展空间的大小与大学生创业的意愿和创业成功与否呈正相关。

（三）家庭环境的影响

大学生个性特征及背景与家庭环境有着密不可分的关系，不同家庭环境中的子女，他们的价值观、世界观、人生观及性格和爱好都存在较大的差异。研究表明，创业者的亲戚是否拥有自己的公司对大学生创业会产生不同程度的影响。家庭成员或者大学生社会交际圈内的人员的创业经历可能对其的创业态度和动机产生直接影响。亲戚朋友的交际圈中有正在创业的或有创业成功经历的都会对大学生的独立判断力、职业生涯的发展规划起到积极的引导作用，在一定程度上起到了推动大学生创业的作用。除此之外，家庭对大学生创业支持与否，从某种程度上是影响大学生是否能够走上创业之路的关键因素。

提倡和鼓励大学生创业是提高大学生能力素质和心理素质的一条有效途径，它能够给平时一心只读圣贤书的大学生提供一个直接接触社会的机会，对开阔视野和提高创新能力都是十分有益的。另外，创业过程中的共同合作，能够增进彼此之间的了解，增强学生团队协作精神。大学生往往对新发明、新创造充满最旺盛的活力，对新的高科技具有敏锐的触觉及强烈的开拓进取意识，而这些正是加速科技成果市场化进程中不可缺少的。同时，大学生创业有力地促进了创业教育的改革和发展。不论大学生的创业成功与否，经过创业实践活动的锤炼，将能培育出一大批创新型人才，造就一支高素质的企业家队伍，并塑造一批未来社会的中坚力量。

第三节 "互联网+"背景下大学生创新创业的路径选择

一、大学生创新创业路径培育

在经济社会转型升级处于关键时刻，在创新创业成为一种社会需求的今天，大学生创业是大势所趋，是现实需要，纵观全球国家，经济的可持续发展都是靠大学生创新创业驱动的。大学生创业的现实需求如下：

第一，大学生创业是经济平稳转型的形势所需。国内正处于经济社会转型发展的重要时期，创新型人才的缺乏使得企业的转型尤为艰难，而创新创业教育尤其是高校的创新创业教育是培养高技能创新型人才的有力保障和重要平台。浙江省是民营经济活跃的地区，更加需要创新创业的高技能型人才，这为浙江省高校的创新创业教育提供了难得的发展机遇。高校应该顺势而为，积极适应市场要求，主动求变，培养出具有区域特色的创新创业高技能人才，让更多的学生愿意创业、敢于创业、喜欢创业、崇尚创业，形成创新创业的良好氛围。纵观发达国家，创业已成为一种潮流，成为社会经济快速发展的不竭动力，创新创业教育无疑成为增强国家经济实力、解决就业问题的一个良策。

第二，大学生创新创业教育已成为高等教育改革的必然趋势。推动"大众创业、万众创新"是充分激发亿万群众智慧和创造力的重大改革举措，是实现国家强盛、人民富裕的重要途径，要坚决消除各种束缚和桎梏，让创新创业成为时代潮流，汇聚起经济社会发展的强大新动能，这必将激发新一轮的创业高潮。社会对创新创业人才的渴求史无前例，也必将推动高等教育改革加速进行。高等教育改革将成为一种势不可当的趋势，创新创业教育是高等教育改革的有力突破口，是高等教育尤其是职业高等教育的必然选择。

早在1998年，世界高等教育会议上发表的《高等教育改革和发展的优先行动框架》强调指出，"高等学校，必须将创业技能和创业精神作为高等教育的基本目标"，要使大学生"不仅成为求职者，而且逐渐成为工作岗位的创造者"。

第三，创业成为大学生自我发展的需要。大学生是国家的栋梁、国家的希望，具有强烈的责任心，是知识密集型群体，他们对自我价值的实现比一般人更强烈，想实现自身的全面发展，为国家建设发展做出自己应有的贡献，而创业就是其实现人生价值的最好舞台。通过创业，可以把自身的聪明才智很好地展示出来，为社会创造出更多价值，在实现社会价值的同时实现自己的人生价值，以自己的创业带动更多的人就业，帮助更多的人实现就业，从而实现社会的和谐稳定发展

二、大学生创新创业路径模式

(一) 学生组织拓展大学生创业路径

高校学生组织在对青年进行引导、教育、管理时，需要充分发挥学生自身的优势，从而更好地服务于大学生的创新创业活动，为创新人才创造一个健康的外部环境，利用新思维和新技术促进集创新思维、创新能力及创新精神于一体的大学生的培养。

1. 各类学生组织促进大学生创业的重要性和可行性

开展促进大学生创业活动，可以充分发挥高校基层学生组织自身优势，结合党和政府对学生的期望、社会对人才的需要、青年学生自身的需求，推动经济、社会与个人的共同发展；也能通过鼓励创业促进就业，缓解青年大学生的就业压力，提高就业率；还能提高学生的综合能力，尤其是创新能力，促进创新型人才的培养。此外，对学生组织自身来说也能增加青年群众基础，获得青年大学生的拥护，从而提升学生组织的凝聚力，增强其核心竞争力。

高校学生组织在加强自身组织能力建设、拓展职能（包括校园服务职能、社会职能）的同时能更好地服务于青年学生的就业创业活动，为其搭建更好的平台。具体优势包括先进的育人工作理念、科学的学习方法、创新的行为模式、丰富的人脉资源等。高校学生组织除了利用自身便利条件促进青年学生的自主创业外，还可以通过主动探索先进的科教思想、科技产业，培养大学生的创新意识，提高大学生的创新能力，最终促进创新创业活动的高效开展。

2. 大学生自主创业的现状及其存在的问题

近年来，高校对大学生创业支持政策越来越多，学校通过开展创新创业教育，开设创新创业教育课程，开展创业实践或模拟创业等形式服务学生，通过创建实践基地，提供实践机会来为学生提供创业帮助。大学生广泛参与自主创业活动对社会产生了良好的效益，既能提升学生自身的实践能力，谋求自身更好的发展，也能起到担当社会责任的作用，为更多的社会青年创业起到榜样作用，此外还能促进就业。基于此，越来越多的学生毕业后也选择自主创业。虽然大学生创业的数量与日俱增，但实际上很多创业者因初入社会，创业资金匮乏，社会交际圈子狭小而以失败告终。

目前，大学生创业存在的问题：中国现行的创业就业体制还不够完善，来自社会的支持力度不够；创业者自身资金匮乏，管理经验不足，心理承受能力差及就业创业理念过于陈旧等；高校所提供的就业创业指导过于狭隘，指导内容和指导范围存在问题较多，大多停留在咨询和理论知识介绍阶段，缺乏实际的系统性指导规划等。

3. 各类学生组织进一步促进大学生创业的路径

针对上述大学生创业存在的问题，高校学生组织应当充分发挥作用，发挥自身优势，挖掘潜力，竭尽所能为大学生创业提供服务。高校基层学生组织应当结合高校的高等教育规律、学校的人才培养工作、学生成长成才的内在需求，再结合学生组织的自身特点，促进大学生创业，为其提供更好的环境和条件，促使大学生想去创业、敢于创业、有能力创业、能成功创业。具体而言，基层学生组织可以从以下几个方面促进大学生创业。

一是在充分发挥思想政治优势的基础上，激发大学生的创业活力。高校基层学生组织有较强的政治性和思想性，其作为高校青年学生的领导组织者，在青年思想政治工作开展和优秀青年培养工作上有丰富的经验和优良的传统，这也决定了基层学生组织应当把思想教育工作作为其首要职责。

二是充分利用各类学生组织覆盖广的优势，积极引导学生创业。学生组织本身有较为完备的组织体系，所覆盖的层面也很广泛，整个组织架构也很清晰，纵向上从校学生会到院学生会再到各个班级，横向上则是各个独立的学生支部之间、院学生会之间，都是紧密联系着的，这种组织结构使得学生工作的开展更为方便、快捷，上层也更容易获得下层的信息反馈，能更好地掌握学生的需求，更好地为其服务。

三是利用学生组织的文化阵地优势，提升学生的创业素养。要想提升学生的创业素养，需要将新时期的青年人的特征与学生组织的文化特征相结合。新时期的 00 后青年学生与以往的青年学生不同，他们有更鲜明的心理特征，性格上天生就富有创新精神，对自我价值的追求较高，更富朝气，这对创业工作来说也是一大优势，但这种优势的实现需要学生组织的转化。在对待这一类青年学生时需要采取合适的方式，既要保护他们的创业热情，还要通过一定的培养、培训提升其创业素养。实际上学生组织作为一个敢于突破传统、追求创新精神的先进组织，通过文化阵地的优势，能较好地处理好这一关系，更好地为青年学生的创业活动服务。

四是充分利用学生组织作为载体平台的优势，增强学生创业能力。利用学生组织的平台优势主要是通过充分利用学生组织的校内资源，创建创业平台，举办创新创业教育和实践活动，以此增强学生的创新能力和创新创业意识，提升其综合素质，降低创业的风险。要锻炼学生的创业能力，需要先做好素质拓展计划和拓展训练。针对目前大学生普遍存在的不能吃苦、眼高手低、缺乏社会经验、缺乏合作意识等问题，积极开展素质拓展活动，通过组织各类社会实践和志愿活动，提升大学生的动手能力、社会责任感、社会经验和创新能力。吸收各个高校的先进经验，将素质拓展计划落实好，确保其高效实施。

五是充分利用学生组织的社会资源，为学生搭建创业平台。高校基层学生组织因其广泛的组织体系而拥有丰富的资源，包括人力资源和资金资源。此外，又因学生组织的工作范围较广而社会化运作机制凸显，这为学生组织带来丰富的社会资源。学生组织应当充分利用这类资源为大学生创业活动搭建桥梁，推动学生创业与社会各界共同发展，实现互利共赢。对青年学生而言，能有更好的机会提升自身的组织能力、管理能力，积累创业经验，而对社会企业来说，能引进更多的先进人才，促进合作。在这一过程中，学生组织主要起到桥梁的作用，其向青年学生主要提供的是校友资源和资金来源。其中，

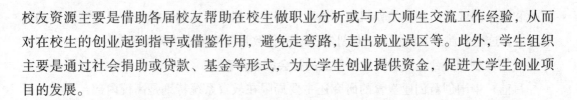

校友资源主要是借助各届校友帮助在校生做职业分析或与广大师生交流工作经验,从而对在校生的创业起到指导或借鉴作用,避免走弯路,走出就业误区等。此外,学生组织主要是通过社会捐助或贷款、基金等形式,为大学生创业提供资金,促进大学生创业项目的发展。

(二)政府支持下的大学生创业路径

创业对于促进国家的经济发展、促进就业具有积极的作用。大学必须与工、商业界建立更加密切的联系,要把服务社会作为学校的重要职能,通过专利转让、创办科学园、合作研究项目等多种形式为社会经济与科技发展服务。政府也在积极创造条件,千方百计鼓励和扶持大学毕业生自主创业,制定推行创业的扶持政策和措施。但也要清醒地看到,中国社会目前还处于转型期,相对于欧美比较成熟的市场环境,中国大学生创业者肩上的负荷更重,创业所需要的各种服务还不完善,创业政策还不能得到很好的落实,创业的制度环境还需要进一步优化,大学生创业的社会配套体系还需要进一步建立和完善。

1. 倡导创业精神,营造全社会尊重和包容创业的舆论氛围

受几千年传统文化思想的束缚和多年计划经济的影响,社会中普遍存在着对创业的惰性,加之创新创业教育的缺失,又导致了大学生创业素质的缺乏,使许多大学毕业生不敢创业、不愿创业、不会创业、不能创业,这成为严重束缚大学生就业和创业的"瓶颈",严重制约了大学生创业的积极性。因此,作为政府既要积极创造条件鼓励大学生立足现有岗位创业,又要积极营造有利于大学生创业的良好社会舆论环境,广泛宣传创业精神,宣传大学生身边的典型事迹和致富经验,把他们的创业经验作为大学生创新创业教育的"活教材",使每个人都为创业而感动而思考,引导大学生转变择业观念,增强自主创业意识。

2. 加强制度创新,增强对创新创业教育的宏观指导和行政推动

在高等学校创新创业教育体系中,国家在高等教育方面的指导思想、政策导向、管理取向对高等学校创新创业教育的深化具有主导作用。当前,在构建与实施高等学校创新创业教育体系、进一步深化高等学校创新创业教育的进程中,国家及教育行政部门应进行宏观指导和行政推动。创新创业教育也应从娃娃抓起,着重培养青少年的创业意识,到了职业教育和高等教育阶段,主要培养学生的创业素质和创业能力,并把创新创业教育纳入国民教育体系、国家教育发展规划、教育振兴行动计划、青少年思想教育、素质教育和职业生涯发展教育之中。

3. 加大扶持力度,优化大学生创业的政策环境和法制环境

政府各部门要积极思考如何更好地为大学生接受创新创业教育、开展创业实践提供有效服务和政策支持。这里需要特别指出的是,在对大学生创业制定政策时要从实际出发,他们是国家的未来,在他们身上寄托着社会的创业理想,对他们要特别关爱,政策制定或调整要更靠实、更优惠。同时,应进一步完善政府对大学生创业进行鼓励、支持、引导和服务的政策措施和工作机制，清除一切限制创业的体制性障碍，以营造良好的法制环境，这里牵涉公共政策和法规机制、政府行政管理机制改革等问题。

4. 搭建创业平台，完善大学生创业的社会配套体系

目前，中国创新创业教育的研究还主要局限在教育系统特别是高校内部，社会各界对创新创业教育的认识还很有限，高校有"孤军作战"之感。相比之下，美国创业教育的社会环境就好得多，正逐步形成一个完整的社会体系和教育研究体系，不仅包括普遍开设的创业学课程，还包括高校创业中心、各种孵化器和科技园、风险投资机构、创业培训机构、创业资质评定机构、小企业开发中心、创业者校友联合会、创业者协会等，形成了一个高校、社区、企业良性互动式发展的创新创业教育生态系统，有效地开发和整合了社会各类创业资源。同时，美国大学与企业紧密联系，企业乐于接纳学生开展项目研究，学生的研究成果也为企业的发展提供了帮助。在搭建创业平台、建立与完善大学生创业的社会配套体系方面，政府仍应发挥重要的主导和协调作用。第一，要形成以政府为主导、高校为主体、企业为支撑、全社会配合与家庭支持的"五位一体"的创新创业教育新格局；第二，在政府的积极鼓励和扶持下，建立起若干个创新创业教育非营利性第三者组织，为高校创新创业教育提供非政府支持，分解高校创新创业教育的工作压力；第三，积极扶植大学生创业的中介机构，使之为大学生在创办企业、产品开发、科研成果转化中寻求相关企业、资金支持，以及在法律、政策咨询等多方面为大学生创业架通桥梁，搭建平台。

三、"互联网＋"背景下大学生创新创业发展建议

（一）调整自身因素

大学生在创新创业的过程中，要对创新创业有正确的认知，不能只以为创业有足够的自由性，而忘却了创业过程中的艰难险阻。很多大学生都眼高手低，认为创业是很简单的一件事情，以至于在创业之前不做好市场调研，也不会充分利用"互联网＋"的商机。大学生在创业之前一定要对创业有一定的认知，通过正当的渠道获得资金，比如高校或者政府。然后就是运用互联网技术发现商机，进而对自身所感兴趣的创业主体进行调研。在创业过程中要防止不良商家骗取创业基金。在创业的前期，要对创业过程中所涉及的合同以及法律进行一定的掌控了解。只有自己的经商行为得到了规范，才能对一些不良商家有一定的防范。对于大学生，创业之路也可以具有一定的可靠性和稳定性。在创业过程中要懂得服务客户，这也可以一定程度的提高创业过程的成功率。总结来说，大学生在创新创业的过程中，一定要规范自身的行为，调整自身的因素，要摆正态度，有一定的信心去创业。

（二）优化高校创业氛围

高校在支持大学生创新创业时，要做出实际的行动，比如成立创业基地孵化器，从资金方面和师资力量方面都要大力支持。高校可以为想要自主创业的大学生引入一定的课程来提高大学生的自主创新创业能力，树立大学生创新创业的正确观念。一般来说，每一个高校都与一定的公司有一定的合作，高校可以在这些公司中挑选出专家来给学生做讲座。让学生得到一定的培训，这也可以提高大学生自主创新创业的成功率。在高校提供的创新创业培训课中，一定要致力于树立学生的正确创新创业思想，要对想要做的事情付诸行动，而不只是纸上谈兵。在培训课程中，要让大学生了解最基本的法律法规，在提高大学生综合素质的同时，也可以使大学生在创业过程中尽可能地减少被欺骗的次数，这样也可以有效地保证经济不受损失。

（三）建设孵化器基地

高校在扶持大学生创新创业的过程中，一定要建设孵化器基地，因为高校作为培养人才的地方，担任着为国家培养人才的重任。在建设孵化器机遇的同时，也要引进先进的互联网技术，为大学生创新创业提供一定的高科技技术，使他们在不受约束的情况下发挥自己的潜能。

（四）增加社会引导

使大学生在创业过程中不必因为资金等问题而绊住脚步，社会企业等也要对大学生持有支持的态度，不高看也不能低看，让大学生能够自信的去自主创业。

大学生在创新创业的过程中一定要科学合理的利用互联网技术并且树立正确的创新创业观念，在就业形势严峻的情况下，突破创新创业过程中面临的挑战。大学生在规范自己行为的同时，也需要高校提供一定的创新创业课程培训以及相关政府资金的支撑。在"互联网 +"的背景下的大学生创业，与社会共同发展。

创新是创意向市场化的转化，因此创新者首先必须富有创造力。但是创新者又不应仅仅是高创造力者，因为创意的产生只是创新的开始。创新者还应是具有企业家思维的人，他们对商业有敏锐的预见性，具备首创精神和冒险本性，有坚忍不拔的品格和卓越出色的管理能力。创新者是企业创新最重要的资源。

10年、20年、50年后的世界需要什么样的人才？要怎样的教育才能培养出这样的人才？在教育领域，引导诸多教育创新的理念和实践的，往往是对一些基本问题的叩问。社会经济的快速发展，越来越依赖于技术创新和社会创新水平的提高，而这也意味着对教育的诉求在不断提升。党的十八大提出了创新驱动发展的伟大战略，更对创新型人才（创新者）的培养提出了更迫切的要求。

第一节 创新者的胜任力

一、胜任力的含义

胜任力就是具备或完全具备某种资质的状态或者品质。在1995年约翰内斯堡举行的关于胜任力会议上，专家们提出胜任力的定义为，影响一个人大部分工作（角色或职责）的一些相关知识、技能和态度，它们与工作的绩效紧密相连，不仅可用一些被广泛接受的标准对它们进行测量，而且可以通过培训与发展加以改善和提高。

二、胜任力的模型

胜任力可以根据显现程度的不同分为外显胜任力和内隐胜任力，常用冰山模型来描述，其中外显胜任力包括知识、技能，内隐胜任力包括社会角色、价值观、态度、个性、动机。

三、创新者的胜任力

创新者的胜任力是指创新者个体所具备的，与成功实施创新和管理有关的一种专业知识、专业技能、专业价值观和动机。

技能指一个人完成某项工作或任务所具备的能力，如表达能力、组织能力、决策能力、学习能力等。

知识指一个人对某特定领域的了解，如管理，知识、财务知识、文学知识等。

价值观指一个人对事物是非、重要性、必要性等的价值取向，如合作精神、献身精神。

自我认知指一个人对自己的认识和看法，如自信心、乐观精神。

品质指一个人持续而稳定的行为特性，如正直、诚实、责任心。

动机指一个人内在的自然而持续的想法和偏好，驱动、引导和决定个人行动，如成就需求、人际交往需求。

第二节 创新者的胜任力结构

在以信息技术和网络为基础、以全球化为支撑的知识型经济时代，经济的变革对人才培养提出了新的、更高的要求。在创新管理中，我们所需要的创新者是拥有知识和创造力，并运用知识进行创新性工作的，他们可以通过自己的创造力和知识使价值得以实现。

创新者是科学知识、工程技术、实践经验、创新意识与创新能力以及其他要素（伦理道德的、艺术的、文化的）有机结合的载体。

一、汇聚科学、技术、工程与人文的知识基础

人的创新能力的形成，是以掌握丰富的知识为基础的，只有及时掌握最先进的知识和技能，才能始终站在创新的最前沿。扎实的文化基础、宽广的知识信息面、独到的专业知识和技能，是创新能力的基本功底。因此，新时代的创新者不仅要能适应新环境，还要主动开拓新的知识领域，主动从事科学技术的创新。现代科学技术日新月异，自然科学与社会科学相互渗透，知识日趋综合化，这就要求现代化的人才不仅要重视知识的掌握，而且还要有完善而合理的知识结构。有人曾经用"人才 = 知识 × 知识结构能力"这个公式来描述知识结构的重要作用。知识结构不同，其功能和作用就各异，人所表现出来的能力大小也不同。在知识比较丰富的情况下，知识结构越合理，人的能力就越强；知识结构越独特，人在某些方面就更具优势。同时，知识结构还应该是一个不断适应、

不断创新的动态平衡系统，它能适时地将不同的知识经过系统化、网络化后重新组合，从而使知识结构始终保持高效的状态。所以，新时代的创新者不仅要精通本门学科的专业知识，还必须熟悉其他相关学科知识，既掌握自然科学，又涉猎社会科学，将科学知识、技术知识、工程知识、人文知识相互融合，各种知识广泛交叉渗透，建立全方位的、综合的、立体的、动态的知识结构。

二、多元复合的实践技能

创新是从创意产生直至成功商业化的系统过程，创新者在推进创新成功的过程中需要具有相应的多元复合的实践技能。在研究开发阶段，作为企业创新重要力量的创新者必须具备较高的研究开发和应用新技术的能力，具有一定的创造力倾向；创新的本质是"新"和"商品化"，因此在创新扩散的过程中，技术推动和市场拉动同样重要，创新者树立市场意识、重视顾客需求是非常重要的；创新的不确定性要求创新者在创新开拓、创新设计时还要有风险意识，创新者应该具备敢于承担风险的心理准备，更要具备善于化解风险的创新能力。

在创新过程中，企业资源开始从资本转变为信息和知识创造力，获取信息和资源的商务能力也是创新者必须具备的。以信息技术为主要标志的高科技进步日新月异，高科技成果向现实生产力的转化越来越快，获取大量有价值的信息是有效创新的基础，因此创新者需要具有较强的信息获取、分析和整合的能力，具有使用多种高效的信息数据处理工具和信息沟通设备的能力，能够快速地捕捉瞬息万变的信息，使自己在创新中立于不败之地。

三、卓越的合作技能

互联网的诞生使人类个体和群体之间的沟通与交流变得空前容易，竞争与合作日益突破国家或区域界限而出现不可逆转的全球化趋势，创新资源的流转呈现出网络化和分布化的特点。在这种背景下，合作精神变得空前重要，任何企业的发展与繁荣、任何个人的进步与成功都离不开各种各样的合作。这里讲的"合作"绝不是对独立创造精神的否定，它恰恰是在个人潜能得到创造性发挥前提下的合作。因此创新者必须掌握人际交流和沟通的良好技巧，构建和谐的人际关系和环境。

四、持续的创新创业精神

一个国家如果缺少雄厚的科学和技术储备，缺乏创新能力，必将失去在国际市场的竞争力，因此，创新型人才的状况实际上是决定国家竞争力的关键。创新型人才，不仅需要较高的智力因素，也需要较高的非智力因素，甚至非智力因素比智力因素更为重要。

国外学者将创新能力与智力做了比较，认为二者最大的差别是创新能力包含了态度和性格的要素，有创新思维而没有勇气胆识、献身精神和坚强意志，是不可能完成创新过程的，自然也不会有创新带来的辉煌。

哈佛大学的托尼·瓦格纳教授在《教育大未来》一书中提到了面向未来的"七大生存能力"，包括批判性思考与解决问题的能力、跨界合作与以身作则的领导力、灵活性与适应力、主动进取与开创精神、有效的口头与书面沟通能力、评估与分析信息的能力、好奇心与想象力。但在近几年，他意识到上述能力尽管是职业成功的必要条件，但未必能确保年轻人在动态发展的全球社会中发挥最大的潜力。许多公司和政府的领导者都对人才的自主创新能力寄予期望。托尼·瓦格纳教授发现，尽管一个成功的创新者需要具备专业知识和创造性思维能力，但创新者的内在动机，始终具有改变世界的信念和勇气，这种独特的创新创业精神才是创新者最重要的素质。

第三节　创新者的特质

创新者的工作具有一定的复杂性。创新者拥有知识资本，成为资本拥有者，这是其资本性的一面，但同时创新者又是劳动者，其人性的一面与普通员工没有本质区别。创新者的工作具有创造性，他们对新知识的探索、对新事物的创造过程主要是在独立、自主的环境下进行的。他们更多地从事思维性工作，他们的工作是一种全过程式的劳动，工作时间和地点灵活多变，经常延伸至八小时以外和家庭之中；加上创新者劳动过程的内隐性，劳动的结果不易衡量。企业如何给创新者创造一个宽松的工作环境，给予他们一定的自主权、自治权，已被看作创新者激励手段的一方面。

创新者的需求具有个性化。由于创新者的生存需求及安全需要往往已得到满足，因而会转向追求更高层次的需求。对创新者而言，高薪职位只是前来投效的诱因，工作的主要目的是满足发展需求和从工作中获得内部满足感，他们希望在工作中拥有更大的自主权、工作弹性和决定权，同时也特别看重别人对他们的支持；他们期望通过一种创造性或者挑战性的工作实绩来获得精神、物质及地位上的满足。所以，对创新者的激励必须由以外在、当前的物质激励为主转向以内在、未来的成就和成长激励为主。创新者的教育程度、工作性质、工作方法和工作环境等与众不同，使他们形成了独特的思维方式、情感表达方式和心理需求。特别是随着社会的不断进步，创新者的需求正向个性化和多元化趋势发展。

创新者的工作投入高于组织承诺。创新者与传统意义上的员工最大的不同是拥有随身携带的巨大的资本资产，这就决定了他们在就业选择上具有相当程度的主动权，对组织的依赖性明显低于普通员工，相应的职业流动性也随之增大。他们有自己的福利最大化函数，是否加入某家企业是出于自身的选择，如果待遇不公或者收入未达到他们的期望值，他们就可能另谋出路。为了和专业的发展保持同步，他们需要经常更新知识，得到更多的学习提高机会，希望工作性质能使自己不断充实提高。如果不能满足其职业发展上的要求，他们很可能选择"背叛"组织而不是"背叛"专业，另谋出路。因此，与其他类型的员工相比，创新者更重视能够促进他们不断发展的、有挑战性的工作，他们对知识、对个体和事业的成功有着持续不断的追求；他们要求给予自主权，使之能够以自己认为有效的方式进行工作并完成组织交给的任务，获得一份与自己贡献相称的报酬并分享自己创造的财富，与成功、自主和成就相比，金钱的边际价值已经退居相对次要的地位。一般而言，创新者的重要特征表现如下：

一、开拓精神

创新者首先应该具备开拓精神，或者说勇于开拓的性格。开拓精神，有天生的成分，但更多的是在后天环境中逐步形成的，如家庭以及其他成长环境的影响等。惯例、定规的东西，可能是对前人创新成果的最佳肯定，但反过来却会对后人产生一定的束缚作用。积极创新的人应该勇于突破，在借鉴前人优秀成果的同时，不要拘泥于他们的所有条条框框中。当然，这种挑战性的工作具有风险，你很有可能做了几年甚至更长时间的研究，换来的却是失败。这就需要创新者具有足够的勇气。

二、敬业精神和责任心

创新者要钟爱自己的行业（或者说事业），并且敢于负责。很难想象一个整天想着别的事情的人会把精力放在创新上，会有所作为。创新型人才应该具备强烈的敬业精神和责任心，对自己的事业敢于创新，对自己的行为勇于负责。

三、恒心和毅力

"千里之行，始于足下。"创新是一个漫长而又艰难的过程，挫折是家常便饭。对于创新者而言，除了创新意识和勇气，更要有恒心和毅力。创新是要突破现有的条条框框，发现新的东西，这不是一蹴而就的事。正因为拥有这种恒心和毅力，爱迪生才能发明电灯。

四、兴趣广泛，信息沟通广泛

时代的迅速发展告诉我们，要创新，不仅要有扎实的专业知识，还要有广泛的知识面和兴趣。信息时代信息变化很快，这就需要有优良的沟通设备和手段，快速地捕捉瞬息万变的信息，使自己在创新中立于不败之地。

五、好奇心，并为之拼搏

心理学研究表明，好奇心具有强大的推动力，并且使人发挥出超常的创造力。创新者的性格特征中，应该有强烈的好奇心，这样才能引起对未知事物的好奇，驱使创新。研究表明，在好奇心的驱使下，创新行为的发生率大大提高，人的拼搏力也得到很大的加强。

六、强烈的自信心

自信心对每一个人都很重要，对创新者尤其重要。凡成功人士，大部分都具有比常人强烈的自信心。自信心是建立在客观基础上的，是基于对自己能力、对周围环境、对技术条件等综合因素的正确分析。

七、风险意识

创新具有不确定性，在开发出产品以前，很难准确预测有什么样的新技术出现。相反，即使投入大量的人力和资金，却没有搞出成果的研究开发事例也不少。因此，创新者的创新开拓、创新设计要有风险意识，应该具备敢于承担风险的心理准备，具备善于化解风险的创新能力。

八、市场和应用意识

在市场经济条件下，企业创新的本质是"新"和"商品化"，技术推动和市场推动同样重要，从企业经济效益的角度看，尤其注重市场实现。因此，创新者需要转变市场观念，将其放在不可忽视的地位。

九、抱负和魄力

创新者的工作投入高于组织承诺。创新者与传统意义上的员工最大的不同是拥有随身携带的巨大的资本资产。创新者必须有远大抱负，不拘泥于眼前的既得成果，要站得高看得远，具有战略眼光和洞察力。只有具备了这种抱负、魄力，才有可能不断创新，成果不断。

十、善于合作

信息社会，企业资源开始从资本转变为信息和知识创造力。而信息是一个网络，知识创造力是一项工程，创新者需要组建团队，形成梯队，善于合作，增强全球意识，树立进取精神，才能有较大作为。

第四节 创新意识的内涵

一、创新意识的含义与价值

（一）创新意识的含义

创新意识是人们对创新与创新的价值性、重要性的一种认识水平和由此形成的对待创新的态度，以及形成一种指导创新活动的整体的精神态势。人们根据对创新的认识和生产生活的需要，引起创造新事物的观念和动机，并在创造活动中表现出意向、兴趣、愿望等。创新意识是一种思想观念和主观欲望，是唤醒和发挥人的创新潜能的前提。不仅是科学家等人群需要创新意识，每个人都需要创新意识，从而更好地解决问题，使自身和社会受益，同时更大程度地实现自我价值。创新意识是人类意识活动的一种积极的、富有成果性的表现形式，是人们进行创造活动的出发点和内在动力，是创造性思维和创造力的前提。

心理学家马斯洛把创造性分为"特殊才能的创造性"和"自我实现的创造性"。"特殊才能的创造性"是指在某个领域有独特才华的人，如科学家、发明家、艺术家等所表现出来的创造性；而"自我实现的创造性"是指追求创新，实现人的价值，这是人人都具有的创造潜力。因此，我们要增强创新意识，认识到自身有创新的可能，从而进一步提升创新能力，取得创新成果。

（二）创新意识的价值

1. 创新意识是决定一个国家、民族创新能力最直接的精神力量

创新意识推动社会生产力的发展。科学的本质就是创新，科学技术的每一次进步都是通过创新实现的。科学技术的迅猛发展对人类社会各个方面都产生了深刻而广泛的影响。创新更新了人们的生产工具和生产技术，提高了劳动者的素质，开辟了更广阔的劳动对象，推动了社会生产力的发展。

2. 创新意识促成社会多种因素的变化，推动社会的全面进步

创新意识根源于社会生产方式，它的形成和发展必然进一步推动社会生产方式的进步，从而带动经济的飞速发展，促成上层建筑的进步。创新意识进一步推动人的思想解放，有利于人们形成开拓意识、领先意识等先进观念。创新意识会促进社会政治向更加民主、宽容的方向发展，这是创新发展需要的基本社会条件。这些条件反过来又促进创新意识

的扩展，更有利于创新活动的进行。

3. 创新意识促成人才素质结构的变化，提升人的本质力量

创新实质上确定了一种新的人才标准，它代表人才素质变化的性质和方向，它输出一种重要的信息：社会需要充满生机和活力的人、有开拓精神的人、有道德素质和现代科学文化素质的人。而创新意识能够促成人才素质结构的变化。因为创新意识使人有追求新异事物和真知灼见的强烈欲望，不满现状，敢于大胆质疑、标新立异。正是因为有了创新意识，才会有发现创新可能的慧眼，为创新做好充分的前期知识准备，并且实施创新活动。另外，创新意识是个体进行相关创新活动的内在指导力量，如创新过程中面临的路线选择、信息搜集、价值判断等，而且由于创新过程中会遇到很多困难和不良情绪等，创新意识会通过动机、情感和意志等对创新实践进行调控，让创新向着目标前进。因此，创新意识客观上引导人们朝这个目标提高自己的素质，使人的本质力量在更高的层次上得以确证。它激发人的主体性、能动性、创造性的进一步发挥，从而使人自身的内涵获得极大丰富和扩展。

二、创新意识的特征

（一）创新意识是求新求变的意识

创新意识区别于其他意识的最典型特征是求新求变。创新意识是一种不安于现状的精益求精的意识，是一种面对未知问题而不无动于衷的尝试冲动，是不断探索、求新求异的兴趣和欲望。总之，创新意识是与墨守成规相对立的，是创造美好的新生事物的必要条件。

（二）创新意识是创新的起点

如果说创新是一种从思想到实践的变化过程，那么创新意识就是思想的起点，是人们进行创新活动的出发点。所以，创新意识是开展创新活动的先决条件，也是开发创新思维和创新能力的起点。很难想象，一个没有创新意识的人会持续开展创新活动，取得创造性成果。所以，培养创新能力首先要从培养创新意识着手。

（三）创新意识是各种心理因素构成的整体

创新意识是个体对创新的认识和态度，以及由此引发的情感和意志。创新意识包含好奇心、怀疑感、兴趣、动机、情感等，是多种心理因素共同组成的一种精神状态，是人类意识活动的一种积极的、富有开创性的表现形式。

（四）创新意识是可以被塑造的

创新意识需要在生活和学习中逐步建立和发展，它可以通过学习和实践加以激发，也可以通过培养和锻炼加以巩固。大学生要充满好奇心、求知欲，力求掌握更多知识及其原理，深入探索未知的事物和新方法，同时要有质疑精神，保持思维的独立性和求真性。树立远大抱负和工作责任感，也是塑造创新意识的催化剂。

第五节 创新意识的构成

一、创新兴趣

（一）创新兴趣的概念

兴趣是人们力求探究某种事物和从事某项活动的意识倾向，它表现为人们对某件事、某项活动积极的态度和情绪反应，并且使人对感兴趣的事物给予优先的注意。创新兴趣则是对挑战陈规、创造新事物、提出新方法等感兴趣，热衷于从事创新活动。

创新对象的奥秘对人有巨大的吸引力，创新的结果给人以希望和召唤，创新本身就是一种强烈的引起兴趣的刺激物。拥有创新兴趣的人更能全神贯注，积极热情地调动一切潜能进行创新实践，更易于发现问题，探索未知领域，并且感到轻松愉快，不知疲倦地钻研。

创新兴趣往往与好奇心、求知欲联系在一起，这是人的天性，有的人将这种天性抑制和闲置，而有的人将这种天性保持和发扬。好奇心是对某事感到疑惑，并力图弄明白事物真相的心理倾向。许多有创新成就的人，不仅对新鲜事物感到新奇，还会对虽为人所共知但自己尚不理解的事物做深入探究。强烈的求知欲也是创新兴趣的直接来源之一。一个拥有强烈好奇心和求知欲的人更容易产生创新兴趣，从而积极主动地探求未知世界的奥秘，努力拓宽自己的知识面，在更多领域取得创新进展。爱因斯坦曾说过，他的科学发现来自对研究问题的神圣的好奇心，来自想了解自然奥秘的抑制不住的渴望。

创新兴趣引导着创新目标的确立、创新能力的开发，人们总是优先根据自己的兴趣来选择合适的创新内容和方向。对创新的强烈兴趣，是进行创新活动最重要的心理条件。创新兴趣是构成创新动机的成分之一。创新兴趣可以激发我们积极的情感，为创新建立良好的心境；可以增强我们克服困难的勇气，形成良好的创新意志品质。不过，创新兴趣只是创新活动的开始，也并非所有的创新兴趣都会引发实质的创新行为。因为创新兴趣有"了解的兴趣"和"理解的兴趣"。"了解的兴趣"只是浅尝辄止的了解阶段，要继续上升到"理解的兴趣"才能真正走上创新之路。所以创新兴趣还存在创新品质的问题，需要培养真正能推动创新的兴趣。

（二）创新兴趣的品质

1. 创新兴趣的中心性

多变复杂的创新环境需要创新主体具有开放心态，培养广泛的创新兴趣的同时，也应该有一个中心兴趣。中心兴趣能促使个体抓住重点，将精力和热情指向某个研究领域，深入探索，有所突破，而游移弥散的兴趣不利于产生突出的创新成果。

2. 创新兴趣的指向性

由于个体之间的成长环境、实践活动领域和个性有差异，创新兴趣指向的对象也不同，创新兴趣的指向性在一定程度上反映了个人的需求、知识水平、理想和世界观。不同的创新兴趣指向都会促进创新，当然，创新兴趣指向的对象也存在类别、层次的差异，如科学家、艺术家及商人之间的创新兴趣指向可能就大不相同，但是对于其个人来说都是具有巨大价值的。创新兴趣在个体之间是存在差异的，培养和提高创新兴趣要因人而异、有的放矢。

3. 创新兴趣的效能性

创新兴趣的关键作用是对创新产生积极的影响，带来创新成果。个体要善于把创新兴趣转化为创新行为的动机，驱使自身把兴趣、愿望变为实际行动。而如果创新仅仅停留在兴趣上，不能以兴趣推动行动，即使没有遇到任何困难，也仅仅是停留在期望和等待状态，那就不会产生实际效果，个体要有意识地重视发挥创新兴趣的效能，发挥创新兴趣的最大价值。

4. 创新兴趣的广泛性

创新需要有明确、健康的兴趣，也应有较广泛的兴趣，对周围多变的环境有更充分全面的观察和理解，不断努力获得广泛的创新信息和各方面不同领域的知识，扩大信息来源和眼界，丰富人的心理活动内容，触类旁通。如果创新兴趣长时间局限在一个狭窄的领域，则易造成思想闭塞、视界狭小、思路呆板。成功的科学家往往是兴趣广泛的人。他们的独创精神可能来自他们的博学。多样化会使人观点新鲜，而过长时间钻研一个狭窄的领域，则易使人愚钝。

5. 创新兴趣的稳定性

某个方面稳定的创新兴趣有利于创新活动的持续进行。创新过程是一个漫长的探索过程，创新主体需要对创新领域进行持续的学习研究，获得更深入的知识、更多的尝试，以增强某领域的创新能力，在该领域有所创新。

创新兴趣的发展，一般要经历有趣、乐趣和志趣三个阶段。有趣是创新兴趣发展过程的第一阶段，人们往往自然而然地被新奇的现象或者新的事物所吸引，产生认识倾向。不过有趣是带有盲目性、易变性的，是短暂的阶段。乐趣是创新兴趣的第二阶段，是在前一阶段的基础上形成的，这时人们不满足于仅仅观察事物的外表，而是想了解它的内在规律。乐趣阶段具有专一性、自发性和坚持性。志趣是创新兴趣发展的第三阶段，当乐趣与稳定、符合道德要求的创新目标相结合时，创新乐趣便发展成创新志趣，使人孜孜不倦地追求创新，立志有所作为。

二、创新动机

（一）创新动机的概念

动机是激发和维持个体的活动，并使这种活动朝着一定目标努力的内部心理倾向。与其他活动一样，创新活动也是受到动机的直接驱动而产生的。创新动机，是指引起和维持个体进行创新行动的内在驱动力，是创新行为的动力基础。

创新动机可能是来自个体挑战困难的内部需要，也可能是来自外界竞争环境的需要。根据心理学家马斯洛的需求层次理论，人的需求可以分为生理需求、安全需求、归属与爱的需求、尊重需求、自我实现需求五个层次。自我实现需求是指人们希望自己的潜在能力得到充分的发挥，成为自己所期望的人物，可以认为是人的需求的最高层次。因此，个体对某种创新目标实现的要求，实际上是个体希望自己的创新能力能够在创新过程中得以施展，发挥自身的价值。每个层次的需求都可以产生创新动机，但高层次需求所产生的创新动机更强烈。

创新动机在创新活动中主要有三方面的功能：一是激活功能，创新动机激发、推动个体产生创新行为；二是指向功能，创新动机总是使创新活动指向一定的目标或对象；三是维持与调节功能，创新动机一旦引起创新实践，会使人表现出极大的积极性，以维持创新过程。个体能否继续坚持或如何做调整和改变，也会受到创新动机的调整和支配。

（二）创新动机的类型

创新动机并不是单一的，而是多元的，这既与创新主体的价值取向和个人特质有关，也与社会和企业组织的环境背景相关。总体上，创新动机可以分为内部动机和外部动机。

1. 内部动机

内部动机也称直接动机，是指直接促使人们去创新的内部动力，是由问题本身和个人倾向等内部需要产生的动机。内部动机主要包括创新兴趣、成就感、挑战意识、发明志向等发自内心的动机。内部动机与活动本身有关。由于创新能令人愉快，创新活动本身就是行动者所追求的目的。

创新的内部动机主要包括三种：第一种是对创新本身的兴趣，受创新本身的内在美吸引；第二种是完成创新所获得的心理体验令人向往；第三种是创新任务对人的能力的挑战和锻炼。所以，创新者要培养好奇心、创新兴趣，也要立大志、成大业，勇于挑战

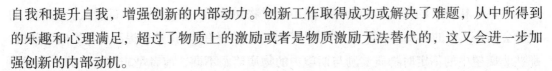

自我和提升自我，增强创新的内部动力。创新工作取得成功或解决了难题，从中所得到的乐趣和心理满足，超过了物质上的激励或者是物质激励无法替代的，这又会进一步加强创新的内部动机。

2. 外部动机

外部动机也称间接动机，是指创新者在追求目标的过程中，目标本身不一定是创新，但是达到目标必须经过创新，即在实现目标的过程中含有创新。创新的外部动机一般包括想获取的外部的物质利益和精神需求，诸如金钱、名声、地位、服务社会等。在现实的经济社会中，个人及企业的经济收益的确是产生创新的重要的外部动机，也是值得肯定和鼓励的，但是要注意"君子爱财，取之有道"，避免消极、错误的创新动机。创新者只有在高尚、正确的创新动机引导下，才能既对社会有益，也有助于个人创新成功，从而实现目标。

当然也有众多仁人志士不是为了追求个人的利益而去创新，而是出于对外界的责任感。一是对企业的责任感，这是微观的。二是对社会的责任感，这是宏观的。对工作具备高度责任心的人会去寻找当前工作中的问题和缺陷，希望从中找到改进和提高的方法进行创新，使自己的工作和企业的发展都更好。具有社会责任感的人以满足和服务社会需求为基础而去创新，如治愈人们的某种疾病、推动社会发展进步等，它是一种高尚的创新动机。所以，大学生既要培养求知欲、挑战精神等，又要培养时代感、责任感、正确的创新观和人生观，在为社会做贡献的同时实现个人的人生价值。

3. 内外部动机的相互作用

创新的内部动机更实在、更根本，但外部动机更全面、更丰富。这两种创新动机同时存在，共同推动创新活动。外部激励可以促使人们去追求符合国家需要和社会利益的创新目标，使人们的创新责任感更强烈、更成熟。同时，创新的成果也会使人的创新热情和信心增强，从而将外部动机转化为内部动机。

当内外部的创新动机共同作用时，就更能推动人们积极进行创新。那么，内外部创新动机如何起到良好的共同作用而不互相抵消呢？首先，要注意金钱等物质奖励对于创新任务的不利影响。对于枯燥乏味的任务，外在的奖励有较大的效果，能够使人把外在激励作为驱动力。但是对于创新这种具有挑战性和创造性的活动，强烈的外部动机在很多情况下反而会抑制人的创造力，尤其是物质奖励。根据著名创新心理学家艾曼贝尔的研究，内部动机被激发，才更有利于个体进行创新活动，因为在外部动机下，很多人的创新不再是一种自主自觉的活动，更多的时候是为了得到一种既定规则和他人的认可，而这恰恰不利于人的创新能力的发挥。而且，当外部动机出现时，人们会将注意力更多地放在外部动机的奖励上，而减少对活动本身的享受和对满足感的关心。此时，那些物质奖励（如金钱）成了一种控制力和强迫的源泉，它会降低人们的自我决定感，从而削弱人们创新的内部动机。因此，在培养创新动机时，尤其要注意对内部动机的培养以及防止外部动机的不良影响。

然而，精神上的激励和非期望中的不定时物质奖励往往会提高内部动机。精神上的激励会提升人们的自我决定能力，并让人感觉自己很有能力，从而提高创新的内部动机。那些非期望中的不定时物质奖励与期望中的物质奖励不同，前者是非期望中的，即意料之外的，这并不会在创新前强迫人们完成某种任务，不会削弱创新的内部动机。

三、创新情感

（一）创新情感的概念

创新活动的主体是具有知觉、情感、意志的人，人们在认识世界和改造世界的创新实践中，不但认识了周围的事物，并且对它们做出评价，产生一定的态度，引起相应的情感体验。情感，是人对事物的态度体验，如对创新的态度是认可的，那么相应产生热爱、崇尚的情感体验。我们常把情绪和情感视为同一种心理反应，其实二者是有一定区别的。情绪是人的态度体验中的一种低级形式，有较大的冲动性，不大稳定，并常与一定的情景相伴随；而情感是人的态度体验中的一种高级形式，是人生长到一定年龄阶段才产生的，是一种比较稳定且与人的社会需要以及精神需要相联系的深刻的态度体验，如热爱、自尊心、责任感、爱国情感等。

创新情感是指创新主体对创新的主观情感体验，包括对创新及创新过程涉及的各方面内容，它是主体进行创新活动的情感力量，对创新活动的维持和调节起着很大的作用。

（二）创新情感的作用

1. 智力和创新情感相互作用

在任何一种活动中，认知活动与情感活动都是互相交织的，健康积极的情感对认知活动起着促进作用，反之则带来消极影响。同样，人的创新过程不仅仅是激烈的智力活动过程，而且也是强烈的情感活动过程，在智力和创新情感双重因素的积极作用下，人们的创新才有持续的力量和思想火花。因此，我们不仅要注重培养创新思维和创新能力，也要培养丰富而有活力的创新情感。一旦学生对学习失去情感，思维、记忆等认识功能就会受到压抑和阻碍。对于创新活动，创新情感也会起到这样的正面或负面的作用。

2. 创新情感作用于创新活动的全过程

从创新动机的产生到创新过程的持续，再到创新结果的验证，各个环节无不蕴含着创新者的情感因素。创新过程需要以创新情感为动力，如求实精神、坚强的信念以及道德感等因素。创新情感还可以为个体提供丰富的创新暗示和创新启迪。因此，创新活动要求创新者拥有丰富、健康的创新情感。

第一，稳定的创新情感，稳定的创新情感可以使人保持创新热情，提供稳定的心理环境，以免干扰、打断创新的进程和决心。创新要在稳定的创新情感支配下才能更好地进行。第二，积极的创新情感。积极的创新情感可以最大限度地激发创新者的认知能力（注意、记忆、思维等），增强其创新的主动性和对创新事物的敏感性，充分调动积极性投身于创新实践中。第三，深厚的创新情感。这是开展创新活动的心理推动力量，并促进创新者不断地追求创新，形成强烈的创新意识。第四，健康的创新情感。健康的创新情感源于对社会的责任感、对事业的自豪感及对群体的集体荣誉感等。

（三）创新情感的类型

人的情感按其性质和内容可以分为理智感、道德感和美感。这三种形式也是重要的创新情感，因为创新也正是真（理智感）、善（道德感）、美（美感）的统一体。理智感是指与智力活动相联系的体验（人对真理的追求、对科学的探索等）。道德感是指对人的思想意识和行为举止（如创新行为）是否符合社会道德规范而产生的体验。美感是指在自然风光、艺术欣赏活动中产生的和谐与美的感受。大学生高涨的创新热情、审慎的理智感、新颖的审美感，是激发其创新意识的催化剂。

1. 理智感

理智感是人在智力活动中，由对客观真理的认识、探求和评价而产生的情感体验。例如人在探索新的、不认识的事物时表现出的惊讶感、好奇心；在创造活动中，对矛盾的或未被证实的事物和现象所产生的怀疑感，敢于质疑、勇于坚持自己见解的热情和自信；热爱创新，为追求创新而有自豪感；对不合理现状、偏见和谬误的鄙视和排斥等。

理智感是人们创新和学习知识的重要情感力量，可以推动主体进行创造性的思考。具有强烈理智感的人能对好奇和怀疑的事物进行探索和研究，从而实现新的发现、新的创造。正如爱因斯坦所说，思维世界的发展在某种程度上来说是对惊奇的不断摆脱。缺乏理智感，就不可能有意志、有对创新和科学的执着追求与坚守，也无法全身心地投入到创新活动当中。

2. 道德感

道德感是人对于自己和别人的思想意图、言行举止及各项活动是否符合一定的社会道德标准而产生的情感体验。创新行为符合道德标准便产生满意、肯定的体验，不符合便产生消极、否定的体验。道德感是进行创新活动必须具备的精神条件。创新主体只有具备道德感，创新活动才是对国家、社会、集体和他人有益的，而且对他人和社会的道德感还会成为创新的激情和动力。

3. 美感

美感是人对自然界事物以及社会生活中的事物做出评价时所产生的情感体验，这种愉悦的情感体验对创新有重要的推动作用和启迪作用。

创新也追求美，创新本身也包含美。居里夫人说过，科学的探讨与研究，其本身就含有至美。科学家研究自然，并非因为它有用处。之所以研究它，是因为他从中得到乐趣；而他之所以能从中得到乐趣，那是因为它美。如果自然不美，就不值得去了解它，生命也就没有存在的价值了。

美感还能启迪人们的创新思维。科学美感启发人们去发现自然界存在的简单美、对称美与和谐美。法拉第曾兴奋地写信告诉德拉里夫，他的兴趣被吸引到电磁转换的问题上，因为"磁力转换的法则，简单而又美丽"。哥白尼相信宇宙体系是和谐的，这一坚定的信念促使他建立起了日心说体系。开普勒发现行星运动定律之后，也为行星运动的和谐之美激动万分。

四、创新意志

（一）创新意志的概念

任何创新既有可能取得成功，也有可能遭受失败，即使成功，过程也是曲折的。创新是一项艰苦的探索活动，人们在创新中常会遇到各种内部心理和外部环境造成的障碍和挫折，只有意志顽强的人，才能冲破重重障碍，完成创新。意志是人自觉地确定目标，并支配行动，克服困难，实现目标的心理过程。意志是人类独有的心理活动形式，它使人类具有高度的主动性和创造性。

创新就是一种意志行为，创新的特征就是要克服困难，做前人和别人没有做的事，可以说意志就是力量，意志是创新的支柱。创新意志是有意识、有目的、有计划地调节和支配创新活动的心理现象。创新意志是在创新情感的基础上产生的，没有情感就不可能产生任何意志。创新意志又使创新情感具有了目的性，使创新情感能够按照人的价值需要发展。

意志过程包括决定阶段和执行阶段，创新意志也是如此。决定阶段指选择一个有意义的创新目标作为行动的目的，其中可能存在不同动机、愿望的斗争，需要做出决策，并确定达到该目的的方法。执行阶段即努力克服困难，坚定地把创新计划付诸实践的过程。创新意志的调节作用包括两方面，即发动与预定目标相符的行动和抑制与预定目标矛盾的行动，如对行为的发动、坚持、制止、改变等方面的控制调节作用。

（二）创新意志的品质

意志行动是与克服困难相联系的，克服困难的过程就是意志行动的过程，人的意志坚强与否、坚强程度如何，可以从意志的品质中体现。创新意志品质包括意志的坚定性、独立性、果断性和自制性，具体体现为形成创新的设想、准确的判断、果断的决策、周密的计划、坚定的行为等方面。

1. 创新意志的坚定性

意志坚定是创新者宝贵的意志品质之一，表现为长时间坚持自己决定的合理性，并坚持不懈地努力克服困难完成创新活动。意志的坚定性对于创新活动的开展有着重要意义，它能够保证主体的智力效应不断积累，使主体长期地开展某一特定方向的创新思考和研究，并不断排除障碍，直至实现创新目标。几乎所有有成就的科学家都具有一种百折不挠的精神，因为但凡取得有价值的成就，在面临反复挫折的时候，都需要毅力和勇气。

2. 创新意志的独立性

意志的独立性表现为一个人能根据自己的认识与信念，独立做出决定、执行决定，并且有责任感，愿意对自己的行为所产生的结果负责。意志的独立性有助于创新主体自主地做出科学的思维判断，而不盲目相信和屈服于外界的各种声音、意见等，坚持自己的想法，将注意力集中在特定的目标之上，充分调动智力因素。如果缺乏意志的独立性，易受他人的暗示，随波逐流、人云亦云，则创新很难成功。

3. 创新意志的果断性

意志的果断性表现为既能深思熟虑，又能迅速辨明是非，及时、坚决地做出合理的选择。在创新中，主体要能根据社会发展和科技发展的需求，适时地选择与确定研究目标，在激烈的竞争中获得时间和机遇的优势。在创新过程中也仍有很多情况需要果断决策，需要主体当机立断。如果在关键时刻创新者优柔寡断、徘徊不前，可能就会错过创新时机。

4. 创新意志的自制性

意志的自制性是指主体善于支配和约束自己行动的能力以及对情绪状态、缺点等的调节。创新意志的自制性使人在碰到挫折和失败时，可以调节自己的消极情绪，控制自己的不当言行，不灰心、不气馁、不焦躁，同时可以更好地克服惰性。

第六节 创新意识的培养

一、创新意识培养的重要性

创新能力的培养离不开创新的知识技能、创新的思维品质及创新的人格特征。创新思维是创新能力的核心因素，是创新活动的灵魂。开展创新训练的实质就是对创新思维的开发和引导。一个人的创新能力，特别是创新思维能力的强弱，将决定他的发展前途。

培养创新意识对于创造能力的形成有重要的意义。假如一个人仅仅精通数学上的各个分支，掌握各种各样复杂的数学定理、公式，那么他还不算是一个数学家。一个好的数学家最重要的就是要有自己的创新，要能发现前人没有发现的问题，解决前人没有解决的问题，这才能算是一个真正的数学家。所以一个人首先应有广博的知识，做到"学富五车"，其次则要具备创新意识。例如，关于时间的同一性，多少年来一直被人们当作不言而喻的真理，但强烈的创新意识使爱因斯坦对它产生了疑问，进而深入研究了这个问题，终于为相对论的建立打开了缺口。创新意识使哥白尼推翻了地球中心说，推动他建立了太阳中心说。

二、创新意识培养的方法

(一) 鼓励学生质疑，培养创新思维

创新意识来自问题。古人云："学贵有疑，小疑则小进，大疑则大进。"疑是思之源，思是智之本。

发现问题、提出问题的过程往往闪烁着智慧的火花。魏格纳提出大陆漂移学说，波义耳发明石蕊试纸，谢皮罗发现自然界水的漩涡与地球自转的关系，这些都起源于质疑。可见，具有发现问题、提出问题的精神，是一切优秀人才必备的品质。爱因斯坦也曾说过：提出一个问题往往比解决这个问题更重要。因此，我们要激发学生产生疑问，帮助学生找到解决问题的钥匙，这是创新的起步。

提问是一个人从已知伸向未知的心理触角，是创新意识的具体体现。在教学中，我们在引导学生学习时要着力引导他们在实践中掌握质疑的基本方法。

(二) 鼓励标新立异，培养求异思维

在传统课堂教学中，我们较多的是追求学生认识的标准化，导致了教师对学生认识发展的整齐划一要求。这在课堂上主要表现为：教师的一言一语给学生以模式化的示范或提示，造成了思维定式，严重地抑制了学生创造性思维的发展，妨碍了学生的创新。因此，克服思维定式，发展求异思维对于创新意识的培养有着重要的意义。在课堂教学中，教师应给学生留出充分思考的时间，打破"标准答案"的思想，千方百计创造条件，使学生敢于发表不同意见，引导他们多角度、全方位思考，允许并鼓励学生的认识朝不同方向辐射，并敢于争议，发表新颖独特的超前、超群、超常的见解，敢于打破常规，突破传统观念，大胆创新，标新立异。这样，即使学生对事物的认识在是非、曲直、优劣上有些分歧，但思维过程、辨析过程就是创新意识的萌发、生长、成熟的过程，其意义绝不是某一问题的答案是否正确所能代替的。

(三) 启发创造想象，诱发创新思维

在课堂教学中，教师要引导学生根据其提供的相关信息，唤起头脑中有关表象，给学生留下充分想象和联想的空间，让学生的想象思路向四面八方辐射。

(四) 培养独立意识

培养创新意识时要注意对自身独立意识的培养。培养自己独立的人格，发展独立获取知识、钻研问题的能力，不依赖别人，不盲从他人。独立意识包括两个方面的内容：

一是思想方面的独立性，即独立思考和判断的能力；二是实践方面的独立性，即学习工作、社会交往等方面独立处理问题或事情的行为能力及生活上的独立自理能力。个体的创造性是在后天的实践中形成的，其发挥也受到多种因素的影响和制约，最关键的就是独立性。具备独立性并非就一定具备创造性，但没有独立性绝不可能有创造性。创造性与独立性等非智力因素比智力因素更能决定一个人的成败，在这一点上独立性比创造性更重要。培养独立意识是培养创新意识的前提。

1. 大学生要加强自身的知识储备，培养自立、自强精神

在学习过程中要开阔视野，储备知识，力求融会贯通，将所学知识转化为独立解决问题的能力。当遇到困难时，自觉地从头脑的知识储备中过滤出需要的信息，进而找到解决问题的方法和途径。还要注重对最新理论、最新技术和最新信息的了解，不断探求新的知识，努力掌握社会、文化、科技发展的新动向。自立是指立足于自身奋斗，不依赖他人；自强是指不安于现状，勤奋、独立、自主的精神状态，是一种强烈的、改变自我状态的向上驱动力。

2. 大学生要融入同辈的独立群体之中

同辈群体又称同龄群体，是由一些年龄、兴趣、爱好、态度、价值观、社会地位等方面较为接近的人所组成的一种非正式初级群体。大学生中的同辈群体交往频繁，时常聚集，彼此间有着很大的影响。大学生要充分利用同伴的影响作用，在生活和学习上多与独立性较强的同学、朋友沟通和交流，将他们的行为作为评定自己行为的参照，从同伴对自己的反应中发现自我、认识自我，进而完善自我。

（五）培养独立思考的习惯

要真正实现创新，在理论和实践上获得首创和突破，就要敢于对现有研究成果产生怀疑，敢于否定和超越。巴尔扎克曾说过："问号是开辟一切科学的钥匙。"问题是时代的格言，是表现时代自己内心状态的最实际的呼声。有的大学生奉书本为神明，有问题不敢怀疑，有问题不肯思考，这都成为阻碍学生创新的屏障。

第一，大学生在学习过程中，要养成随时收集、记录生活学习过程中产生的疑问的习惯。每天抽出时间整理疑难问题，针对问题进行思考，或者请教老师和同学，并记录下来；同时还要经常给自己和别人提问题。

第二，加强学习，具备一定的知识和智力水平，掌握一定的创造性思维方法，从不同角度提出有价值的问题。要充分重视别人解决问题的方法，探讨别人处理问题的途径，善于从比较中学习，从而纠正自己的错误，发现问题的缘由。

第三，要有坚持真理、挑战权威的勇气。只要有疑问，就要敢于怀疑，有了怀疑再去求证，即使错了也会获得经验。在疑问的过程中，可以展开争论，激发自己的灵感，发挥集体的智慧，相互启发。

（六）培养合作意识

要进行创新，光靠个人的力量很难完成，必须相互协作。合作是指两个或两个以上的个体为了实现共同目标（共同利益）而自愿地结合在一起，通过相互之间的配合和协调（包括言语和行为）而实现共同目标，最终个人利益也获得满足的一种社会交往活动。培养学生之间的合作精神，能促进大学生学习能力的提高。合作意识很难通过讲座或讨论形式得到培养。其需要通过某种活动，通过人与人交往过程，通过共同完成任务和对各种结果经历，以及成果的分享及责任的共同承担的关系去培养。靠个人奋斗取得成功的时代已经过去了。合作和竞争并存，在竞争的基础上合作，在合作的基础上竞争，这一时代特征表象越来越明显，大学生应树立竞争意识，并将竞争纳入有序的状态和友好合作的氛围中。

（七）培养风险意识

创新意识和冒险精神是创新创业的内在要求。创新是走前人没有走过的路，难免会遇到困难和挫折，创新需要有冒险精神、胆略和胆识，创业实践也要有风险意识，还要有克服困难的勇气和百折不挠的意志。大学生要敢于幻想，大胆试验，敢作敢为，勇于创新。努力保持风险意识和冒险精神的平衡，保持理性思维，才能降低风险和损失。

1. 提高自身对风险的预见性及防范能力

正确认识个人成长过程中可能遇到的各种风险，如不合理饮食、缺乏运动，睡眠不足导致的"亚健康"风险，沉迷网络游戏导致的学业难以完成的风险，就业创业过程中遇到各种"陷阱"而导致的人身、财产风险等，形成正确的人生价值观和完善的人格素养。

2. 树立正确的风险意识观念

认识到对风险的解决有助于积累经验、总结不足、更好地提升自我。风险是包含积极因素的，也是机会和创新的动力。既要看到风险带来的挑战，增强对风险的预警，也要看到风险中孕育的机会和希望。树立科学的风险观，增强抵御风险的能力，减少风险带来的危害。

（八）发展全面思维的品质

思维品质是人的思维的个性特征，反映了每个个体智力或思维水平的差异。

1. 发展思维的广阔性

指能全面而细致地考虑问题。考虑问题的整体和细节，考虑问题的本质和相关的其他条件。思维的广阔性以丰富的知识为依据，从事物的不同方面和不同联系上考虑问题，从而避免片面性和狭隘性。

2. 发展思维的批判性

指能使自己的思维受到已知客观事物的充分检验。思维批判性以广阔性为基础，是一种既善于从实际出发，又善于独立思考的思维品质。

3. 发展思维的深刻性

指能深入事物的本质去考虑问题。思维的深刻性是以批判性为前提的。只有通过客观事物的充分检验，丢掉不符合实际的假设，保留符合实际并能真正解决问题的假设，才能为思维的深刻性创造必要的条件。

4. 发展思维的灵活性

指一个人的思维活动能根据客观情况的变化而变化，即能根据所发现的新事实，及时修改自己原来的想法，使思维从成见和教条中解放出来。

5. 发展思维的敏捷性

指能在很快的时间内提出解决问题的正确意见。也就是说，人在解决问题时，能够当机立断，不徘徊、不犹豫。思维敏捷性是思维其他品质发展的结果，是所有优良思维品质的集中表现。

第一节 创新的模式

一、线性模型

20 世纪 50 年代后，英国经济学家提出了线性模型。由于该模型简单明了，因此被运用于科技和工业政策达 40 年之久。直到 20 世纪 80 年代，这种线性模型才开始受到新型创新理论的挑战。随着对创新理论的理解不断深化，人们认识到各种创新模式的基础与前提是科学基础、技术开发与市场需求的相互作用。然而，目前仍有许多争议，其中最重要的一点就是在此概念框架中未提及企业的内部活动。但不管怎么说，现在人们在这一点上已达成了共识：上述关键要素的有效链接将促成创新的产生。同时，上述概念框架与一国或一个地区的传统亦有密切关系，如美国的大学与工业组织建立了紧密的联系，而欧洲的大学与工业组织间则缺乏这种联系。

根据线性模型，创新过程被看作是一系列相互继起而又相互隔离的步骤。这个模型有两种不同形式：技术驱动型和市场拉动型。在技术驱动模式下，科学家得到科学发现，技术专家将其进一步发展为新产品概念，然后由工程设计人员生产原型并进行测试，制造人员进行工艺设计并生产出批量产品，最后由营销人员将产品推向潜在消费者。这种模式在 20 世纪 50 年代后曾风行一时，然而并不是所有的行业都能适用这种创新模式，研究表明这种模式仅对制药等行业比较有效。20 世纪 70 年代后，研究者逐渐认识到市场对于创新过程的影响，并由此产生了市场拉动模式，在该模式下，市场代替技术成为创新的驱动者。

二、同步耦合模型

线性模型仅仅解释了创新的最初驱动力，而对于创新过程中各功能的相互作用并没有提及。同步耦合模型表明企业内部三大基本职能的相互耦合作用促进了创新的产生，同时创新的起点并不能预知。

三、相互作用模型

相互作用模型是同步耦合模型的进一步发展，同时它将线性模型融合进来。相互作用模型认为创新来源于市场、科学基础与组织能力之间的相互作用。与同步耦合模型相似的是，该模型也不能提供创新的最初起点，同时，该模型引入信息流的概念，对创新的形成与沟通做出了合理的解释。该模型是综合性更强的关于创新过程的描述，其中心是组织的四大职能：研究与发展、制造准备和设计、生产制造以及市场营销。与线性模型相似，这四大职能相互继起，但同时它们之间通过信息流进行有效反馈，科学基础、市场与每一职能相链接，而不再仅仅局限于研究与发展或营销职能。整个模型中贯穿一条逻辑主线：创新过程由一系列边界清晰的功能组成，同时这些功能又相互作用，整个创新过程可以看作是一套复杂的知识通道，这些通道包括内部与外部的有效知识链接与沟通。创新过程的成功与否取决于组织能力与市场、科学基础的有效链接，能够有效管理、控制这些链接过程的组织在创新中获胜机会更大。

第二节 创新的过程

创新过程一般分为三个阶段：发明阶段，即获得设想；实施阶段，即将设想在公司内进行转化；市场渗透阶段，即将新产品、新设想、新材料等首次商业化运作的过程。（成功的创新包含大量反馈过程：一方面，要获取技术、占领市场和顾客，并形成企业的专长；另一方面，还需良好的财务基础。一家公司具有良好的创新能力意味着其对反馈过程的准确把握。）

在创新过程的三个阶段中，知识和信息是创新的基本投入要素，是保持生产力增长的中心所在，而创新人才作为知识和信息要素传递的有效载体，在创新过程中承担重要的角色，因此，创新过程的核心是获得知识基础和对创新人才创新能力的培养。

创新的另一方面还要培养学生的创新思维，所以高校加强对大学生创新思维能力的培养就显得尤为重要。

一、加强思想引导，增强大学生创新思维的意识

（一）培养大学生高尚品德和远大理想

教师在教学过程中随时注重培养大学生热爱祖国、全心全意为人民服务的高尚品德和远大理想。有了这一奋斗目标，大学生在思想和言行上就能自觉地把国家、人民和民族的利益视为高于一切，从而就会自觉地为发展祖国的科技事业和振兴经济，提高综合国力，充分发挥创新思维能力。崇高的品德和理想是创新思维的基础和源泉。

（二）培养大学生百折不挠的求胜心理

培养大学生要有坚信经过自己的不断努力一定能成功的心理。特别是当自己的成果未被社会或他人认可时，也能表现自己对求胜的信心。从而也就有不怕吃苦和勇于战胜困难的自强心理。这是创新人才成长的营养。正如马克思指出："在科学上没有平坦的大道，只有不畏劳苦沿着陡峭山路攀登的人，才有希望达到光辉的顶点。"

（三）培养大学生科学求实的心理

因为创新是向未知领域开战，是实实在在的学问，就必须有科学的态度和求实的精神，来不得半点虚伪。因此，不仅要培养大学生严谨的治学态度和作风，还要培养大学生锲而不舍的实干和苦干精神。只有这样，才能使得大学生在创新的实践中顽强不息、持之以恒。

除此之外，还要培养大学生勇于坚持真理、修正错误的心理，善于动脑和独立思考的能力。正确的东西要敢于坚持，错误的东西要勇于及时改正；对于一些前沿课题学术见解，如果没有事实证明它是否正确，必须勇于坚持，继续探索，不要轻易放弃。勇于坚持真理，是坚持创新实践、实现科学成果转化和发挥科学技术是第一生产力的作用的内在要求，勇于修正错误是在创新实践中求实精神的崇高表现，也是发展真理的必须要求。

（四）培养大学生不断进取的精神

科技发展是无尽头的，创新也是无止境的。因此，必须大力培养大学生不断进取、不断创新的精神和心理，使得大学生永远保持旺盛的创造力。如托马斯·爱迪生，他拥有1093项专利，可谓举世无双，但他还是给他的助手提出创新的定额，并给自己定额每10天1项小发明，每半年1项大发明，以此来保证其创造力。

（五）培养大学生创新思维能力

创新思维，它是一种发散的、能动的思维，它既具有通常思维的特点，同时又具有自身固有的新颖性和独创性。构成创新思维的形式，一般有直觉思维、扩散思维和联想

思维等。

1. 培养直觉思维

直觉思维是凭人的直觉，无须对事实材料进行逐步分析，迅速地对问题的解决做出合理的推测、设想或突然领悟的过程。他能为创新活动找到突破口，发现前进的道路，是一种"智慧的火花"。

2. 培养扩散思维

扩散思维是对同一问题探索不同的、新奇独特设想的思维过程和思维方法。它的思维形式是多角度、发散的和求异的。它敢于在科技领域标新立异，敢于提出自己的新设想、新观点。不盲从、不迷信、不唯上、不唯书、不唯权威是从。它的思维活动是全方位的，思维的触角伸向四面八方，使人的思路越来越广，最后获得尽可能多的新奇而独特的创新性设想。培养大学生发散思维的最好途径，就是开设哲学课、形式逻辑学、五论、超循环理论、西方哲学等课程。

3. 培养联想思维

创新思维一般都具有把不同的对象放在一起进行比较，和在两种不同类的事物之间发现相似之处，并把它们联系起来的能力，从而发现别人看不到的东西，有所创新和突破。如亚历山大·格雷厄姆·贝尔把耳朵的内部构造比作一块极薄的、能够振动的钢片，并由此发明了电话。

二、培养合理、多样化的创新思维方式

(一) 求同思维和求异思维相结合

求同思维是指从不同事物中寻找相同之处的思维方法。唯物辩证法指出：世界万物都是相互联系的有机整体，相互联系着的事物会体现出共同的一面，这往往反映出事物间的本质联系。相反，求异思维是指从同类事物中寻找不同之处的思维方法。

不同事物之间是有差异的，这是由矛盾的特殊性决定的，所以，世界上绝对不会有两片相同的树叶。学生学会在思考中同中求异，即找出事物之间的区别，异中求同，找出不同事物之间的本质联系，二者相互补充，相辅相成，就能开拓思维，培养创新思维能力。

(二) 正向思维与逆向思维相结合

正向思维是指按照常规思路、按照时间发展的自然过程，或者以事物的常见特征与一般趋势为标准而进行的思维方式。这种思维方式是人们的一种惯常思维方式。逆向思维则与之相反，它是一种反其道而行的思维方式。拥有良好创新思维能力的人往往具有逆向思维的习惯。正向思维使思维主体可以认识事物的本质，预测事物的发展趋势；逆

向思维可以使思维主体更有利于发现事物的隐蔽性本质，更完整地认识事物本质，科学预测事物的发展趋势。因此，二者相结合使思维主体思路更开阔，有利于大学生创新思维能力的培养。

（三）发散性思维与聚合性思维相结合

发散性思维是从一点出发，向各个不同方向辐射，产生大量不同设想的思维方式。这种思维方式是多渠道、多方向、多层次的思维，易于在由点到面的辐射过程中发现新东西或新设想。聚合性思维是指在分析、综合、对比的基础上经过归纳得出结果的思维方式。它强调由多到一、由面到点，最终形成一个确定性的结果。它在发散性基础上，集中指导的发散思维。发散性思维和聚合性思维相互更替，不断反复，有利于思维主体培养创新思维能力。

（四）抽象思维与形象思维相结合

抽象思维是借助语言文字进行逻辑推理的思维方式。形象思维相反，它是借助具体形态的物质或图形进行思考的思维方式。一般人认为创新是依靠思维主体经过严密的逻辑推理才能实现的，其实不然，创新不只要通过逻辑推理，往往还要通过一些具体的物质形态或图形引起想象来发现问题。牛顿发现万有引力定律，是因为他偶然被树上掉下来的苹果砸在头上，引发他对为什么东西不是往天上飞而是往地上掉的问题的思考。借助形象思维，然后进行研究、逻辑推理和论证，牛顿才发现万有引力定律的。因此，在教学过程中，应该通过抽象思维与形象思维相结合、相互补充来培养学生的创新思维能力。

第三节 创新方法概述

一、创新方法的概念

对于创新方法的称谓，各国有不同叫法。创新方法在美国被称为"创造工程"，在日本叫作"创造工法"，在苏联则被称为"发明技法"，创新方法是人们在创造发明、科学研究或创造性解决问题的实践活动中，所采用的有效方法和程序的总称。其根本作用在于根据一定的科学规律，启发人们的创造性思维，提升人们的创新效率。

各种创新方法的运用，对推动创造活动的开展有着十分广阔的应用价值。（成功的创新包含大量反馈过程：一方面，要获取技术、占领市场和顾客，并形成企业的专长；另一方面，还需良好的财务基础。一家公司具有良好的创新能力意味着其对反馈过程的准确把握。）

二、创新方法的分类

国内外创新学研究者通过对大量创新案例的深入分析、归纳，总结了 300 多种创新方法，其中常用的有 100 多种，最常用的约 30 种。下面简要介绍几种分类方法。

（一）高桥诚分类法

日本著名创新学专家高桥诚在《创造技法手册》一书中，将精选出来的 100 种技法分为三大类，即扩散发现技法、综合集中技法和创造意识培养技法。

第一，扩散发现技法，包括自由联想技法、强制联想技法、类比联想技法、特殊发想技法、问题发现技法、面洽技法和收集情报工具技法。

第二，综合集中技法，包括一般综合技法、卡片式综合技法、技术开发技法、咨询技法、预测技法和计划技法。

第三，创造意识培养技法，包括精神集中技法、协商技法、心理剧技法和思维变革技法。

（二）日本电气通信协会分类法

日本电气通信协会在所编的《实用创造性开发技法》中，将常用的 29 种技法分成六类：

第一，自由联想法，包括头脑风暴法、KJ 法等。

第二，强制联想法，包括查表法、焦点法等。

第三，分析法，包括列举法、形态分析法等。

第四，设问法，包括戈登法、特尔菲法等。

第五，类比法，包括综摄法、等价交换法等。

第六，其他方法，包括网络法、反馈法等。

（三）"四大家族"分类法

"四大家族"分类法分别是：

第一，联想族（联想系列创新方法），以丰富的联想为主导的创新方法系列。这一族的特点是创造一切条件，打开想象大门，提倡发散思维。从技法层次上讲，这一族属于初级层次。头脑风暴法是联想族的典型代表。

第二，类比族（类比系列创新方法），以两个不同事物的类比为主导的创新方法系列。这一族的特点是以大量的联想为基础，以不同事物间的相同或类似点为纽带，充分调动想象、直觉、灵感等功能，巧妙地借助其他事物找出创新的突破口。类比族比联想族更具体、更高一层次，其典型代表为综摄法。

第三，组合族（组合系列创新方法），以两个或多个不同事物的组合为主导的创新方法系列。这一族的特点是把表面看来似乎不相关的事物有机结合在一起，合二为一，顿生新奇。组合族比联想族、类比族更高一层次，其代表方法为焦点法。

第四，臻美族（臻美系列创新方法），以达到理想化的完美性为主导的创新方法系列。这一族的特点是把对象的完美、和谐、新奇放在首位，用各种方法实现这一目标。联想、类比、组合是臻美的必要基础，臻美是联想、类比、组合进一步发展的方向。缺点列举法、希望点列举法都属臻美族系列创新方法。

（四）国内常见的对创新方法的分类方法

第一，联想型创新方法，包括头脑风暴法、默写智力激励法（635法）、卡片式智力激励法等。

第二，设问型创新方法，包括奥斯本检核表法、和田十二法、5W2H法等。

第三，列举型创新方法，包括特性列举法、缺点列举法、希望点列举法、成对列举法等。

第四，类比型创新方法，包括综摄法、仿生法、拟人类比法、直接类比法等。

第五，组合型创新方法，包括成对组合法、形态分析组合法、信息交合法等。

三、创新方法的意义

（一）提升国家自主创新能力的重要武器

先进的创新方法是当前提升国家自主创新能力的重要武器。在我国"建设创新型国家"的战略指导下，对创新方法的研究、掌握以及发展具有基础性、根本性和先导性意义。认识、了解和掌握创新方法，是真正实现创新的关键。只有通过方法创新、思维创新，才能突破创新的效率瓶颈，从根本上提升国家的自主创新能力。

（二）企业保持活力、持续进步的有效工具

企业想要持续进步，适应时代发展，创新是必要的途径。而创新方法就是实现企业创新的有效工具，只有掌握先进的创新方法，才能在企业管理、技术创新等方面抢占先机，从而在市场竞争中立于不败之地。

（三）启发个人创造性思维、提升个人创新能力的有效途径

创新方法是对创新规律的科学总结，掌握了创新方法，就能够更好地启发个人创造性思维，提升创新能力，从而有效开展创新活动。

第四节 创新方法训练

一、联想型创新方法

(一) 头脑风暴法

头脑风暴法又称"智力激励法"，是1938年由美国纽约BBDO广告公司副总经理A.F.奥斯本（A.F.Osborn）所发明，最初用在广告设计的创新上，1953年总结成书问世，是一种用来提出新设想的方法。它的特点是以一定的会议形式给与会者创造一种能积极思考、启发联想、大胆创新的良好环境，充分激发各人的才智，为解决问题提供大量的新颖的设想。

1. 头脑风暴法的基本原则和要求

（1）自由畅想原则

要求与会者敞开思想，不受任何已有条件、熟知的常识、真理和规律的束缚，打破一切框框，自由畅谈，最大限度地发挥每个人的创新思维能力。

（2）延迟评判原则

在大家自由畅谈期间，任何人不得对任何设想做肯定或否定的评价与判断。

（3）以量求质原则

强调在有限的时间内所提设想越多越好，数目越多，可行办法出现的概率越大。

（4）综合改善原则

会议鼓励与会者借题发挥，对别人提出的设想进行补充和完善，会后对所有设想还要进行综合改善的工作。

2. 头脑风暴法的实施程序

头脑风暴法的实施程序通常分为五个步骤。

（1）确定议题

头脑风暴法适合解决单一明确的问题，选择议题应尽可能具体，最好是实际工作中遇到的亟待解决的问题，目的是进行有效的联想。议题的内涵应该明确，而不应模棱两可、似是而非，并且应在会议前告知参会者，并附加必要的说明，以便参会者事前能收集相关资料，按照正确方向思考问题。

（2）人员遴选

①主持人。头脑风暴会议效果好不好，主持人是至关重要的。一个好的主持人一般应具有如下能力：一是能以平等友好的态度对待每一个与会者，促使会议形成融洽的气氛；二是熟练掌握会议原则，并能及时制止违反会议原则的现象，调动与会者积极思考，

大胆提出各种独特的设想；三是与会者提出的每一个设想，主持人应不分好坏地进行记录，并放到与会者能看到的地方，以便对其他与会者进行激励和启发；四是主持人应对问题有明确深刻的理解，以便在会议中能做启发和引导，把讨论引入深入。②参会者。参加头脑风暴会议的人数以 5 ~ 10 人为宜，可根据待解决问题的性质确定人员，选择人员的原则是：一是专业构成合理，但不宜有很多专家，要考虑内行和外行相结合，做到"内多外少"；二是成员之间的知识水平和职务不宜差距过大；三是成员年龄差异不宜过大；四是注意选择对问题有实践经验的人，这对提高会议效果有益。③记录员。配备 1 ~ 2 名记录员，通常记录员不是正式的会议参加者。记录员要把会上提出的所有设想都记录下来。

（3）热身活动

热身活动的目的是让与会者尽快进入"角色"，尽量减少会议中僵局的时间，制造轻松的气氛。首先，可播放音乐或放些水果、茶水等，使与会者放松心情。之后，主持人便可提出一些与讨论课题无关的简单而有趣的问题，以激活与会者大脑的思维。待与会者都积极地投入进来，气氛活跃起来后，主持人便可跳转话题，切入正题。

（4）正式会议

由主持人简明扼要地介绍所要解决的问题，之后可让与会者简单讨论，以取得对问题的一致正确的理解。接着，请与会者以自身的理解，重述这个问题或剖析该问题，启发多种解题思路。重述问题之后，按照会议原则，对问题进行自由畅谈。同时主持人应掌握会议时间不要过长，在有较多的趋于完善的设想后即可结束会议。

（5）加工整理

对所有设想进行综合加工整理，尤其对那些虽未经斟酌但富有创见的设想，进行加工完善，这一工作可在会后请有关专家进行。

3. 课堂训练

第一，组成课堂小组，运用头脑风暴法分析如何更好地解决大学生自习室占位问题。

第二，作为学生，请分析面对当前人才市场需求趋势，普遍缺少哪些能力？如何在毕业前尽快提高这些能力？

（二）卡片式智力激励法

卡片式智力激励法又称"卡片法"，分为 CBS 法和 NBS 法两种。

1.CBS 法

CBS 法是由日本创造开发研究所所长高桥诚根据奥斯本的智力激励法改良而成的。CBS 法的具体做法是：会前明确主题。每次会议由 3 ~ 8 人参加，每人持有 50 张卡片，桌上另放 200 张备用。会议大约一个小时，最初 10 分钟，与会者各自在卡片上填写设想，每张卡片填一个设想。接下去的 30 分钟，由与会者按座次轮流发表自己的设想，每次只宣读一张卡片（宣读时将卡片放在桌子中央，让大家能看清楚），其他与会者可就该设想提出质询，也可将受启发所得的新设想填入备用卡片。最后 20 分钟，大家相互评价和探讨各自的设想，以便从中诱发出新的设想。

2.NBS 法

NBS 法是日本广播公司（NHK）开发的一种创新方法，是 NHK Brainstorming 的缩写。NBS 法的具体做法是：会前明确主题。每次会议由 5 ～ 8 人参加，每人必须提出 5 个以上的设想，每个设想填写一张卡片。会议开始后，各人出示自己的卡片，并依次做出说明。在别人宣读设想时，如果自己发生"思想共振"而产生了新的设想，应立即填写在备用卡片上。待与会者全部发言完毕，将所有卡片集中起来，按内容进行分类，在每类卡片上加一个标题，按顺序横排在桌上，然后进行评价和讨论，从中挑选出可供实施的设想。

3. 课堂训练

第一，有两个人分别来到河两岸，都想到河对岸去。但是，河宽约 3 米，水很深，河上无桥且两人都不会游泳，只是两岸各有一块 2 米长的木板。请问，他们若想很快过河，有哪些办法？

第二，为了节约用电，如何自动做到"人走灯灭"？请举出所有可能的办法。

二、设问型创新方法

（一）奥斯本检核表法

奥斯本检核表法是由美国创造学家 A.F. 奥斯本（A.F.Osborn）发明的，是创造学界最有名、最受欢迎的创新方法。它是根据需要研究的对象之特点列出有关问题，形成检核表，然后逐个进行核对讨论，从而发掘出解决问题的大量设想，促进创新活动深入进行的一种创造技法。其特点是用制式设问表格对一主题进行研究，以防止思考角度的疏漏，更利于突破旧框框的束缚，产生新方案。此法几乎适用于任何类型与场合的创造活动，因此被称为"创新方法之母"。

1. 基本内容

奥斯本检核表法包括 75 个激励思维活动的问题，按具体内容可归纳为如下 9 组问题：

（1）能否他用？可深入提问：①现有的事物有无他用；②保持不变能否扩大用途；③稍加改变有无其他用途。

例如：最早提出拉链设想的初衷是代替鞋带的，可是作为鞋带用的拉链并不畅销。有位服装店老板首先认为拉链应该有更多的用途，他先在钱包上装上拉链，使钱包身价倍增；又用在海军服装上，销路很好；接着，美国彼得公司又在运动衣上装上拉链，使之大受欢迎。

（2）能否借用？可深入提问：①现有的事物能否借用别的经验；②能否模仿别的东西；③过去有无类似的发明创造创新；④现有成果能否引入其他创新性设想。

例如：泌尿科医生在治疗病人肾结石的时候，想到开采矿石时要用炸药爆炸，开始引入微爆破技术使患者体内结石得到粉碎清除，免去患者开膛破肚的手术之苦。

（3）能否改变？可深入提问：现有事物能否做些改变？如改变结构、颜色、声音、味道、式样、花色、品种，改变后效果如何。

例如：美国的华特曼对钢笔尖结构做了改变，在笔尖上开了小孔和小缝，使书写流畅，他因此成为第一流的"钢笔大王"；我国学者提出，在校园设计中，调整房屋的室内色彩，改善周围的环境色彩，对防治近视、提高教学质量均有好处。

（4）能否扩大？可深入提问：①现有事物可否扩大应用范围；②能否增加使用功能；③能否添加零部件；④能否扩大或增加高度、强度、寿命、价值。

例如：日常用的钢化玻璃杯，就是在制造玻璃的过程中加入了某些防震、防碎材料而制成的；在牙膏中掺入一些药物，可制成防酸、脱敏、止血、抗龋齿等药物性保健牙膏；在电瓶车上增加遮阳伞、挡风板，使电瓶车具有了遮阳、防雨、防寒功能。

（5）能否缩小？可深入提问：①现有事物能否减少、缩小或省略某些部分；②能否浓缩化；③能否微型化；④能否短点、轻点、压缩、分割、简略。

例如：微型摄像机的发明及其在医学上的应用，提高了医疗诊断的效率和水平；最初发明的收音机、录音机、电视机等体积都很庞大，结构也很复杂，经过多次改革，它们的体积比当初大大缩小，结构也相对简单多了；再如计算机的小型化，出现了笔记本电脑、掌上电脑等产品。

（6）能否代用？可深入提问：①现有事物能否用其他材料、元件；②能否用其他原理工艺；③能否用其他结构、动力、设备。

例如：汽车中用液压传动来替代金属车轮；用充氢的办法替代电灯泡的真空，使电灯泡提高亮度。

（7）能否调整？可深入提问：①能否调整已知布局；②能否调整既定程序；③能否调整日程计划；④能否调整规格；⑤能否调整因果关系。

例如：飞机诞生初期，螺旋桨是装在头部的，后来安装到了顶部，逐渐发明了直升机；商店柜台的重新安排，营业时间的合理调整，电视节目的顺序安排，机器设备的布局调整等，都有可能产生更好的结果。

（8）能否颠倒？可深入提问：①能否从相反方向考虑；②作用能否颠倒；③位置（上下、正反）能否颠倒。

例如：曲柄滑块机构，曲柄主动、滑块从动，可制成水泵等；颠倒过来，滑块主动、曲柄从动，则可制成内燃机等。

（9）能否组合？可深入提问：①现有事物能否组合；②能否原理组合、方案组合、功能组合；③能否形状组合、材料组合、部件组合。

例如：日本一家公司将卷笔刀与塑料瓶组合在一起，发明了一种能使铅笔屑不掉在地下的卷笔刀；发明超声波技术后，逐渐出现了超声波研磨法、超声波焊接法、超声波切割法、超声波理疗法、超声波洗涤法等。

2. 实施程序

奥斯本检核表法解决问题的一般程序可概括为以下三个步骤：

第一，选定一个需要改进的产品或方案。

第二，面对一个需要改进的产品或方案，或者面对一个问题，从9个方面提出一系列的问题，并由此产生大量的思路。

第三，根据第二步提出的思路，进行筛选和进一步思考、完善。

3. 注意事项

第一，不要过分拘泥于一种方法。奥斯本检核表法中所罗列的9个方面的内容，并没有穷尽可以引导人们产生新设想的内容，人们还可以根据自己需要解决的问题来增加几项，丰富奥斯本检核清单，也可与其他方法结合使用。

第二，根据需要进行多人检核。一般来说，以3～8人共同检核为好，可以互相激励和启发，产生出更多的创新设想。

第三，要进行逐项多次检核。在进行检核的过程中，一定要一条一条地进行检核，不要有遗漏，还要多检核几遍，这样效果会更好。

4. 课堂训练

试运用奥斯本检核表法对自行车进行创新设计。

（二）5W2H 法

5W2H 法是美国陆军部首先提出的，通过连续提出7个（5个 W 和 2个 H）问题，构成设想方案的制约条件，设法满足这些条件，便可获得创新方案。其中 5W 是指 Why、What、Where、When、Who，2H 是指 How to 和 How much。

1. 具体内容

5W2H 法以设问形式列出问题，具体内容如下：

（1）为什么（Why）？

如：为什么采用这个技术参数？为什么不能有响声？为什么停用？为什么变成红色？为什么要做成这个形状？为什么采用机器代替人力？为什么产品的制造要经过这么多环节？为什么非做不可？

（2）做什么（What）？

如：条件是什么？哪一部分工作要做？目的是什么？重点是什么？与什么有关系？功能是什么？规范是什么？工作对象是什么？

（3）谁（Who）？

如：谁来办最方便？谁会生产？谁可以办？谁是顾客？谁被忽略了？谁是决策人？谁会受益？

（4）何时（When）？

如：何时要完成？何时安装？何时销售？何时是最佳营业时间？何时工作人员容易疲劳？何时产量最高？何时完成最为适宜？需要几天才算合理？

（5）何地（Where）？

如：何地最适宜某物生长？何处生产最经济？从何处买？还有什么地方可以作为销售点？安装在什么地方最合适？何地有资源？

（6）怎样（How to）？

如：怎样省力？怎样最快？怎样做效率最高？怎样改进？怎样得到？怎样避免失败？怎样求发展？怎样增加销路？怎样达到效率？怎样才能使产品更加美观大方？怎样使产品用起来方便？

（7）多少（How much）？

如：功能指标达到多少？销售多少？成本多少？输出功率多少？效率多高？尺寸多少？重量多少？

2. 实施程序

第一，从七个角度对某种现行的方法或现有的产品做分析提问。

第二，将发现的关键点、难点列出。如果现行的方法或现有的产品经过七个问题的审核已无懈可击，便可认为这一方法或产品可取；如果七个问题中有一个答复不能令人满意，则表示这方面有改进余地；如果哪方面的答复有独创的优点，则可以扩大产品这方面的效用。

第三，寻找改进措施，设计新产品或创新解决问题方法。

三、列举型创新方法

列举型创新方法（简称"列举法"）是一种对具体事物的特定对象（特点、优缺点等），从逻辑上进行分析并将其本质内容全面地一一罗列出来，用以创造设想，找到发明创造主题的创新方法。

按照所列举对象的不同，列举法可以划分为特性列举法、缺点列举法、希望点列举法和成对列举法。其中最基本的一种是特性列举法，在此基础上又发展出了其他列举法，所以本部分我们将重点介绍特性列举法。

（一）特性列举法的概念

特性列举法，又译为"属性列举法"，是通过对发明对象的特性分析，一一列举出它的特性，然后探讨能否进行创新的方法。

（二）特性列举法的实施程序

第一，将改进对象的特性或属性全部罗列出来。如果对象过于复杂，则应该先将对象分解成若干个小课题，然后对目标较为明确的小课题进行特性罗列。

特性列举主要从三个方面进行：①名词特性：整体、部分、结构、材料、制造方法等；②形容词特性：性质、状态、颜色、形状等；③动词特性：功能、作用等。

第二，从各个特性出发，在各项目下试用可替代的因素加以置换，提出具有独特性的方案。

第三，将提出的方案进行综合评价，改进产品设计，使新产品更符合人们的需要。

（三）特性列举法的注意事项

第一，使用特性列举法要注意将事物的所有属性都列举出来，要尽量深入到事物的各个方面，做到信息全面，防止遗漏。

第二，所选课题宜小不宜大，如果研究对象是一个大的课题，应把它分成若干个小课题来进行分析。

（四）特性列举法课堂训练

运用特性列举法对课堂黑板进行创新改进。

四、类比型创新方法

（一）综摄法

综摄法是美国创造学家威廉·戈登经过近 20 年的发明创造活动研究，于 1961 年提出的一种创新方法。它的英文原名是 Synectics，意思是把表面上不相关的各种不同的事物结合在一起。它是通过隐喻、类比等心理机制调动人的潜意识功能，从而达到创新的目的，又译为"提喻法"。

1. 综摄法的基本原理

综摄法的理论基础，就是借助于类比思维的操作机制，支持和促进创造过程的具体心理因素，诱导合适的心理状态，以引起创造性的活动。其基本原理包含两个方面，即变陌生为熟悉（异质同化）和变熟悉为陌生（同质异化）。

（1）变陌生为熟悉（异质同化）

人的机体本质上是保守的，任何陌生的东西或概念对它都是威胁。当碰到陌生的东西的时候，人的心理总是设法把它纳入一个可接受的模式中，或改变心理上对陌生东西的先入之见，以便给陌生东西留有空间。所谓"变陌生为熟悉"就是在头脑中把给定的陌生东西与早先已知的东西进行比较，根据比较的结果，把陌生的东西转化成熟悉的东西。

例如：人们根据 PTC 半导体陶瓷片的发热原理，设计出电蚊香器；电气工程师通过对人手的模拟发明了挖土机。

（2）变熟悉为陌生（同质异化）

要使人们的思维跳出已有的习惯是困难的，但又是非常重要的，因为创造性解决问题的实质不是了解问题后用旧的方式来解决，而是以全新的方式、全新的角度去解决。所谓"变熟悉为陌生"就是对已有的各种事物，运用新知识或从新的角度来观察、分析和处理，使看得惯的东西成为看不惯的东西，把熟知的东西变为陌生的东西。例如：将热水瓶改成茶杯大小，就成了保温杯。

2. 综摄法的实施步骤

（1）确定小组成员

综摄法在集体创造活动中，需要一个专业小组来实施，且对专业小组的成员素质要求较高。专业小组一般由 5 ~ 7 人组成，其中一名担任主持人，一名是与讨论问题有关的专家，其余为各种学科领域的专业人员。

（2）提出问题

一般由主持人将所要解决的问题向小组成员宣读。这一问题往往是预先拟定的，而且小组成员并不知晓。

（3）分析问题

专家对该问题进行解释和陈述，目的是让小组成员了解有关问题的背景等信息，使非专业人员对该问题有大致的理解。

（4）净化问题

小组成员围绕这一问题进行类比设想，尽可能多地提出解决问题的方法。专家从较专业的领域，说出该方法的不足之处，选择两三个比较有利于问题解决的设想，达到净化问题之目的。

（5）理解问题，确定解决问题的目标

从所选择的设想中的某一部分开始分析，让小组成员从新的问题出发，展开类比联想，陈述观点。这样做可以使小组成员理解解决问题的关键环节，并提出解决问题的目标。

（6）类比灵活运用

确定了解决问题的关键环节，主持人要有意识地抛开原来的问题，让小组成员发挥类比设想作用，把问题从我们熟悉的领域转到远离问题的领域。从各位成员的类比中，选出可以用于解决问题的类比，对选出的类比进行分析研究，从类比的例子中找出更详细的启示。

（7）适应目标

远离问题不是根本目的，是为了到陌生的领域去寻找有利于问题解决的启示。把从类比中得到的启示，与在现实中能使用的设想结合起来，从而形成一种新颖独特的解决方法。

（8）方案的确定与改进

专家对于方案要进行反复论证，并对其中的缺陷进行改进，直到取得满意的结果。

（二）仿生法

1. 仿生法与仿生学

仿生学是从生物学派生出来的一门新学科。正如它的命名所示，人们从生物界得到灵感，通过类比分析，再将其应用于人工制造的产品。目前仿生学已形成了电子仿生、机械仿生、化学仿生、建筑仿生、人体仿生、分子仿生等众多分支。

仿生法就是利用仿生学原理，从生物的行为得到启发，通过模拟生物的形状、结构、功能等进行发明创造的方法。目前利用仿生法产生的创造发明也极为繁多，例如，飞机、轮船、汽车、导弹、鱼雷等的制造都是仿照了海洋生物的流线型外观，以减少阻力；声呐系统是对蝙蝠、海豚的回声定位的模仿。

2. 仿生法的实施步骤

仿生法的核心是研究对象（问题）与生物系统相关问题的类比。这一方法的实施过程大体分为四步：

第一，根据生产实际提出技术问题，选择性地研究生物体的某些结构和功能。

第二，简化生物资料，建立生物模型。

第三，对生物资料进行数学分析，建立数学模型。

第四，依据数学模型，采用电子、化学、机械等手段，制造实物模型。

五、组合型创新方法

（一）形态分析法

1. 概述

形态分析法也称"形态分析组合法"，是瑞典天文物理学家弗里兹·茨维基于1942年提出的，它的基本理论是：一个事物的新颖程度与相关程度成反比，事物（观念、要素）越不相关，创造性程度越高，即易产生更新的事物。该法的基本思路是：将发明课题分解为若干相互独立的基本因素，找出实现每个因素功能所要求的可能的技术手段或形态，然后加以排列组合，得到多种解决问题的方案，最后筛选出最优方案。

2. 实施步骤

形态分析法的核心是组合，但在组合之前要进行系统的分析。其一般步骤为：

（1）明确问题

准确表述所要解决的问题或所要实现的功能。

（2）因素分析

确定研究对象的主要组成部分（基本要素），编制形态特征表。要求基本要素相对独立并尽量全面考虑，在数量上应以 3 ~ 7 个为宜，数量太少，会使系统过大，使下一步工作难度增加；数量太多，组合时过于繁杂，会给方案选择带来不便。

（3）形态分析

对研究对象所列举的各个要素进行形态分析，揭示每一要素特征的可能变量（形态），要求尽量全面。在形式上，为便于分析和进行下一步的组合，可采取矩阵列表的形式，一般表格为二维的，每个要素的每个具体形态用符合Pji表示，其中i代表要素，j代表形态。

（4）形态组合：分别把各要素的各形态一一加以排列组合，以获得所有可能的组合设想。

（5）方案评价及选择：选出少数较好的设想方案，通过进一步的具体化评价，最后选出最佳方案。

（二）信息交合法

信息交合法是中国创造学者许国泰于 1986 年提出的，是一种在信息交合中进行创新的思维技巧，即把物体的总体信息分解成若干个要素，然后把这种物体与人类各种实践活动相关的用途进行要素分解，把两种信息要素用坐标法连成信息标 X 轴与 Y 轴，两轴垂直相交，构成"信息反应场"，每个轴上各点的信息可以依次与另一轴上的信息交合而产生新的信息。

信息交合法的实施一般分为四步：第一步，定中心。即确定所研究的对象，如以杯子为例，则以杯子为中心（零坐标）。第二步，画标线。根据中心（杯子）的需要画出几条用矢量标表示的坐标线，如材料、形态结构、功能、关联学科等。第三步，注标点。在信息标上注明有关的信息要素点。第四步，相交合。以一标线上的信息为母本，另一标线上的信息为父本，相交合后便可产生新信息。如以材料标和关联学科标为母本和父本，则可交合出金属电热杯、搪瓷保温杯、塑料磁疗杯。

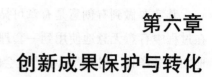

第一节 创意的开发

创新始于创意。发现新需求、提出好问题是创意的一种重要表现，它引领着创新的走向。

一、创意的概念

打开《现代汉语词典》，其对"创意"的解释，从静态的和动态的两个角度进行表述，静态的为创见性的意念、巧妙的构思、好点子、好主意等；动态的则是指创见性的思维活动。一般而言，创意就是重新组织已有的知识经验，提出新的方案或程序，并创造出新的思维成果，这就是创新。从中我们可以看出创意、创造、创新之间千丝万缕的关系，创意是最原始、最基本、最关键、最具有决定性的想法和主意，是整个创造活动的出发点。相对于创意的这种原初性和出发点特征，创造只是在这个原创性基础上和出发点之后的行动，是过程，而创新则是整个创造的结果达到了别人所没有的新水平和新境界。北京奥运场馆的"鸟巢""水立方"形状和结构就是创意，这个创意只是一个理念或一个概念，但它决定了整个建筑的创造和创新。

尽管创意目前还没有一个明确统一的定义，但通过对创意本质的理解，我们可以把握创意本质特征，即创意要基于现在、创意要与众不同、创意要可以表达，即当创意仅仅是停留在某个人脑海中的主意或想法时，既无意义，也无价值，更无缘保护，只有当创意被表达出来，以一种形式固定或传承下去，创意才有其价值。

二、创意的开发

有一些人好像总是创意不断，一个接一个的，为什么这些人会有如此多的创意呢？

创意是与生俱来的，还是后天锻炼和培养的呢？要如何才能让自己成为一个具有创意的人呢？

其实要做到有创意是有章可循的，也就是说，创意之所以能够诞生，创意人一定会在过程中有意无意地使用到一套理论和方法。而且，这套理论和方法总是可以被有意识地加以培养的，创意思维能力也会随之增长。

(一) 魔岛理论

古代有一个传说，水手根据航海图的指示，这一带明明应该是一片汪洋大海，却突然冒出一环状的海岛。更神奇的说法是，水手在入睡前，海上还是一片汪洋，第二天早上醒来却发现眼前出现了一座小岛，大家称之为"魔岛"，实际上"魔岛"是珊瑚岛。创意的产生，有时候也像"魔岛"一样，在人的脑海中悄然浮现，神秘而不可捉摸。这种方式产生的想法会稍纵即逝，所以应该随时将想法记录下来，可能你随手写下来的东西就会成为改变人生的源泉。

理论说明：创意是经历长期的经验积累和持续的思考过程。

(二) 万花筒理论

万花筒理论也称"拼图游戏法"或"组合法"。在同一万花筒中存放着一定数量的彩色玻璃碎片，虽然这些碎片的数量是有限的，但只要旋转万花筒改变碎片的组合方式，就会产生无穷无尽的变化。当然组合既可能是一种深度的、复杂的、创造性的组合，也可能是一种表层的、简单的、说明性的组合。最初的手机只能打电话，而如今的智能手机却集电话、相机、电脑于一体，就形成了一个典型的"拼图理论"。

理论说明：创意是对原始素材进行加工和重构的过程。

(三) 迁移理论

这种理论认为，创意是一种迁移。所谓"迁移"，就是用观察此事物的办法去观察彼事物，就是用不同的眼光去观察同一个现象，就是采取移动视角的办法来分析问题。通过视角的迁移，人们可以很简单地创造出众多新鲜的、交叉的、融合的、异化的、裂变的、创新的事物来。这就是创意产生的成因。

自然科学里的转基因研究，社会科学中的交叉学科和边缘学科的出现，实际上都是学者迁移观察的结果。科研是这样，产品是这样，策划更是这样。在市场实践中，许许多多杰出的策划创意都源于这类的"再认识"。

理论说明：创意就是举一反三、触类旁通、由此及彼。

(四) 变通理论

有时候只要换一种方式去理解，换一个角度去观察，换一个环境去应用，一个新的创意就产生了，这就是创意的变通理论。

通常变通即可以是对产品功能、结构形式以及使用方式的改变，也可以是设计观念、技术思想以及表现方式的更新。而"改变用途"是创意的重要源泉。通过改变对象的用途，赋予以新奇和独创，或以一样的眼光看待不一样的事物，或对一样的事物用不一样的眼光来看待，都能产生新的创意。

理论说明：创意是根据具体情况灵活变换一个角度。

三、创意产业

创意产业是一个新生事物、新兴产业，是 20 世纪 90 年代发达国家提出的一个新概念，后来逐渐演变成一种全新的发展理念。当代经济的真正财富是由思想、知识、文化、技能和创造力等构成的创意，这种创意来自人的头脑，它会衍生出无穷的新产品、新服务、新市场、新就业机会、新社会财富，是经济和社会发展的重要推动力。英国是世界上第一个提出创意产业概念，并运用公共政策推动创意产业发展的国家。此后，世界各国特别是一些专家学者对创意产业进行了深入研究，并根据不同的国家战略、地域特征、文化政策、产业导向提出了不同的定义。这些不同的定义勾勒出了创意产业的基本特征。

第一，创意产业的核心是创意。创意产业是知识经济时代感的产物，特别强调人的创造力、技能、天赋在文化艺术和其他知识产品、智能产品生产中的运用，是一种典型的智力型产业，或者说"大脑经济""智慧经济"。

第二，创意产业的灵魂是文化。创意源于文化并高于文化，是对文化资源的一种创造性开发和利用，是对文化之于经济社会渗透力、影响力的一种拓展和挖掘。从这个意义上说，创意产业就是"创意＋文化"的产物。

第三，创意产业的支撑是科技。创意产业是信息时代的产物，离不开现代高科技的支撑。不仅文化创意产品的产生和传播必然依托高科技，特别是信息和网络技术，而且创意产业一些门类，特别是信息服务业本身就与高新技术产业密不可分。

第四，创意产业的属性是产业。文化和创意是受时空限制最小的全球性资源，创意产业是极具扩张性、开放性、带动性的产业，影响到生产经营的各个环节，不仅为消费者服务，更为生产者服务。它不仅能创造出无穷的新产品、新服务、新市场、新就业机会、新社会财富，而且能极大地提升产业能级。

创意产业代表一种新的产业发展方向和发展模式，它把创意等智力因素确立为产业发展的核心因素，对于产业升级和发展模式的创新具有重要意义。

第二节 创新成果的保护

创新最终的目标就是将创新成果转化为现实生产力，而创新成果保护是其转化的重要前提。随着创新型国家战略的建立，我国越来越重视创新成果的保护，《中共中央国务院关于深化体制机制改革加快实施创新驱动发展战略的若干意见》提出"加强知识产权保护"的相关任务要求，这为适应"大众创业、万众创新"的新形势，催生更加蓬勃的创新创业热潮奠定坚实的基础。

一、创新成果

（一）创新成果的概念

创新成果是指为了一定的目的，创新者遵循事物发展的规律，对事物的整体或其中的某些部分进行变革，从而取得的对社会进步、经济发展具有学术意义或使用价值的创造性智力劳动的结果。创新成果是一种智力产物，它是人类为了探索自然、社会奥秘及规律，为解决自身发展需要过程中的问题，运用已有的科学知识，通过调查、观察、试验或辩证形式进行思维和实践的活动。

（二）创新成果的分类

怎样最大限度地对创新者的创新成果进行保护呢？创新者首先要能够知道自己的成果属于什么类别的创新成果，然后才能有针对性地对自己的创新成果进行有效的保护和发展。

当今，对于创新成果的分类方式有很多，依据创新对象的不同，主要把创新成果分为技术创新、产品创新、品牌创新、服务创新、商业模式创新、管理创新、市场创新等，可以简单归类为知识创新成果、技术创新成果、制度创新成果和文化、艺术类的创新成果等。

1. 知识创新成果

知识创新成果一般是一些基础性研究或应用成果。知识创新成果为人类进步和社会发展提供源源不断的动力，它为人类认识世界，继而改造世界提供新理论和新方法。如：经典力学体系的建立、量子纠缠理论的提出等。

2. 技术创新成果

技术创新成果是指为提高生产力水平，通过辩证思维、实验研究、调研考察、开发实践取得新的成就，并通过技术鉴定或得到社会认可，具有一定学术意义或实用价值的创造性智力劳动成果。如：高智能手机、智能机器人等。

3. 制度创新成果

制度创新成果是指在人们现有的生产和生活环境条件下，为实现社会的持续发展和变革，创设新的、更能有效激励人们行为的制度。如：社会养老保险制度、医疗保险制度、街道的公约等等。

4. 文化、艺术类的创新成果

文化、艺术创新，既存在创新的一般概念，又有自己独特的个性特征。文化、艺术创新就其本质而言，是一种超越，是一种变革，又可以是在发展中的一种继承，在这一过程中，不断革除陈腐的、过时的旧文化，推出体现时代精神的新文化、新艺术。

在知识产权界，"IP"一词并不陌生。它是英文 Intellectual Property 的缩写，在中国被翻译为知识产权，这在知识产权界已是一个约定俗成的用法，就连国家知识产权局的局徽都以 IP 作为标识。IP（知识产权）的基本概念是指，权利人对其所创作的智力劳动成果所享有的专有权利各种智力创造比如发明、文学和艺术作品，以及在商业中使用的标志、名称、图像以及外观设计，都可以被认为是某一个人或组织所拥有的知识产权。主要分类有：专利权、商标权、著作权（版权）等。也就是说，版权只是知识产权的一种类型，而非知识产权的全部。眼下被媒体热炒的"IP"，实际上是指版权。当下所谓的"IP热"仅仅是发生在影视、游戏行业内的"版权热"，而非真正的"知识产权热"。

（三）创新成果的特征

创新是由人、新成果、实施过程、更高效益四个要素构成的综合过程，是创新主体为实现某种目标所进行的系列创造性活动。创新成果即为创造性活动取得的成果，它具有显著的特征。

1. 明确目的性

人类的创新活动通常是一种有特定目的的生产实践。比如：科学家进行生物遗传技术的研究，目的在于认识生物遗传进化的现象，发现遗传的规律，更好地为人类服务。

2. 价值取向性

价值是主体根据自身需要对客体所做的评价，是客体满足主体需要的属性。创新的目的性使创新活动必然有自己的价值取向。创新活动的成果满足主体需要的程度越大，其价值越大。一般说来，有社会价值的成果，将有利于人类社会的进步。如：X 光透视与 X 射线。

3. 新颖性

新颖性，简单理解就是"前所未有"。用新颖性来判断劳动成果是否为创新成果时有两大特点：

一是主体能产生出前所未有成果的特点。科学史上的原创性成果大多属于这一类。复旦大学团队成功研发世界第一个半浮栅晶体管（SFGT），这是真正高水平的创新。

二是指创新主体能产生出相对于另外的创新主体来说具有新思想的特点。例如：相对于现实的个人来说，只要他产生的设想和成果是历史上前所未有的，同时又不是按照书本或别人教的方法产生的，而是自己独立思考或研究成功的成果，就算是相对新颖的创新。

4. 高风险、高回报性

任何创新成果在其诞生之初都面临着两个不确定性，即技术的不稳定性和市场前景的不确定性，这种不确定性事实上是任何创新的固有特性。创新成果的取得具有很大的风险性，而创新成果的成功，特别是科技性创新成果具有控制性、垄断性，因而具有高回报性。

二、创新成果保护

在"大众创业、万众创新"的时代背景下，怎么保护创新者创新成果是一项重要任务。创新成果是一种无形资产，具有获得知识产权保护的价值。因此，一般认为，对创新成果的保护，主要体现在知识产权的法律保护上。

（一）发明专利的保护

发明分为产品发明、方法发明两种类型，主要是指对产品、方法或者其改进所提出新的技术方案。在申请专利保护时应注意：

1. 尽早申请保护

发明人一旦有了比较完善的想法，条件比较成熟时就立即申请保护。由于发明专利实行早期公布、请求审查制，为防止发明申请在申请日前已有他人提交同类申请，从而成为"已有技术"，丧失新颖性，而不能获得专利保护，所以，应该尽早申请保护。

2. 尽可能取得所有性的保护

申请专利，可以单一申请，也可以组合申请。一般而言，对于有持续价值的发明，要尽量实行组合申请，这样会得到更全面、更长期的保护。

3. 申请专利注意事项

申请专利时，申请文件有特定的要求，申请人可以自行撰写，也可以委托专利代理机构代办。专利申请的审批程序一般包括：受理、初审、公布、实审以及授权五个阶段。

（二）实用新型专利的保护

主要是对产品的形状、构造或者其结合所提出适于实用的新的技术方案。在申请时，同样应该尽早申请保护、要求完全保护。但是，由于实用新型专利发明内容需要强制公开，他人可以从公开的专利内容中了解原理、程序需根据实际情况，有选择性地来申请。

实用新型专利和发明专利都是一个相对完整的技术方案，但两者也存在一定区别。

第一，在实质性要求方面，实用新型专利较发明专利要求低，技术方案不要求具有很高的创造性。

第二，在设计对象方面，实用新型专利要求产品具有相对固定的形状、构造或是两者相结合，而发明专利则无此要求，一些方法发明同样可以被授予专利权。

第三，在审查阶段，实用新型专利不需要进行实质性审查，实用新型专利相对于发明专利被授予权利流程时间短。

第四，在保护期限方面，发明专利保护期限为20年，实用新型专利保护期限仅为10年。

第五，两者的专利申请文件的要求也不相同。发明专利的申请文件可以选择附图或者不附图，而实用新型专利的申请文件中必须有相关的图样及说明。

（三）外观设计的保护

主要对产品的形状、图案或者其结合以及色彩与形状、图案的结合做出的富有美感并适于应用的新设计。申请外观设计保护，应该注意将外观设计与众不同的特征表述清楚，在无法使用文字表达的地方尽量使用图片给予说明以获得完全保护。

（四）创意的保护

对于创意的保护，目前尽管专门法律法规较少，但可以通过相关的法律法规对自己的创意成果进行有效的保护，根据不同的类别，采取不同的保护措施。如果创意属于商标设计类的，可以通过商标法进行保护。商标的设计者要及时注册商标，避免被他人抢注而造成损失；如果创意以文字、图像等作品形式类的，可以通过著作权法进行保护，著作权中规定了署名权、发表权等人身权利和发行权、复制权等财产权利；如果创意有了具体的发明成果，可以通过专利申请，获得专利法的保护；如果创意不属于以上几种，则应把创意作为秘密，暂时不要宣传，进行自我保护。

（五）计算机软件的保护

计算机软件主要是计算机系统中的程序及其文档。随着计算机软件产业的发展，对计算机软件的法律保护也日益加强，目前世界各国计算机软件的保护通常采用版权法保护为主，辅之以专利法、商标法等多种法律保护方法。我国主要通过计算机软件保护条例，对计算机软件著作权人权益进行保护。

（六）集成电路布图设计的保护

集成电路布图设计主要是指集成电路中各种元件的连接与排列，它本身是设计人员智慧的体现，是无形的。《中华人民共和国集成电路布图设计保护条例》规定集成电路布图设计专有权包括复制权和发行权。

（七）文学艺术创新成果的保护

艺术家以其卓越的艺术创作或表演而成为文化产业的核心能力和要素。随着科学技术的应用，文学、音乐、舞蹈、雕塑、绘画、建筑设计、戏剧、电影、摄影、动漫等文学艺术的创作和表演领域正在以新的形式大量呈现，再加上网络，艺术作品会被轻易获取和全球传播。这样，"文化产权"这个概念就被提出了，"文化产权"包含著作权（亦称版权）、专利（主要指实用新型专利和外观设计专利）、商标等。比如，应用新材料或新技术来改进表演的装置可以申请实用新型专利；符合法定要件的书法或戏剧的脸谱设计可以申请外观设计专利或者登记版权；将艺术进行商业化运作并推广的品牌可注册商标；"川剧变脸"民间传统艺术采用商业秘密的方式予以传承和保护；等等。将文学艺术的知识产权应拓展到"文化产权"的维度，成为艺术创作者终身拥有的财富，甚至在某些领域还成为继承人能享受若干年的遗产。

第三节 创新成果的转化

创新成果转化是一项复杂的、综合性的经济活动，它包含着从创新思想的产生到产品商品化、产业化的整个过程。鉴于此，本节着重科技成果转化介绍，以此类推其他类型创新成果转化。

将科技创新成果转化为现实的生产力才能对社会经济的进步产生推动作用，科技作为经济增长决定性因素，更集中地体现在创新成果转化的效率和规模上。"鼓励创业者应用新技术、开发新产品、创造新需求、培育新市场、打造新业态，为经济发展注入源源不断的动力和活力。"

一、科技成果转化内涵

科技成果转化概念，最早源于熊彼特1912年的《经济发展理论》。实质上国外并不存在科技成果转化这一概念，与之相近的只是"技术创新说"和"技术转移说"的观点。到目前为止，对科技成果内涵的认识，国内外尚未形成完全统一的看法。由于各国科技成果管理的发展历程、体制建设、法律规定及国家经济、社会状况等多方面因素不同，世界各国在对科技成果内涵的认识上存在着不同程度的差异。

一般来说，科技创新成果转化概念有广义与狭义之分，广义的科技成果转化包括，科学研究成果向技术成果的转化，即基础研究、应用研究、试验发展；技术成果通过开发向生产领域的转化，即设计、试制、中间试验、工业性试验等；新技术在小范围应用成熟后向更大范围的推广扩散。狭义的科技成果转化是指后两项。广义科技成果转化学说包括科技理论成果的转化、应用科技成果的转化。而狭义科技成果转化学说仅指应用科技成果的转化。

科技成果转化的法定含义，《中华人民共和国促进科技成果转化法》第二条明确规定："本法所称科技成果转化，是指为提高生产力水平而对科技成果所进行的后续试验、开发、应用、推广直至形成新技术、新工艺、新材料、新产品，发展新产业等活动。"由此定义可以看出，科技成果转化被视为对科技成果进行后续试验到形成新产品、新工艺、新产业的活动，仅指应用科技成果的转化。

结合当今时代科技成果发展的具体情况，我们有必要对科技成果的内涵进行重新认识，通过对上述代表性概念的介绍，我们可以认为科技成果转化的本质是使科技成果发挥其作用和意义的过程，实质是其价值的实现过程，如科学技术发展的推动，经济社会效益的提高等，而仅仅是其权属的转移。

因此，科技成果转化应该是一个从科技"成果"转化为产品，实现产业化的一个复杂过程，是科技活动的组成部分，同时也是一个不断创新的过程。对于科技成果研发者和转化者来说，都希望可以通过转化实现科技成果的价值，取得相当的利益。

二、科技成果转化方式

科技是经济增长的发动机，是提高综合国力的主要驱动力。促进科技成果转化、加速科技成果产业化已经成为世界各国科技政策的新趋势。随着我国科技体制改革的持续发力，尤其是资源配置、计划管理、科技成果转化等方面重大改革措施的出台，如国务院 2016 年 2 月印发的《实施〈中华人民共和国促进科技成果转化法〉若干规定》提出了更为明确的操作措施，强调要打通科技与经济结合的通道，促进"大众创业、万众创新"，鼓励研究开发机构、高等院校、企业等创新主体及科技人员转移转化科技成果，推进经济提质增效升级，使得科技成果转化为现实生产力的速度在加快。

（一）科技成果转化方式分类

不同类型的科技成果，其转化方式也大不相同。对科技成果转化方式进行科学合理分类，对于促进科技成果转化具有重要意义。

1. 按转化的关系

（1）科技成果的直接转化

①自主创办企业

科技人员凭借自身技术成果入股创办或加入公司，政府在政策上给予创业企业相应扶持。国务院印发《关于进一步做好新形势下就业创业工作的意见》中，明确指出要调动科研人员创业积极性，鼓励利用财政性资金设立的科研机构、普通高校、职业院校，通过合作实施、转让、许可和投资等方式，向高校毕业生创设的小微企业优先转移科技成果。这比较适合有技术傍身、怀揣创业激情的科技成果所有者。

②开展合作或合同研究

高校、科研院所等和企业共同参加国家制订的联合研究与开发计划，其成果直接应用于企业。而高校、科研院所与企业建立委托关系，为企业提供技术支持，称为"合同研究"。这比较适合投入产出周期较短的科技成果研发。

③开展人才交流

科技人员交流是一种促进科技成果转化的更为直接、灵活的形式。通常在只要不影响完成单位自身的任务情况下，鼓励高校教师和科研院所研究人员到企业兼职。

（2）科技成果的间接转化

①专门机构

通过设立专门的科技成果转化机构负责促进科技成果向商业转化。这类机构类型和方式多种多样。在体制上，有官办的、民办的，也有官民合办的；在功能上，有大型多功能的机构（如既充当科技中介机构，又从事具体项目的开发等），也有小型单一功能的组织。

技术供需方通过机构进行技术交易，即技术供方→专门机构→技术需方交易模式，其减少了供需双方寻找对方渠道的时间，提高了效率。比较适合需要短期内较为便捷地出售或购买科技成果的高校、科研院所和企业。

②网络平台

高校、科研院所自主搭建网络交流平台，通过网络平台进行技术交易，即按照技术供方→技术交易网络平台→技术需方交易模式。在该种模式下，通过技术交易网络平台，技术供方发布技术产品、技术服务产品信息，技术需方选购交易的模式。比较适合有一定的科技成果储备、拥有较强科研实力的高校、科研院所。

可见，可供选择的转化方式多种多样，找到适合自己的才是最重要的。

2. 按转化主体方式

（1）自行转化

科技成果的权利人可以通过投资对科技成果进行后继的试验、开发、应用或推广，以实现科技成果的转化。比如，可以自己投资开办企业来生产和推广自己研发的科技成果。在科技成果转化中，权利人要注意对科技成果进行有效管理。对相关的知识产权的权利状态进行跟踪，注意维护权利的有效状态，避免自己的权利与他人权利产生冲突，同时也要防止别人的侵权行为，预防和及时控制侵权行为。

（2）他人转化

这种方式包括向他人转让科技成果和许可他人使用科技成果两种情形。向他人转让科技成果，是指知识科技成果权利人将自己科技成果的所有权转让给他人所有，并由他人实施。

许可他人使用科技成果，是指科技成果权利人在不转让科技成果的所有权的前提下，许可他人实施该科技成果，许可人由此支付一定的费用。许可人与被许可人也是通过签订许可合同来实施科技成果。

（3）合作转化

合作转化，是指科技成果权利人以科技成果作为合作条件，与他人共同实施转化。科技成果权利人以提供科技成果作为合作条件，与他人共同对科技成果进行后继的试验、开发、应用或推广。

（4）投资转化

投资转化，是指科技成果权利人将科技成果作为一种投资条件，将科技成果作价，折算为股份或者作为出资比例，投入企业中，由企业自行实施科技成果转化，而权利人则作为企业的股东，按照出资比例或持股情况分享收益，承担损失。

3. 按转化的模式

（1）产学研结合共促科技成果产业化模式

产学研结合促进科技成果转化是世界各国特别是发达国家普遍采用的方法。高校和科研院所与企业资源相融，优势互补，是科技转化生产力的有效途径，也是科技成果转化的必由之路。在合作中要突出：

①以市场为导向，以企业为主体

产学研合作攻关项目突出以市场需求为目标，必须以企业为主体。这是因为科技成果的产业化必须经过种子期、创业期、成长期、成熟期四个阶段，而高校和科研院所的优势和特点决定其重点在于研发和孵化，因此高校和科研院所参与科技成果产业化的阶段应是前期，应选择最佳时机，将科研成果产业化最终落到企业，这样才有利于彻底改变科研与生产脱节的现象。

②政府积极推动合作，采取多样合作模式

政府必须为高校、科研院所、企业搭建起资源集聚的平台和桥梁，促进科技与企业的结合、促进科技成果的转化，并在宏观上整合企业与高校和科研院所这些资源，积极推进产学研合作。如共建技术开发中心、工程（技术）研究中心、科研生产联合体、合作办学等教育培训基地，开展合作研究、合作开发、联合攻关，建立基金会、设立产学研专项基金等。

（2）风险投资机制保证科技成果转化模式

在科技成果转化阶段，企业很难从市场上进行直接融资获得研发所需资金，而可以利用风险投资，那就是可以分期在企业不同的发展阶段得到一定的企业发展所需资金，而企业需要给风险投资机构一定的股份或认股期权，以及一定的企业经营或管理权。处于科技成果转化阶段的企业一般采取企业者（或管理层）、风险投资者持股，报酬体系激励性非常强，创业者和风险投资者均与企业形成利益共生关系。

（3）大学科技园区科技成果转化模式

高校参与科技成果产业化的一个更为成功的模式就是其利用自身的优势——大学科

技园区。大学科技园利用其所具有的研发人才、研发机构、研发场地、实验设备建立研发基地，吸引社会资金、企业及人才到园区创业，同时利用科技园把大学的科研成果与社会的优势资源紧密结合起来，最终实现科技成果的产业化。

（二）科技成果转化方式的评价

将科技成果进行转化，是其效应或作用得到实现或发挥的过程。但科技成果并不是转化了就结束，还需要对成果转化方式之后的效果进行评价。

1. 影响科技成果转化效果的评价

在对科技成果转化方式效果进行衡量评价时，我们需要考虑一下科技成果的固有特性和应用领域具体情况等方面的因素。

（1）科技成果的特性

基于科技成果的科学性、新颖性等特征，在评价成果转化方式效果中，我们应该首先考虑成果的技术效益。衡量科技成果转化方式中，通过相应的技术指标来衡量成果的先进性、独创性，凸显成果在同领域内是否发挥了应有的价值与地位。

（2）科技成果的作用领域

根据成果的属性，创新成果可以分为知识创新成果、技术创新成果、制度创新成果和文化、艺术类的创新成果。不同类型的成果转化后所发挥作用的领域各有侧重。例如，对科技成果的转化方式来评价其经济效益如何，可以通过转化后自身所获得的经济收益或对经济发展的特殊价值来进行衡量。

2. 影响科技成果转化效果的技术效益指标

技术效益反映了一项科技成果在同领域内所具有的先进性、独创性和对技术发展的作用。科技成果其科学性、新颖性决定了成果的技术含量及对现有理论、方案的突破。而科技成果转化方式对科技成果先进性、独创性的技术水平影响到底能有多大，对现有理论或方案能够突破到何种程度，需要技术效益指标进行衡量。

3. 影响科技成果转化效果的经济效益指标

科技成果代表着新颖的理论观点和当前先进技术的发展方向，是提升国家综合国力、促进经济发展的有效途径。作为市场经济的产物，科技成果转化实现的市场经济收益较为直观且最易用数据进行量化，受到的关注度也最高。高的经济效益反映了科技成果的市场适用性和推广前景。但是对于制度管理型创新成果主要体现在改变人类观念、生活方式等精神活动，例如某些社会管理制度创新方案，它不会带来直接的经济效益，在评价转化效果时也不考虑经济效益。

4. 影响科技成果转化效果的社会效益指标

社会保障水平的提高有赖于科技成果，评价科技成果转化不仅仅局限于技术、经济效益，同时也要考虑其转化对社会各个方面发展产生的效益。科技成果转化方式效果体现的社会效益包括社会安定、协调、健康发展等方面所产生的变化，其指标体系可以在社会保障工作、人口素质、生活质量、社会环境等大方向下进行指标细化。

5.影响科技成果转化效果的生态效益指标

科技成果的生态效益指标的选取必须基于环境的具体改善，如二氧化碳排放量的减少。保持社会的可持续发展需要保证科技成果的技术、经济等效益的同时，正确认识生态效益的重要性。技术创新应该以绿色科技为导向，使生态环境、经济发展与社会进步三者协调发展，优化人类的生存和生活环境。科技成果转化方式效果的生态效益表现为科技成果对人类的生产、生活条件和环境条件产生的有益影响和有利效果。生态效益关系到人类生存发展的根本利益和长远利益。

创新始于创意，且创意是创造力的重要组成部分。托夫勒所预言的"21世纪，资本的时代已经过去，创意的时代已经到来"及比尔·盖茨认为"知识经济的核心是创意经济"等理念就说明了创意在当代及未来发展进程中的重要性。发现新需求、提出好问题是创意的一种重要表现，它引领着创新的走向。

进入21世纪，创新意识和创新能力越来越成为一个国家国际竞争力和国际地位的最重要的决定因素。随着知识经济时代的到来，技术创新已经成为维持国家和企业经济高速发展的动力，与以往不同的是，在知识经济迅速崛起的今天，由于知识更新的加快，技术创新与成果保护的问题正日益得到世界各国的重视。要鼓励创新，要保护创新成果，更要促进创新成果转化，完成一次成果转化，需要有市场化的运作机制、应用性的研究成果、良好的知识产权保护、人才与资金等各种资源的综合配套。因此，我们总结国内外创新成果转化有益经验的同时，结合新时期我国促进科技成果转化的新趋势，探索发展思路，以期进一步促进创新成果转化工作的有效开展。

第一节 创业者的素质与能力

一、创业者的概念

创业者是什么样的人，从词源来看，创业者英文为"entrepreneur"，和企业家英文为同一词，意为在没有或拥有较少资源的情况下，锐意创新，发掘并实现潜在机会价值的个体。

"创业者"一词由法国经济学家坎蒂隆于1755年首次引入经济学。1880年，法国经济学家萨伊首次给出了创业者的定义，他将创业者描述为将劳动、资本、土地这三项生产要素结合起来进行生产的第四项要素，是把经济资源从生产率较低、产量较少的领域转移到生产率较高、产量较大的领域的人。管理大师彼得·德鲁克给创业者所下的定义是：创业者就是赋予资源以生产财富的人，创业者善于创造或发现机会，然后抓住机会，并创办起有高度发展潜力的企业，其思想和行为与众不同。还有些学者将创业者界定为：一种主导劳动方式的领导人，一种需要具有使命、荣誉、责任能力的人，一种组织、运用服务、技术、器物作业的人，一种具有思考、推理、判断能力的人，一种能使人追随并在追随的过程中获得利益的人。

在企业界，创业者通常被定义为组织、管理一个生意或企业并承担其风险的人，有两个基本含义：一是指企业家，即在现有企业中负责经营和决策的领导人；二是指创始人，通常理解为即将创办企业或者是刚刚创办企业的领导人。一般来说，国内外有关创业者的定义可分为狭义和广义两种。狭义的创业者是指参与创业活动的核心人员，该定义避免采用领导者或组织者的概念。因为在当今的创业活动中，技术的含量越来越高，离开了核心的技术专家，很多创业都无法进行，核心的技术专家理应成为创业者。事实上，很多创业活动最早都是由拥有某项特定成果的技术专家发起的。广义的创业者是指参与创业活动的全部人员，创业者可能更多地以团队的形式出现。在创业过程中，狭义的创业者将比广义的创业者承担更多的风险，但也会获得更多的收益。另外，要把创业者与职业经理人作为对比概念加以区分。创业者是指一种开办或经营自己企业的人，他们既是员工，又是雇主，对经营企业的成功与失败负责；职业经理人通常不是他们所管理公司的所有者，而是被雇来管理公司日常运作的人。

二、创业者素质

（一）创业者素质内涵

创业者素质是个综合性很强的概念，泛指构成创业者的品德、知识、才能和身心诸要素在特定时间和环境内的综合状态，是创业者主体通过学习和自身的实践而形成发展起来的，具有内在的、本质的及相对稳定的身心要素的整体系统。

（二）创业者素质构成

创业不仅需要创业环境与外部条件的支持，还需要有一个与众不同的创业者。一般认为，创业者素质由以下构成：

1.宽阔的视野

成功的创业者必须具有敏锐的机会识别能力，宽阔的视野是创业者洞察机会的必要素质。关注企业发展的成功创业者，往往看重的是机遇而不是公司的资源、结构或战略，他们集中精力瞄准机遇来整合资源制定战略目标。

2.卓越的思想

创业者的思想受其生活环境和背景所影响。这些思想常常会融入新企业的文化建设中，进而形成企业的使命和形象。

3.良好的人脉

人脉对于创业者来说是创业初期最为重要的资源。人脉包括血缘、地缘、学缘、业缘、友缘，人脉也可称为社会关系网络，其在机会识别、资源获取以及企业合法性获得等方面都起着举足轻重的作用。比如说，新创企业需要较强的公关能力，从而突破自身有限的关系网络来拓宽市场；创业者希望在行业商会中取得平等的待遇从而获得对称的信息；通过政府关系的话语权以及资源分配权来提高自身的市场认可程度。因此，良好的人脉是创业能够快速成长的关键，也是创业者取得成功的重要素质。

4.过人的胆识

风险和不确定性存在于创业的每个环节。此外，创业者以尝试新事物为特征，其需要努力降低失败率。因此，胆量是创业活动的基础。在早期学者看来，创业是一种冒险的套利活动。那时的技术没有什么变化，即使有变化也非常缓慢，所以获得利润的办法就是能够看到市场不均衡的机会，这种机会并不是一个稳定的机会，可能长期存在，也可能瞬间消失。理性思维的人无法接受这种不稳定带来的机会，只有那些有胆量、不怕冒险的人才敢于去利用这个机会谋利。胆量被看作一种稀缺资源，是人们普遍缺乏的素质，因此说胆量是创业者需要的素质。

5. 持续的创新

德鲁克将创新定义为：创新就是改变资源的产出，是改变来自资源而且被消费者所获取的价值与满足。创新不是指单一的发明，是一种系统化的、有目的的活动，是经过精心策划和掌握知识并通过努力且有可能实现的结果，有着高度的可预测性，因此创业者必须学会如何进行系统化的创新。

美国的唐多曼博士在其《事业革命》一书中提到，创业者还应至少具有 5 个方面的特征：创新精神、冒险精神、团队精神、敬业精神、积极向上的性格。百森商学院的蒂蒙斯教授还指出，成功创业家的性格特质包括 6 个方面：强烈的事业心和坚定的信心、领导才能、创造或者寻找机遇的执着、对于风险和不确定性的承受力、创新能力、追求卓越的动力。

创业者和职业经理人最重要的区别在于，创业者从事的是开拓性的工作，通过他们的创业活动，实现了从 0 到 1 的变化；职业经理人则侧重于经营性活动，按照程序、制度开展工作，他们将 1 变成 10，将 10 变成 100。创业者发现机会，创造新事物，而职业经理人在维持现状的基础上，保持事物的持续和演进。其次，创业者承担财务风险，而职业经理人则不会也不可能承担此类风险。

三、创业者能力

创业者能力是指在一定条件下，创业者们发现和捕捉商机，将各种资源组合起来，并创造出更大价值的能力，即潜在的创业者将自己的创业设想成功变为现实的能力。创业者能力是获取动态的、持续绩效的能力，对个体是否选择创业具有显著作用，同时对新创企业的绩效也有重要影响。创业者能力是提高创业实践活动效率和创业成功率的关键要素。创业者能力主要围绕机会开发过程中资源的获取与资源的整合。综合以往学者的研究归纳得出，创业者能力维度主要包括：机会识别与开发能力、战略能力、组织和管理能力、关系能力、承诺能力等，其中承诺能力和机会能力是个体完成创业者角色的最直接的能力。

（一）人际沟通能力

企业成功的关键还在于创业者是否具备与其他人一起工作的能力。在创建企业的过程中，需要创业者在各种不确定的环境中与众多的合作伙伴共同处理事情，因而，人际交往的能力就至关重要。

（二）组织管理能力

组织管理能力是指为了有效地实现目标，灵活运用各种方法，把各种力量合理地组织和有效地协调起来的能力。包括协调关系的能力和善于用人的能力。组织管理能力是一个人的知识、素质等基础条件的外在综合表现。

（三）机会识别能力

创业者的核心能力是"识别、预见并利用机会的能力"，主要包括：知识、技能、自我效能感、特征和动机等五个方面。成功的创业者需要具备的最重要的能力就是为新企业识别和选择正确的商机。创业能力集中体现为创业过程中能够识别机会、追求机会、获取和整合资源的综合能力。机会识别能力强的企业可以寻找更多的创新机会，更多的创新机会使得创业企业选择更有竞争优势的突破性创新方式，创新机会是创新企业战略管理的关键因素。而机会识别与开发能力的一个重要特征是需要对机会有着敏锐的警觉性和洞察潜在商机的意识。当我们分析了创业警觉性对于机会识别的影响，即个体对未满足市场需求及未充分使用资源或能力的敏感力。机会识别就是洞察那些具有潜在商业价值的初始创意，要求创业者具有警觉性和洞察潜在商机的意识。大学生能够敏锐地识别和捕捉到创业机会，做出与众不同的决策，正是这种识别能力的差异才使得创业机会显现时，大部分人不能够明显感知，创业机会只有少数人能发现。创业者的个性特质及其与外部环境的交融有助于提高创业者的创业警觉性，而创业警觉性与机会识别能力呈正相关关系。创业警觉性越高，发现和开发创业机会的成功概率就越高。成功的创业者往往是先知先觉者，创业警觉性强，对于微观、宏观市场信息、消费者信息具有非常强的敏锐力。

（四）战略管理能力

战略管理即企业确定其使命，根据组织外部环境和内部条件设定企业的战略目标，为保证目标的正确落实和实现进行谋划，并依靠企业内部能力将这种谋划和决策付诸实施，以及在实施过程中进行控制的一个动态管理过程。战略管理能力即要求创业者拥有根据内外部环境，制定企业战略并实施的能力。

（五）关系能力

关系能力有助于创业者获得有效信息，从而识别出有价值的创业机会，关系能力还有助于创业者在资源匮乏的环境下开发出商业机会；而在中国情境下，关系能力的主要作用还体现为机会的识别和开发。对于关系能力，也有学者提出了类似的概念：网络能力。网络能力对于企业建立外部联系、整合外部资源起到了重要的作用，获取的资源对企业的发展起到了关键作用。网络能力的三个维度分别为网络构想能力、关系管理能力以及角色定位能力，它们均与创业能力的两个维度（机会能力和运营管理能力）呈现正相关关系。因此，网络能力的培育是新创企业提高创业能力的重要路径之一。

第二节 创业团队的组建与管理

一、创业团队及其对创业的重要性

（一）创业团队的概念

创业团队是由两个以上具有一定利益关系、共同承担创建新企业责任的人组建形成的工作团队。关于创业团队的定义，关键点主要集中在所有权、人员构成以及参与时间上，并非在企业创立之前或创建阶段就参与创建工作的人才能算作创业团队的成员，如果各成员是在建立企业的早期阶段因为需要而加入进来的，也可以算是创业团队的成员。在人员构成上，大多数研究者认同应该撇开如律师、会计师等外部专家，只把全身心投入到企业工作的创业者算在内。在所有权上，一般创业者都拥有公司的股份，但是股份的多少并不是判断创业团队成员的依据。

基于以上理解，我们认为，所谓"创业团队"，是指在公司创业期参与创业过程，对创业理念高度认同，并为创业成功做出不可替代贡献的所有人员所组成的有机体。创业团队是一种特殊的团队，是由两个或两个以上具有共同的创业理念、价值观和创业愿景，相互信任，为了共同的创业目标，团结合作，共同承担创建新企业责任而组建的工作团队。

总体上，对创业团队的内涵把握可以从以下三点入手：

首先，创业团队是一种特殊群体。创业团队首先是一种群体，成员在创业初期把创建新企业作为共同努力的目标，在集体创新、分享认知、共担风险协作进取的过程中，形成了特殊的情感，创造出了高效的工作流程。

其次，创业团队工作绩效大于所有个体成员独立工作时的绩效之和。虽然个体创业团队成员可能具有不同的特质，但他们相互配合、相互帮助，通过坦诚的意见沟通形成了团队协作的行为风格，能够共同地对拟创建的新企业负责，具有一定的凝聚力。曾有研究得出这样的结论：工作群体绩效主要依赖于成员的个人贡献，而团队绩效则基于每一个团队成员的不同角色和能力而尽力产生的乘数效应。

最后，创业团队是高层管理团队的基础和最初组织形式。创业团队处在创建新企业的初期或小企业成长早期，现实中往往被人们称为"元老"。而高层管理团队则是创业团队组织形式的继续。虽然高层管理团队中既可能还存在着部分创业时期的元老，也可能所有的创业元老都不再存在，但高层管理团队的管理风格在很长一个时期内是很难彻底改变的。

(二) 创业团队的重要性

在企业中采用团队形式至少有以下几个方面的作用：第一，团队能促进团结和合作，提高员工士气，增加满意感；第二，使管理者有时间进行战略性思考，而把许多问题留给团队自身解决；第三，提高决策的速度，因为团队成员离具体问题较近，所以团队决策比较迅速；第四，促进成员队伍的多样化；第五，提高团队和组织的绩效。

管理的缺陷经常导致新企业受挫，因为企业创建者不能很快适应他们的新角色，以及企业缺乏有关顾客或供应商的"记录"。这些缺陷可以通过组建有能力和有经验的创业团队加以克服，从而增加获得资源的途径、知识能力等互补。团队成员受教育程度、工作经验以及社会关系网络等方面的多样性使获取到的资源更加丰富、决策质量更高。团队创业普遍存在于不同的创业领域。虽然很多学者提出高科技创业需要技能互补，所以大多数采用团队的形式，即使是在低科技领域，团队或合伙创业也是比较常见的现象。因此，可以认为，无论地理区位、产业性质和创业者性别如何，新创企业大多由创业团队来创立。

吸引风险投资是创业组织的一项重要目标，而风险投资对于创业企业的评估标准，也可以让我们对于创业组织的组建有所启发。在综合了几家规模较大的风险投资组织的评价之后，我们发现，在创业团队、创业项目、现金流、商业模式、盈利状况、发展潜力等诸多因素之中，创业团队属于位列第一的评价内容。这就表明，创业团队在创业期是影响组织发展的重要因素之一。

在创业的发展过程中，团队的成长和事业的发展存在着正相关关系。若团队的成长快于公司的成长，则团队成为公司成长的促进因素；若团队的成长滞后于公司的成长，则团队成为公司成长的阻碍因素。团队的整合实力是创业者最大的财富。绝大多数职业风险投资人把"宁要一流的团队二流的想法，不要一流的想法二流的团队"作为自己的行为准则，是有其道理的。因为即便再天才的想法也还是具有可复制性的，而团队的整合实力却是难以复制的。

优秀创业团队也有七个共同的特征，可以将其简称为"perform"。

1. 明确的目标（purpose）

优秀团队所需要的目标必须满足下列要求：团队成员理解和认同共同的目标愿景，并为目标的实现付出努力；目标十分明确并具有一定的挑战性；实现目标的策略是清晰的；团队成员拥有明确的角色分工或者团队的目标已经分解到个人；作为使命，实现共同的目标是团队存在的价值。

2. 赋能授权（empowerment）

优秀团队中的成员能感到个人拥有技能，团队整体也拥有能力；成员有渠道获得必要的技能和资源；策略和方法能够有效支持团队目标；气氛融洽，成员相互尊重并愿意帮助别人。相反，如果团队领袖插手小事，越俎代庖，既分散了大量精力又没有把事情处理好；或者刚愎自用，做决策从不征求团队成员意见，不能让下属获得参与感。这些做法都可能导致团队成员信心受挫，积极性和主动性受到抑制，无法更好地发挥团队活力；当然如果领导者完全放任团队成员，缺乏基本和必要的决策和指导，同样会导致团队失败。因此，在赋能授权给员工的时候，团队领导也要注意告知其权限的范围以及合理的规则及程序。

3. 关系与沟通（relation and communication）

在关系和沟通方面，优秀团队表现出的特征是：团队成员愿意公开且表达自己真实的想法，哪怕是负面的；愿意主动了解与接受别人；能够积极主动地倾听他人意见；不同的意见和观点在团队中都会受到重视。如果团队领导忽略部属的意见和抱怨，不采取恰当的方式及时沟通，不能使团队成员的负面情绪得到有效释放，就可能造成内部伤害。

4. 弹性（flexible）

团队成员能够自我调节，满足变化的需求，这就表现出一种弹性和灵活性。团队成员会根据需要扮演不同的角色并发挥相应功能：当某一角色不在的时候要求有人主动去补位，分担团队领导者和团队发展的责任。

5. 卓越的生产力（optimal productivity）

优秀团队必须具备清晰的解决问题的程序，这样才能提高决策效率，获得良好的绩效产出及卓越的产品品质。创新能力也是获得卓越生产力的重要条件，团队领导要在团队内部建立起创新氛围，重视团队成员的意见和建议，并对创新成果及时奖励。

6. 认同与赞美（recognition）

优秀团队的成员需要得到来自组织内部和外部的共同认可和激励。当团队成员个人所做贡献受到领导者和其他成员的认可和赞美时，团队成员会感到很自豪，觉得自己受到了尊重；当团队的贡献受到了组织的重视和认可，所有成员的士气就会大大提升。

7. 士气（morale）

在优秀团队中，每个人都乐于成为团队中的一员，对自己的工作引以为荣，向心力很强，斗志高昂。总而言之，相对于团队目标，团队的生产力和士气是衡量团队能否达到高绩效的关键因素。然而，要提升生产力和士气，就必须在赋能授权、关系与沟通、弹性以及认同与赞美这四项上下功夫，这也正是上述七个特征的内在联系。

二、创业团队优劣势分析

（一）优势

著名心理学家荣格曾列出一个公式：I+We=Fully I。意思是说，一个人只有把自己融入集体中，才能最大限度地实现个人价值，绽放出完美绚丽的人生之花。创业已非纯粹追求个人英雄主义的行为，团队创业成功的概率要远高于个人独立创业。与个体创业相比较，团队创业具有多方面的优势，对创业成功起着举足轻重的作用。团队创业的优势主要体现为：

第一，使用工作团队，可以激发团结精神，增强灵活性，提高工作效率，让组织从劳动力多元化中受益，让管理者更多地进行战略层面的管理。团队成员受教育程度、工作经验以及社会关系网络等方面的多样性使获取到的资源更加丰富、决策质量更高。

第二，组建创业团队能够使组织更好地适应内外环境的变化，能够更迅速、更准确地对千变万化的市场做出反应；能够在组织内部建立合作、协调机制以提高效率；能够适应市场需求多样化的要求而变大规模生产为灵活生产，变分工和等级制为合作与协调；"团队"这种组织形式能够更好地培养成员的团队协作精神，发挥整体优势。由于团队兼有扁平化、柔性化、灵捷性、高效性等特点，因此人力资源管理的核心任务就是建立和重组组织团队。

第三，越来越多的团队形态出现在创业中，这一方面是因为团队创业有利于分散创业风险，另一方面通过创业团队成员之间的技能互补可以提高企业家驾驭环境不确定性的能力，从而降低新企业的失败风险。更为重要的是，团队创业能够形成更强的资源整合能力，并且同时从多个融资渠道获得创业资金。

（二）劣势

固然多数创业活动是由团队推动的，共同创业要比个人创业的人均风险小很多，创业投资者也喜欢把资金投给团队创业，团队创办企业的失败率低于由个人创办的企业。但创业者也不能忽视团队创业的不利因素。

1. 收益分享冲突

在创业初期没有制定明确的利润分配方案，随着企业的发展和利润的增加，团队成员因为利润分配而发生争执。此外，团队创业必然"稀释"新创企业的所有权。常规情况下，除非股份的接受者能做出实质性贡献，否则给出股权就是不明智的。对于非直接投资者，即便是基于股权，直接分配股权的效果也远不及期权。

2. 团队成员的经营理念与方式彼此不一，团队思想无法统一

有些团队成员不认可公司的目标和策略，价值观发生冲突。这往往导致创业团队解散，引发企业经营的巨大风险。就像联想的倪光南和柳传志：柳传志是一位有科技背景的企业管理者，而倪光南是一名科学家，他们的分歧是经营理念的不一致，柳传志是市场导向，而倪光南是技术导向，这一根本的分歧导致了曾被誉为"中关村最佳拍档"的联想创业组合的分裂。

3. 情感冲突

创业团队成员个性、兴趣不和，导致磨合问题，难以正常开展创业活动。多数情况下，团队创业总会发生这样那样的冲突。可能导致冲突的原因是多方面的，诸如创业思

路、行为方式等的不一致；对权力、利益安排的不认同；创业中的情绪紧张；某成员觉得自己和他人不再重要；甚至某个人的配偶感到他们婚姻关系被创业活动所损害；等等。一旦出现这些情况，团队成员间发生冲突就在所难免。

4. 创业决策缓慢

这影响企业对于稍纵即逝的市场机遇的把握。新创企业的发展一般要经历创业、集团化管理、规范和发展四个阶段，而创业团队最容易在从创业到集团化管理过渡的过程中出现问题。随着创业企业的发展，企业的官僚作风与日俱增，官僚机构逐渐形成，企业内部的创新性受到压制，创业决策缓慢。

5. 成员间权力及责任的不平等

在多数创业团队中，某个人被选作董事长或总经理，其他人自然只能担当其他职务，诸如某个方面的副总经理或部门经理。尽管每个创业者是平等的，但所担任的职务不同，决定了成员间权力、责任甚至利益的不平等，这就可能导致某些人产生离开团队的想法。

6. "请神容易送神难"

组建团队时创业发起人请来了某个人，并给他股份，期待未来他能对企业做出较大的贡献。但如果他没有达到预期的业绩，甚至根本不可能实现事先的承诺，只要他预期这个企业是有前景的，他就可能赖着不走。在这种情况下，就很难将他"送出"新创企业，甚至难以收回创业之初给予他的股份，这就必然影响新创企业未来的运营与发展。

三、创业团队的类型

一般说来，创业团队大体上可以分为三种，即星状创业团队、网状创业团队和从网状创业团队中演化来的虚拟星状创业团队。这和网络拓扑结构极其相似。

（一）星状创业团队

星状创业团队一般在团队中有一个核心主导人物，充当了领军的角色。这种团队在形成之初，一般是核心主导人物有了创业的想法，然后根据自己的设想进行创业团队的组织。因此，在团队形成之前，核心主导人物已经就团队组成进行过仔细思考，根据自己的想法选择相应人物加入团队，其他的团队成员在企业中更多时候是支持者角色。

星状创业团队的特点包括：一是组织结构紧密，向心力强，主导人物在组织中的行为对其他个体影响巨大；二是决策程序相对简单，组织效率较高；三是容易形成权力过分集中的局面，从而使决策失误的风险加大；四是当其他团队成员和主导人物发生冲突时，因为核心主导人物的特殊权威，使其他团队成员在冲突发生时往往处于被动地位，在冲突较严重时，一般都会选择离开团队，因而对组织的影响较大。

（二）网状创业团队

这种创业团队的成员一般在创业之前都有密切的关系，如同学、亲友、同事、朋友等。

一般都是在交往过程中，共同认可某一创业想法，并就创业达成了共识以后，开始共同进行创业。在创业团队组成时，没有明确的核心人物，大家根据各自的特点进行自发的组织角色定位。因此，在企业初创时期，各位成员基本上扮演协作者或者伙伴角色。

网状创业团队的特点包括：一是团队没有明显的核心，整体结构较为松散；二是组织决策时，一般采取集体决策的方式，通过大量的沟通和讨论达成一致意见，因此组织的决策效率相对较低；三是由于团队成员在团队中的地位相似，因此容易在组织中形成多头领导的局面；四是当团队成员之间发生冲突时，一般都采取平等协商、积极解决的态度消除冲突。团队成员不会轻易离开。但是一旦团队成员之间的冲突升级，使某些团队成员撤出团队，就容易导致整个团队的涣散。

（三）虚拟星状创业团队

这种创业团队是由网状创业团队演化而来。基本上是前两种的中间形态。在团队中，有一个核心成员，但是该核心成员地位的确立是团队成员协商的结果，因此，核心人物在某种意义上说是整个团队的代言人，而不是主导型人物，其在团队中的行为必须充分考虑其他团队成员的意见，不像星状创业团队中的核心主导人物那样有权威。

四、创业团队组建策略及管理

（一）创业团队组建的基本原则

1. 目标明确合理原则

目标必须明确，这样才能使团队成员清楚地认识到共同的奋斗方向是什么。与此同时，目标也必须是合理的、切实可行的，这样才能真正达到激励的目的。

2. 互补原则

创业者之所以寻求团队合作，其目的就在于弥补创业目标与自身能力间差距。只有当团队成员相互之间在知识、技能、经验等方面实现互补时，才有可能通过相互协作发挥出"1+1 > 2"的协同效应。

3. 精简高效原则

为了减少创业期的运作成本、最大比例地分享成果，创业团队人员构成应在保证企业能高效运作的前提下尽量精简。

4. 动态开放原则

创业过程是一个充满了不确定性的过程，团队中可能因为能力、观念等多种原因不断有人在离开，同时也有人在要求加入。因此，在组建创业团队时，应注意保持团队的动态性和开放性，使真正完美匹配的人员能被吸纳到创业团队中来。

（二）创业团队组建的步骤

创业团队的组建是一个相当复杂的过程，不同类型的创业项目所需的团队不一样，创建步骤也不完全相同。概括来讲，大致的组建程序如下。

1. 明确创业目标

创业团队的总目标就是要通过完成创业阶段的技术、市场、规划、组织、管理等各项工作实现企业从无到有、从起步到成熟。总目标确定之后，为了推动团队最终实现创业目标，再将总目标加以分解，设定若干可行的、阶段性的子目标。

2. 制订创业计划

在确定了阶段性子目标及总目标之后，紧接着就要研究如何实现这些目标，这就需要制订周密的创业计划。创业计划是在对创业目标进行具体分解的基础上，以团队为整体来考虑的计划，创业计划确定了在不同的创业阶段需要完成的阶段性任务，通过逐步实现这些阶段性目标来最终实现创业目标。

3. 招募合适的人员

招募合适的人员也是创业团队组建最关键的一步。关于创业团队成员的招募，主要应考虑两个方面：一是考虑互补性，即考虑其能否与其他成员在能力或技术上形成互补。这种互补性形成既有助于强化团队成员之间彼此的合作，又能保证整个团队的战斗力，更好地发挥团队的作用。一般而言，创业团队至少需要管理、技术和营销三个方面的人才。只有这三个方面的人才形成良好的沟通协作关系后，创业团队才可能实现稳定高效。二是考虑适度规模，适度的团队规模是保证团队高效运转的重要条件。团队成员太少则无法实现团队的功能和优势，而过多又可能会产生交流障碍，团队很可能会分裂成许多较小的团体，进而大大削弱团队的凝聚力。一般认为，创业团队的规模控制在 2 ~ 12 人最佳。

4. 职权划分

为了保证团队成员执行创业计划、顺利开展各项工作，必须预先在团队内部进行职权的划分。创业团队的职权划分就是根据执行创业计划的需要，具体确定每个团队成员所要担负的职责及相应所享有的权限。团队成员之间职权的划分必须明确，既要避免职权的重叠和交叉，也要避免无人承担造成工作上的疏漏。此外，由于还处于创业过程中，面临的创业环境又是动态而复杂的，会不断出现新的问题，团队成员可能出现不断更换的情况，因此创业团队成员的职权也应根据需要不断地进行调整。

5. 构建创业团队制度体系

创业团队制度体系体现了创业团队对成员的控制和激励能力，主要包括了团队的各种约束制度和各种激励制度。一方面，创业团队通过各种约束制度（主要包括纪律条例、组织条例、财务条例、保密条例等）指导其成员避免做出不利于团队发展的行为，实现对其行为进行有效的约束，保证团队的稳定秩序；另一方面，创业团队要实现高效运作和有效的激励机制（主要包括利益分配方案、奖惩制度、考核标准、激励措施等），使团队成员看到随着创业目标的实现，其自身利益将会得到怎样的改变，从而达到充分调动成员的积极性、最大限度地发挥团队成员作用的目的。要实现有效的激励，首先必须把成员的收益模式界定清楚，尤其是关于股权、奖惩等与团队成员利益密切相关的事宜。需要注意的是，创业团队的制度体系应以规范化的书面形式确定下来，以免带来不必要的混乱。

6. 团队的调整融合

完美组合的创业团队并非是从创业一开始就能建立起来的，很多时候是在企业创立一定时间以后随着企业的发展逐步形成的。随着团队的运作，团队组建时在人员匹配、制度设计、职权划分等方面的不合理之处会逐渐暴露出来，这时就需要对团队进行调整融合。由于问题的暴露需要一个过程，因此团队调整融合也应是一个动态持续的过程。团队调整融合工作专门针对运行中出现的问题不断地对前面的步骤进行调整，直至满足实践需要为止。在进行团队调整融合的过程中，最为重要的是要保证团队成员之间经常进行有效的沟通与协调，培养强化团队精神，提升团队士气。

（三）创业团队的管理

1. 建立信任

信任，作为高素质团队的起点，能制约和推动团队的发展。团队能不能飞跃，首先看在团队中成员间能不能建立起相互的信任。

信任是合作的基础。对于一个团队而言，团队成员是相互信赖的，且团队合作往往是建立在信任而非利益的基础上。尤其在现今的工业社会中，虽然信任与合作正朝着一体化的方向发展，但是合作是以相互信任为前提的，没有信任，就难以产生合作的基础。可以说，信任是一个高效团队成功的关键因素。信任即彼此独立，有效率，有吸引力，共同承担责任，相互鼓励和信任。现实中，团队的失败大多也被归纳为内部缺乏信任，团队成员对领导的不信任是团队失败的主要原因。

信任也需要相互监督。信任无疑能提高组织成员的积极性、满意度，有效地提升组织创新、生存能力，然而，信任也有成本，一旦信任被利用了，高得可怕的信任成本便显示出极强的破坏力，因为没有约束的信任将伴随着风险。

2. 合理授权

管理学专家彼特·史坦普说过，成功的企业领导不仅是控权高手，更是授权高手。

随着团队的建设和发展，领导者要通过合理授权，让团队成员分担责任，使团队成员更多地参与项目的决策过程，允许个人或小组以自己更灵活的方式开展工作。其目标和意义如下。

第一，通过灵活授权，显示领导者对团队成员的信任，也给团队成员学习与成长的空间。这种信任可以奠定团队信任的基础，也是团队精神存在于领导者与团队之间的体现。

第二，合理授权有利于充分发挥团队成员的积极性和创造性。每个人都有实现自我价值的愿望。每一项工作的成功，不仅是领导管理的成功，更是所有实现自我价值的团队成员的成功。

第三，合理授权有利于及时决策。一方面，团队成员在自己授权范围内可根据内外部环境的变化及时决策；另一方面，通过灵活授权，领导者逐渐将工作重点转向关键点控制、目标控制和过程控制。

3. 积极沟通、善于倾听

沟通是信息交流的重要手段，它就像一座桥梁，连接着不同的人、不同的文化和不同的理念。良好、有效的沟通能让交流的双方充分理解，达成共识。

团队成员之间的有效沟通是任何团队管理艺术的精髓。倾听是这个世界上最美的行为。团队成员之间需要沟通、交流、协作共事，善不善于倾听，不仅体现着一个人的道德修养，而且还关系到能否与他人建立一种正常、和谐的人际关系。

4. 考核管理、赏罚分明

绩效考核是现代组织不可或缺的管理工具之一，它是一种周期性检查与评估团队成员工作表现的管理系统。有效的绩效考核，不仅能确定每位团队成员对组织的贡献或不足，还可以在整体上为组织的人力资源管理提供客观的评估资料，为公平合理地支付团队成员酬劳提供客观依据，从而提升团队成员的工作绩效。

坚持赏罚分明的原则意味着在涉及团队成员的个人利益时要坚持公平、公正和公开的分配原则，该奖赏的要奖赏，该惩罚的时候要惩罚。在涉及惩罚团队成员的问题时经常会碰到这样一种情况：

创业初期，创业团队的成员大多是同学、朋友等熟人，但是创业团队经过一段时间的运作之后会发现团队的运作并没有想象中的那样顺利，可能会产生有的人或许不能认同企业的经营理念，或许有的人想"自立门户"，或许有的人工作时心不在焉，想逃避责任，或许有的人做事情根本就不称职等情况。因此，经过一段时间的磨合之后，创业团队都要经过一个痛苦的"洗牌"过程，而对团队成员最严厉的惩罚恐怕就是将他"踢出"这个团队了。这种情况并非团队的创立者希望看到的，很多情况下碍于情面，将某些团队成员"踢出"团队可能更是一种左右为难的选择。事实上，即使对于最富经验的职业经理人，他们最怕的事情也是解雇员工。

5. 共同学习

进入 21 世纪，随着科技的进步和知识更新速度的加快，无论是哪一种类型的团队，要想成为一支能够打硬仗、素质过人的高效能团队，归根结底还是要"打铁还需自身硬"，团队成员需要不断地给自己充电学习，弥补知识与技能上的不足。

要让团队成员在组织内通过团队学习，实现知识共享。实现个人学习向团队学习的飞跃，首先要实现每个人获得的新知识都能快捷地与团队其他成员分享。知识不会因为传播而减少，交流和分享却能使整个团队的集体智慧增加。尤其在知识经济时代，团队竞争就是学习速度的竞争。个人学习的成果，若不经团队学习的过程，就只是个人知识的增长，无法形成团队整体的学习力和竞争优势；相反，个人通过团队学习，实现成员的知识共享，就能快速提高团队的知识总量和集体智慧，增强企业竞争力。

（四）创业团队的五个发展阶段及其领导方式

1. 成立期

特征：对公司未来的发展具有很高的期望。每一位成员在新的团队都表现得那么热切、那么投入；成员之间亲切有礼；对管理者权力有极高的依赖；表现出较低的工作能力。

领导方式：通过召开部门大会和小组会多进行沟通；为团队制定发展目标，并着手准备开展工作；有计划地对团队进行培训；提升员工接受工作挑战的能力；制定团队的各项规则。

2. 动荡期

特征：团队成员感觉到原有期望与现实之间的差距。对眼前的现实感到不满；成员之间开始争夺权力和职位；领导者的威信开始下降；团队成员感到迷惑而无法自我战胜；有的成员开始流失，有"小团体"出现。

领导方式：①和团队成员一起建立共同的目标，使大家心往一处想。②确立和维护规则，对违规者要做相应处罚。③鼓励成员进行讨论，并就问题发表自己的看法，让大家懂得团队游戏规则。④对积极的做法及时表扬，对消极的做法进行纠正，建立起良好的团队文化氛围。⑤引导成员正确理解他们之间的差异，有意识地培养各种角色，使团队能有效地工作；尽快提高成员的工作能力。

3. 稳定期

特征：团队成员基本稳定；冲突和派系开始出现；领导对团队中的派系表现出倾向性；成员的工作能力开始显现出来；领导把主要精力从关注团队成员转移到督促业绩创造上；领导自身的缺点开始暴露出来。

领导方式：树立自己的良好个人形象；让团队成员学习良好的沟通方式；教会成员如何聆听、表达、反馈，增进成员之间的团结；消除团队间的不和谐声音；避免成员的目标与团队的目标偏离；尽可能授权给团队成员；增加他们工作的主动权、主观能动性和负责精神；学会激励团队成员；认可他们的工作，并给予赞美和指导。

4. 高产期

特征：团队成员能够胜任自己的工作；派系观念开始淡化甚至消除，成员之间开始合作；对团队的未来充满了信心；团队出现巅峰的表现，成员能为领导分担工作。

领导方式：领导和成员共同研究制定更高、更有挑战性的目标，使团队成员看到新的希望，使成员在工作能力、个人发展方向以及经济收入方面有所提高；要想方设法留住团队中的优秀员工，鼓励员工发展；对成员的工作成绩予以肯定，并兑现奖励承诺；对潜在的问题保持清醒的头脑，对出现的问题及时解决。

5. 调整期

特征：成员认为自己的业绩得不到及时的肯定；团队的发展空间变得有限；领导不再关心团队成员；有些成员个人的发展速度远远超过公司；人心散乱；业绩下滑。

领导对策：重新制定一个新的团队目标；重新调整团队的结构和工作程序；清除积弊。

五、领导创业者的角色与行为策略

（一）领导创业者的角色

创业团队领导扮演了指导者、促进者、交易者、生产者以及风险承担者的角色。领导创业者的认知水平、创业技能、创业能力和思想意识从根本上决定了是否要组建创业团队以及团队组建的时间表和由哪些成员组成团队。领导创业者只有在意识到组建团队可以弥补自身知识、技能、能力与创业目标之间存在的差距，才有可能考虑是否要组建创业团队，以及对什么时候需要引进什么样的成员才能形成互补做出准确判断。首先，领导创业者要在对创业动机、目标和前景进行认真评估后，才能得出是否需要组建团队的结论。如果想要成立一个有较大成长潜力的企业，就必须有一个团队。其次，领导创业者要进一步考虑组成怎样的团队，以期获得创业成功所必备的条件和资源。要对所需要的团队成员拥有什么专长、他们的社会关系网如何、实际工作能力怎样等进行评估，然后再决定什么时候需要引进什么样的成员，才会与自己形成互补。

（二）领导创业者的行为策略

1. 树立正确的团队理念

一是形成凝聚力，领导创业者拥有正确团队理念的成员，相信他们处在一个命运共同体中，共享收益，共担风险。二是拥有诚实正直的品行，这是有利于顾客、企业和价值创造的行为准则，它排斥纯粹的实用主义或利己主义，拒绝狭隘的个人利益和部门利益。三是目光长远。领导创业者不是把新企业当作一个快速致富的工具，领导创业者追求的是最终的资本回报及由此带来的成就感。四是承诺价值创造。领导创业者承诺为了每个人而使"蛋糕"更大，包括为顾客增加价值，使供应商随着团队成功而获益，为创业团队的所有支持者和各种利益相关者谋利。

2. 确立明确的团队发展目标

目标在团队组建过程中具有特殊的价值。首先，它是一种有效的激励因素，共同的未来目标是领导创业者带领创业团队克服困难、取得胜利的动力；其次，它是一种有效的协调因素，只有真正目标一致、齐心协力的领导创业者和团队成员才会得到最终的胜利与成功。

3.建立责、权、利统一的团队管理机制

一个成功的企业必须制定井然有序的组织策略。无序组织是混乱的根源，领导创业者要有序组织自己的企业，同时摆正位置，将自己融入团队中。

（1）创业团队内部需要妥善处理各种权力和利益关系

一是领导创业者要妥善处理创业团队内部的权力关系。在创业团队运行过程中，团队要确定谁适合于从事何种关键任务和谁对关键任务承担什么责任，以使权力和责任明晰化。二是领导创业者要妥善处理创业团队内部的利益关系。一个新企业的报酬体系，不仅包括诸如股权、工资及奖金等金钱报酬，还包括个人成长机会和相关技能提高等方面的因素。

（2）制定创业团队的管理规则

规则的制定，要有前瞻性和可操作性，要遵循先粗后细、由近及远、逐步细化、逐次到位的原则。这样有利于领导创业者维持管理规则的相对稳定，而规则的稳定有利于团队的稳定。

①治理层面的规则

主要解决剩余索取权和剩余控制权问题。治理层面的规则大致可以分为合伙关系与雇佣关系，除了利益分配机制和争端解决机制，领导创业者还必须建立进入机制和退出机制，约定以后创业者退出的条件和约束，以及股权的转让、增股等问题。

②文化层面的管理规则

主要解决企业的价值认同问题。企业章程和用工合同解决经济契约问题，而文化契约是一种弥补，它包括"公理"和"天条"这两个内容。所谓"公理"，就是团队内部不证自明的东西，它构成团队成员共同的终极行为依据；所谓"天条"，就是团队内部任何人都碰不得的东西，它对所有团队成员都构成一种约束。

③管理层面的规则

主要解决指挥管理权问题，包括平等原则、服从原则、等级原则等。

六、创业团队的社会责任

企业社会责任在中国是一个新的概念，是随着近年来经济的发展和对外开放，大批跨国公司进入而带来的一个崭新概念。但在国外，企业社会责任这一概念产生于19世纪末，发展至今，被认为是企业管理的重要内容之一。像《财富》和《福布斯》这些国际主要财经杂志，在进行企业排行时都将"企业社会责任"作为考虑标准之一。因此，在创业过程中强化创业团队的社会责任是新时代创业的全新要求，同时能够给新创企业以及在成长期的企业带来机遇。

（一）企业担负社会责任的基本要点

对于新创企业来讲，将社会责任纳入创业团队的共同理念当中对企业的发展具有促进作用。企业的生存与发展有赖于一定的社会环境，回应社会的需求，是企业理性的表现。随着新创企业地位和作用的提升，人们有理由希望它不仅仅关心利润和向股东负责，而且应当自觉担负起必要的更多的社会责任并将其融入创业团队文化当中，主要应当有以下几个方面：

1. 合法经营，照章纳税

创办新企业最基本的社会责任是合法经营，尽可能为社会创造更多财富，为国家上缴更多的税费。依法、光明正大、最大限度地为自己创造财富，这是为国家和社会做出贡献、承担责任的前提。诚实纳税，这是作为企业家最基本的义务，也是合法经营所必需的。

2. 爱护资源，保护环境

无论任何企业都应该在经济活动中充分考虑资源的合理利用、环境的保护、污染的治理等目标，担负起相应的社会责任。

3. 重视安全，珍惜生命

员工为企业发展做贡献，企业应当重视员工的安全，保证安全生产，珍爱生命。企业应当确保安全生产所必需的资金投入，切实采取必要的安全生产和劳动保护措施，加强员工的上岗培训，努力改善员工的生产条件。这既是企业自身发展的需要，也是企业应当负担的社会责任。

4. 扩大就业

创业是解决就业问题的有效措施，在减轻社会就业压力方面积极创造条件，发挥主渠道的作用。

5. 融入当地，服务社区

企业有责任、有义务为社区服务，如投入一定的财力、物力、人力，帮助社区进行教育、卫生、交通等基础设施建设，改善居民的工作、生活环境等。虽然新创企业的精力有限，无法顾及对社区的服务，但是随着创业团队日益稳定与多元化，企业应该融入当地，进行适当的公益性活动，一方面树立企业的良好形象，另一方面回报社会、实现社会价值。

6. 与竞争对手公平竞争，与供应商诚信往来

新创企业和其他企业一样，应当遵守市场规则。与竞争对手公平竞争，与供应商诚信往来，向消费者提供符合安全标准的产品，公平交易等，这都是企业社会责任的一部分。

（二）社会责任对于创业的意义

在创业团队中构建社会责任理念是推动企业快速成长的重要力量。企业担负一定的社会责任，不仅有利于社会的进步，而且也有利于企业自身的发展。美国一个"企业社会责任促进会"的报道显示，对社会负责的企业能获得更多的利益，包括降低业务开支、扩大企业品牌的影响、增加销售量、提高用户的忠诚度等等，业务增长率是其他企业的四倍，就业增长率是其他企业的八倍。经常参与社会责任事业中的企业，相比而言更具知名度，更易获得人们的好感，当然也更易招聘并留住优秀人才，由此带来的好处是节省管理费用、招聘及培训费用。另外，众多的研究成果也显示：企业越是注重社会责任，其产品和服务就越有可能获得更大的市场份额。现在的顾客，特别是欧美顾客，社会意识逐步加强，不单单注重产品的一些关键购买因素，如价格、质量、安全、便利等，也关心产品是如何生产出来的。对于消费者来说，接受一件由剥削童工、妇女或囚犯所制造出来的商品已变得不可思议。提倡社会责任，不仅是为了提升企业社会形象，更能使企业获得进入国际市场的通行证，提升企业的长期盈利能力。

因此，企业要可持续经营，仅仅考虑与自己相关的利益是不够的，还要主动承担社会责任。在管理创业团队时，要使团队成员充分认识到，履行社会责任对企业的可持续发展非常重要。团队成员勇于承担社会责任，在为经济社会做贡献的同时，能够树立企业良好形象，获得外界的美誉和信任，得到顾客的认可和利益相关者的认同，能创造出更大的企业价值，更好地实现企业的长远目标。

在企业界，创业者通常被定义为组织、管理一个生意或企业，承担风险并从中得益的人。创业者要有宽阔的视野、卓越的思想、良好的人脉、过人的胆识和持续的创新，创业者应具备人际沟通能力、组织管理能力、机会识别能力、战略管理能力等。创业团队对于创业活动具有极其重要的作用。一般说来，创业团队可分为星状创业团队、网状创业团队和虚拟星状创业团队。创业团队的组建应遵守目标明确合理原则、互补原则、精简高效原则、动态高效原则；企业团队的管理应建立信任，合理授权，积极沟通，善于倾听，考核管理，赏罚分明，共同学习。创业企业要合法经营，照章纳税，爱护资源，保护环境，重视安全，珍惜生命，融入当地，服务社区，勇于承担社会责任。

第八章
创业的商业模式

第一节　商业模式概述

在激烈的市场竞争中，越来越多的企业高层管理者们清醒地认识到：每个强大的公司背后都有一套行之有效且独具特色的商业模式，这正是这些公司在市场竞争中取得优势地位的关键。一种好的商业模式很可能成为企业在激烈的市场竞争中克敌制胜、基业长青的法宝。如以物流、数据库建设以及为顾客创造价值为核心的沃尔玛模式，以低库存成本、不断聆听消费者的意见和直接销售为核心的戴尔模式，不仅为企业带来丰厚的利润回报，而且奠定了企业在市场竞争中的优势地位。对于企业的成功而言，商业模式创新比产品和服务创新显得更为重要。

一、商业模式的内涵

深入研究、构建和创新商业模式，首先必须准确界定商业模式的本质内涵。正确理解和把握商业模式的科学内涵是企业找到适合自身特点商业模式的关键，也是提高企业核心竞争力和可持续发展能力的前提和基础。

商业模式也译为商务模式、经营模式或业务模式。商业模式的定义可分为三类，即经济类、运营类、战略类。

经济类定义将商业模式看作是企业的经济模式，是指"如何赚钱"的利润产生逻辑，相关变量包括收益来源、定价方法、成本结构和利润等。商业模式是企业能够获得并保持其收益流的逻辑陈述。商业模式的最根本内涵是企业为了自我维持，赚取利润而经营商业的方法，进而清楚地说明企业如何在价值链（价值系统）上进行定位，获取利润。

运营类定义关注企业内部流程及基本构造问题，相关变量包括产品或服务交付方式、管理流程、资源流、知识管理等，重点在于解释企业通过何种内部流程和基本构造设计来创造价值。商业模式是一个组织在明确外部假设条件、内部资源和能力的前提下，用于整合组织本身、顾客、供应链伙伴、员工、股东或利益相关者来获取超额利润的一种战略创新意图、可实现的结构体系以及制度安排的集合。

战略类定义关注企业的战略、市场定位、组织边界、竞争优势及其可持续性，相关变量包括价值创造、差异化、愿景和网络等。商业模式是对企业及其合作伙伴为获得可持续的收入流，创造目标顾客群体架构、营销、传递价值和关系资本的描述。

国内研究学者原磊在莫里斯的分类观点基础上，增加了整合类研究视角。他认为，商业模式不应当仅仅是对企业经济模式和运营结构的简单描述，也不应该是企业不同战略的简单加和，而是要超越这些孤立和片面的描述，从整体上和经济逻辑、运营结构与战略方向三者之间的协同关系上说明企业商业系统运行的本质。例如，莫里斯等在考察众多商业模式定义的基础上，给商业模式下了一个整合定义：商业模式是一种简单的陈述，旨在说明企业如何对战略方向、运营结构和经济逻辑等方面一系列具有内部关联性的变量进行定位和整合，以便在特定的市场上建立竞争优势。

二、商业模式的本质

价值的创造和实现是企业活动的核心，也是企业商业模式的核心。商业模式本质上是企业的价值创造和价值实现的平衡过程，而价值创造和价值实现离不开顾客、伙伴和社会等影响因素。每个企业努力构建符合自身特点的价值网络，从而把它打造成企业有价值、稀缺、不可模仿和不可替代的资源，不断创造出可持续的竞争优势。因此我们应当从客户价值、伙伴价值、企业价值和社会价值四个视角来研究企业的商业模式。另外，从层次上看，客户价值、伙伴价值、企业价值和社会价值四者处在价值网络中的不同层次。客户价值是前提，只有实现客户价值，企业才能生存和发展；伙伴价值是支撑，没有合作伙伴的支持和帮助，企业将寸步难行；企业价值是目标，企业实现利润，才有动机和能力持续发展；社会价值是保证，企业也是社会中的一员，应该承担相应社会责任，才能实现长远发展。

三、商业模式的特点

虽然各种理论对商业模式的定义还无法达成共识，但对于成功商业模式特点的认识较为一致。普遍认为，成功的商业模式具有如下共同特点：

（一）差异性与难以模仿性

成功的商业模式具有明显的差异性和难以模仿性。每个企业因环境、资源、定位、产品或服务、目标群体等因素，造成其商业模式存在差异性。成功的企业往往善于根据环境、资源、自身特点等因素来构建符合自身发展要求又与竞争对手保持距离的商业模式。

这让竞争对手难以在短时间内复制、模仿和超越，从而能够帮助企业形成独特的、难以为竞争对手所模仿的竞争能力。

（二）前瞻性

商业模式的前瞻性要求企业决策者在构建商业模式时要把眼光放得长远，要有敏锐的洞察力和预见性，提前谋划，赢得主动，这一点对于创业者至关重要。很多富有激情的创业者以为只要把产品或服务做好就可以创业成功，并没有认真考虑和设计符合自身定位和特点的商业模式，当碰到相应问题、处处碰壁、企业发展陷入停滞时，方才发现商业模式的重要性，这在无形中浪费了大量宝贵的资源和时间。因此，企业决策者特别是初创者应该高度重视商业模式，认真筹划做好前期工作，未雨绸缪，不能等到出现问题才想起要构建商业模式。

（三）有效性

商业模式的有效性要求商业模式中价值创造和价值回收这两大环节能够实现高效运转和平衡。一方面，能够较好地识别并满足客户需求，做到客户满意，不断挖掘并提升客户的价值。另一方面，能够提高自身、合作伙伴和社会的价值，创造良好的经济社会效益。同时，能够有效地平衡企业、客户、合作伙伴、竞争者和社会之间的关系，既要关注客户，又要企业盈利，还要比竞争对手更好地满足市场需求。

（四）系统性

商业模式是一个由多种环节和因素构成的系统工程。在这个系统中各个因素相互联系、相互影响、相互作用，共同形成一个统一的有机整体。戴尔的直销模式之所以成功，其重要原因之一是戴尔具有低于四天的存货周转期，这种高周转率直接带来了低资金占用率和低成本效益，使得戴尔的产品价格低，具有竞争对手不可比拟的优势。戴尔的低库存、高周转率正是来自其核心生态系统内采购、产品设计、订货和存货管理、制造商及服务支持等一系列生态链中相关活动的整体联动所产生的协同作用，这是其核心竞争力所在。

（五）动态适应性

商业模式是一个动态的概念。也就是说，商业模式不是一成不变的，它可以随着企业的发展而发生变化。当企业的资源、行业地位等发生变化时，商业模式可以进行更新和调整。好的商业模式必须始终保持必要的灵活性和应变能力，企业具有动态匹配的商业模式才能获得成功。为了保持竞争性，企业需要不断开发和调整其商业模式以适应企业的新发展和新要求。

四、构建商业模式的意义

第一，构建商业模式有助于企业全面、系统地思考价值创造与价值回收的问题，为企业家系统地思考本企业的经营问题提供了一种有效的战略分析工具。

商业模式不仅审视企业自身内部环境，还着眼处理企业与外部环境之间的关系，侧重于描绘企业的价值创造、传递和回收方式。商业模式不仅有助于企业明确自己与其他企业之间的分工和联系，还有助于企业从中识别和确定关键的资源和流程。因此，企业不仅可以通过商业模式来界定自己的业务或经营边界，而且还能把价值创造与价值回收机制进行高效平衡，从而明确自身的核心优势，从更加宏观的视角来观察和发现自己的优势和劣势，更容易发现自身存在的战略问题。

第二，构建商业模式有助于提高企业的核心竞争力，增强企业可持续发展能力。

企业要想实现可持续发展，提高核心竞争力是关键。核心竞争力是一个企业长期获得竞争优势的能力，是企业所特有、能够经得起时间考验、具有一定排他性并且是竞争对手难以模仿的模式或能力。企业通过核心竞争力来支持自身的竞争优势，再通过竞争优势来确保自身的可持续发展。商业模式最重要的价值就是将企业内部资源、能力和外部环境同时纳入企业持续、健康成长的框架。企业要想在竞争中战胜竞争对手，就必须建立具有差异性、创造性的商业模式，从而提高企业核心竞争力。商业模式通过构建具有差异性和难以模仿的流程、模式和机制提高企业抵御风险的能力，增强企业应对未来竞争和挑战的能力，从而增强企业可持续发展能力。

第三，构建商业模式有助于提高创业成功率。

创业者往往过于注重产品技术研发，而忽略了商业模式的重要性。大多数创业者一旦发现创业机会，就迫不及待地去进行产品技术研发，结果常以失败而告终。其实，创业失败的原因并不是创业者工作不努力或机会不好，而是创业者没有认真思考如何构建自己的商业模式，没能把握好创业机会的内在经济逻辑。创业者一味地注意价值创造因素，重视满足顾客需求和解决实际问题，但却忽视了同样重要的价值回收，忽视了可行性分析和获取收益，这已成为许多企业失败的主要原因。初创企业利用商业模式可以更加全面地对创业活动进行思考，能有效避免匆忙创业造成的失误，从而提高创业成功率。

第二节 商业模式的构成要素

商业模式具有四大关键要素，主要包括核心战略、战略资源、伙伴网络和顾客界面。

一、核心战略

核心战略从企业的使命、产品／市场范围、战略选择等方面阐述如何与竞争对手进行竞争。

（一）企业的使命

企业的使命包括企业为什么存在、企业采用什么样的商业模式、企业需要实现的目标等。例如，成为世界上最成功的电脑公司是戴尔公司的使命，公司在其所服务的市场上传递最佳的顾客体验；把星巴克建成世界第一流的高品质咖啡店是美国星巴克公司的使命，公司成长的同时毫不妥协地维持企业利益；用热情、友善、自豪和充满企业精神的态度展现最高品质的顾客服务是美国西南航空公司的使命。在不同程度上，使命表达了企业优先考虑的事项，并设置了衡量企业绩效的标准。

（二）产品／市场范围

产品／市场范围定义了企业最为关注的产品和市场，也就是企业要确定自己的目标顾客群，并确定为顾客提供什么样的产品或服务。首先，产品的定位影响企业商业模式的选择。例如，亚马逊网站为网上书店而创建，现在已开始销售 CD、DVD、珠宝盒、服装等其他产品，并且商业模式逐渐拓宽，涉及出版商之外的其他很多供应商和伙伴关系的管理。其次，市场范围也是核心战略的重要因素。

（三）战略选择

企业选择的战略会对它的商业模式产生很大影响。成本领先战略要求商业模式专注于效率、成本最小化和大批量，强调以低单位成本为顾客提供标准化产品和服务，从而成为业内低成本经营企业。由于专注于低成本而非舒适性，成本领先的企业不会追求产品的新颖性。差异化战略要求商业模式集中于开发独特的产品和服务，满足顾客独特的需求，彰显其特色和优势，产品和服务的定价明显高于低成本战略。而且采用差异化战略的企业把大量精力和财力用于创造品牌忠诚度上，通过培养忠诚度而获得核心竞争力。目标集聚战略则要求企业选择业内一种或一组细分市场，并量体裁衣为这一细分市场服务，从而获得核心竞争力。

二、战略资源

战略资源主要包括企业的核心竞争力和战略资产，它们共同影响着企业的商业模式。

（一）核心竞争力

核心竞争力是一种资源或者能力，是难以模仿和超越的产品或市场的独特技术或能力。企业的核心竞争力决定企业的短期目标和长期目标。短期内，核心竞争力使企业实现差异化，并创造独特价值。例如，戴尔公司的核心竞争力包括供应链管理、有效装配产品和服务于企业客户，所以它的商业模式使它能够向企业客户提供低价格、新技术、优良售后服务的计算机。从长远看，它通过核心竞争力的成长建立了市场优势地位。例如，戴尔公司已经建立了装配和销售个人计算机方面的核心竞争力，并开始将它们移向计算机服务和其他电子设备市场。

（二）战略资产

战略资产是企业拥有的稀缺、有价值的事物，包括工厂和设备、位置、品牌、专利、顾客数据信息、高素质员工和独特的合作关系等。特别有价值的战略资产是企业的品牌，企业最终试图把自己的核心竞争力和战略资产综合起来创造可持续的竞争优势。

三、伙伴网络

资源短缺的新创企业更需要依赖其他合作伙伴才能发挥重要作用。戴尔公司利用自己装配计算机专业技术的差异化优势，从英特尔公司那里购买芯片，依靠联合包裹服务公司和联邦快递公司递送产品，在经营过程中寻找顶级的合作伙伴网络而取得成功。戴尔公司当然可以自己制造芯片，建立一个遍布全球的物流系统，但它在这方面不具有核心竞争力，不能实现利润的最大化，最佳选择是寻找一流的合作伙伴。企业的伙伴网络包括供应商和其他合作者。

（一）供应商

供应商是向企业提供零部件或服务的企业。大部分企业有供应商，它们在企业商业模式的运作中起重要作用。传统企业一般有多个供应商，供应商之间是竞争关系，比谁的价格最优惠。如今，企业更多地将精力放在如何推动供应商高效率完成工作上。例如，戴尔公司使用高级软件保证与供应商的密切关系，以此来提高供应链的绩效。

（二）其他合作者

其他合作者包括合资企业、合作网络、社会团体、战略联盟和行业协会，它们都参与商业模式的有效运作。普华永道调查发现，美国超过半数的快速成长企业组建多元化的合作关系，保证自己的商业模式有效运作，给企业带来了更多的创新产品、更多有益的机会和高成长率。

虽然伙伴网络有诸多优点，但有研究发现，企业联盟的失败率比较高，多因计划设计不够完善、文化融合失败。合作关系也存在风险，也有潜在劣势，如专有信息丢失、管理复杂化、财务和组织风险、依赖伙伴的风险以及决策自主权部分丧失等。

四、顾客界面

顾客界面是指企业如何与顾客相互作用，与顾客相互作用的类型依赖于企业选择的竞争方式。

对新创企业来说，顾客界面包括目标市场、销售实现与支持、定价结构三个因素。

（一）目标市场

著名的市场营销学者麦卡锡提出应当把消费者看作一个特定的群体，称为目标市场。营销大师科特勒给出的定义是：所谓目标市场，就是指企业在市场细分之后的若干"子市场"中，所运用的企业营销活动之"矢"而瞄准的市场方向之"的"的优选过程。因此，目标市场是企业在某个阶段追求或尽力吸引的个人或企业群体。目标市场将影响企业获得战略资产、培育合作关系以及开展推广活动等，使企业能够将营销和推广活动聚焦，并且能够专注于与特定市场匹配的核心竞争力。

由于企业能够生产的产品是有限的，产品一般也只能满足社会中一部分人的需求，而消费者的需求是无限的，所以，企业应该按消费者的特征把整个潜在市场细分成若干部分，根据产品本身的特性，在市场细分的基础上选择某部分或几部分消费者群体作为目标市场。例如，现阶段我国城乡居民对手机的需求，可分为高档、中档和普通三种。根据市场需求，33%的消费者需要物美价廉的普通手机，52%的消费者需要使用质量可靠、价格适中的中档手机，16%的消费者需要美观、轻巧、耐用的高档手机。手机生产厂家中大都以中档、普通手机为生产营销的目标，因而市场出现供过于求。如果某一手机厂家选定16%的消费者目标，优先推出质优、价格合理的新型高级手机，就会受到部分消费者的欢迎，从而迅速提高市场占有率。企业目标市场选择的基本要求有三点。

第一，组成细分市场的消费者群体具有类似的消费特性。

第二，细分市场尚未被竞争者控制、垄断，企业能够占领市场。

第三，细分市场有一定的购买力，企业可以获得更多的利润。

通过市场细分，有利于明确目标市场；通过市场营销策略的应用，有利于满足目标市场的需要。即目标市场就是通过市场细分后，企业准备以相应的产品和服务满足其需要的一个或几个子市场。

（二）销售实现与支持

销售实现与支持即企业如何将产品或服务推入市场，如何送达顾客。它对企业商业模式的形式与特征影响重大。

假定有一家新创企业开发出一项移动电话技术，并为此申请了专利。企业在如何把该技术推向市场的问题上有三种选择。

第一，将技术以特许经营方式转让给现有移动电话企业。

第二，自己生产移动电话，并建立自己的销售渠道。

第三，与某个移动电话公司合作生产，并通过与移动电话服务提供商的合作关系来销售电话。

由此可见，企业销售实现与支持影响企业的商业模式。如果企业将技术进行特许经营，就需要建立起"高研发支持"的商业模式，需要不断获得领先技术，并向移动电话制造商要求授予特许权；如果决定自产手机，就一方面需要加强制造和设计方面的核心竞争力，另一方面需要加强与手机零售商的合作关系，此外，还需要实现产品和服务差异化，通过高水平的服务和支持向顾客提供附加价值。

（三）定价结构

成功的企业需要计划周密地建立一个强有力的定价基础架构，它能支撑和维持卓越的定价职能。

第一，要建立一个最关键的定价流程。很多企业做出关键定价决策的流程是随意的，甚至是被动的，缺乏做出定价决策前期的基础分析，而导致定价决策缺少结构性和系统性。

第二，确定"拥有"和运行定价权的主体机构。这个机构要保持对绩效管理的持续关注，在考虑整个企业战略的情况下改进其定价绩效，同时负起达到或超过预期目标的责任。

第三，要有一套完善的定价系统和工具，使定价流程便于操作。按照流程、组织、绩效管理、系统和工具的先后顺序实施定价管理，增强了定价的科学性和合理性。

定价决策以及定价流程，在不同的企业和行业会有所不同。例如，一家商业性化学制品企业会着重考虑行业的供需关系，使产品价格与市场水平保持一致。一个消费电子产品制造商会重点关注客户价值，利用焦点小组和其他最优选择的定价信息来制定和调整其价格表。一个工业零部件制造商会重点关注对不同的产品和批量给予价格折扣的管理规则和政策。

企业的定价结构随定价原则、目标市场的变化而变化。定价决策时，还要关注特殊的价格要求或例外情况，而这种定价管理往往容易失控。为了更有效地管理和控制易失控的例外定价，企业可以创建先进的流程来审核它们。利用积极有效的"价格审核组"，对要求实行例外价格的申请进行严格的评估把关，跟踪它们的频度和程度，分析交易的经济性，并向卖方提供符合现行价格水平的实际指导价。

总之，新创企业必须全面审视自己，重视商业模式的作用，根据自身核心战略及资源优势构建商业模式。

第三节 商业模式的构建工具——商业模式画布

商业模式画布是一种常用的商业模式分析和构建工具。该工具由九个商业模式模块组成（客户细分、价值主张、渠道通路、客户关系、收入来源、核心资源、关键业务、重要合作和成本结构），以便进行可视化的描述和分析。这九个商业模式模块组成了构建商业模式的便捷工具。这个工具类似于画家的画布，其中预设了九个空格，创业者可以在上面画上相关模块，来描述现有的商业模式或设计新的商业模式。

一、客户细分

（一）客户细分的概念

客户细分是指企业或机构所服务的一个或多个客户分类群体。客户是任何商业模式的核心。没有（可获益的）客户，就没有企业的长治久安。为了更好地满足客户需求，企业可以把客户分成不同的细分市场，每个细分市场中的客户具有共同的需求、共同的行为和其他共同的属性。企业必须决定服务哪些细分市场，忽略掉哪些细分市场。一旦决定了所要服务的客户群，企业就可以凭借对特定客户群体需求的深刻理解，仔细设计相应的商业模式。客户群可以按照不同的标准来划分，例如，可以按照不同的提供物（产品或服务）、不同的分销渠道、不同类型的关系、不同的盈利能力（收益性）和客户对产品和服务的不同方面付费等进行分类。

（二）客户细分的类型

1. 大众市场

聚焦于大众市场的商业模式在不同的客户细分之间没有多大区别。价值主张、渠道通路和客户关系全都聚焦于一个大范围的客户群组，在这个群组中，客户具有大致相同的需求和问题，这类商业模式经常能在消费类电子行业中找到。

2. 利基市场

以利基市场为目标的商业模式迎合特定的客户细分群体。价值主张、渠道通路和客户关系都针对某一利基市场的需求特点定制。这样的商业模式常常可以在供应商-采购商的关系中找到。例如，很多汽车零部件厂商严重依赖于主要汽车生产工厂的采购。

3. 区隔化市场

有些商业模式在略有不同的客户需求及困扰的市场细分群体间会有所区别。例如，瑞士信贷的银行零售业务在拥有超过 100 000 美元资产的客户群体与拥有超过 500 000 美元资产的群体之间的市场区隔就有所不同。这些客户细分有很多相似之处，但又有不同的需求和困扰。这样的客户细分群体影响了瑞士信贷商业模式的其他构造块，诸如价值主张、渠道通路、客户关系和收入来源。瑞士微型精密系统公司专门提供外包微型机械设计和生产解决方案业务，服务于三个不同的客户细分群体——钟表行业、医疗行业和工业自动化行业，它为这些行业所提供的价值主张略有不同。

4. 多元化市场

具有多元化客户商业模式的企业可以服务于两个具有不同需求和困扰的客户细分群体。例如，亚马逊决定通过销售云计算服务使其零售业务多样化，即在线存储空间业务与按需服务器使用业务。因此亚马逊开始以完全不同的价值主张迎合完全不同的客户细分群体——网站公司。这个策略可以实施的根本原因是亚马逊强大的 IT 基础设施能被零售业务运营和新的云计算服务所共享，实现经营的多样化。

5. 多边平台或多边市场

有些企业服务于两个或更多的相互依存的客户细分群体。例如，信用卡公司需要大范围的信用卡用户，同时也需要大范围可以受理那些信用卡的商家。同样，企业提供的免费报纸需要大范围的读者，以便吸引广告。另一方面，它还需要广告商为其产品及分销提供资金。这需要双边细分群体才能让这个商业模式运转起来。

二、价值主张

（一）价值主张的概念

价值主张模块用来描绘为特定客户细分群体创造价值的系列产品和服务。价值主张是客户转向一个公司而非另一个公司的原因，它解决了客户困扰或者满足了客户需求。每个价值主张都包含可选的系列产品或服务，以迎合特定客户细分群体的需求。在这个意义上，价值主张是公司提供给客户的受益集合或者系列。有些价值主张可能是创新的，并表现为一个全新的或"破坏性"的提供物（产品或服务），而另一些可能与现存市场提供物（产品或服务）类似，只是增加了功能和特性。

（二）价值主张的内容

价值主张通过满足细分群体需求的独特组合来创造价值。价值可以是定量的（如价格、服务速度）或定性的（如设计、客户体验）。下面这些要素有助于为客户创造价值。

1. 新颖

有些价值主张满足客户从未感受和体验过的全新需求，以前从来没有类似的产品或服务。这通常与技术有关，例如，移动电话围绕移动通信开创了一个全新的行业。

2. 性能

改善产品和服务性能是一个传统意义上创造价值的普遍方法。个人计算机行业依赖于这个传统的因素，不断向市场推出更强劲的机型。但性能的改善似乎也有局限，例如，近几年更快速的计算机、更大的磁盘存储空间和更好的图形显示功能都未能在用户需求方面促成对应的增长。

3. 定制化

定制产品和服务通过满足个别客户或客户细分群体的特定需求来创造价值。近几年来，大规模的定制客户参与制作的概念显得尤为重要。这个方法有序地定制产品和服务，同时还可以利用规模经济优势。

4. 设计

设计是一个重要但又很难衡量的要素。产品可以因为优秀的设计脱颖而出。在时尚和消费类电子产品中，设计是价值主张中一个特别重要的部分。

5. 品牌 / 身份地位

客户可以通过使用某一特定品牌而呈现价值。例如，劳力士手表象征着财富。

6. 价格

以更低的价格提供同样品质的价值是满足价格敏感客户细分群体的通常做法，但是低价主张对于商业模式的其余部分有更重要的含义。经济航空公司，诸如西南航空公司、易捷航空公司、瑞安航空公司都设计了全新的商业模式，以便使低价航空旅行成为可能。另一个基于价格的价值主张例子是印度塔塔集团设计制造的 Nano 新型汽车。它以令人惊叹的低价使印度全民都买得起汽车。如今，免费产品和服务开始越来越多地渗透到各行各业。

7. 成本削减

帮助客户削减成本是创造价值的重要方法。例如，salesforce.com 公司销售在线的客户关系管理系统（CRM）应用，这项服务减少了购买者的开销，免除了用户自行购买、安装和管理 CRM 软件的麻烦。

8. 风险抑制

当客户购买产品和服务的时候，帮助客户抑制风险也可以创造客户价值。对于二手汽车买家来说，为期一年的服务担保规避了在购买后发生故障而需要修理的风险。

9. 可达性

把产品和服务提供给以前接触不到的客户是另一个创造价值的方法。这既可能是商业模式创新的结果，也可能是新技术的结果，或者兼而有之。例如，奈特捷航空公司以普及私人飞机拥有权概念而著称。通过应用创新的商业模式，奈特捷航空向私人及企业提供私人飞机的权限。在此之前这项服务对绝大部分客户来说都很难支付得起。同样，基金是通过提升可达性来创造价值的另一个例子。这种创新的金融产品使那些有一定经济能力的人建立多元化的投资组合成为可能。

10. 便利性 / 可用性

使事情更方便或易于使用可以创造客观的价值。苹果公司的 iPad 和 iTunes 为用户提供了在搜索、购买、下载和收听数字音乐方面前所未有的便捷体验。现在，苹果已经主导了市场。

三、渠道通路

（一）渠道通路的定义

渠道通路模块用来描绘公司是如何沟通、接触其客户细分群体而传递其价值主张的，沟通、分销和销售渠道构成了公司与客户的接口界面。渠道通路是客户接触点，它在客户体验中扮演着重要角色。

（二）渠道通路的功能

渠道通路主要具有如下几个方面的功能：

第一，提升公司产品和服务在客户中的认知；

第二，帮助客户评估公司价值主张；

第三，协助客户购买特定产品和服务；

第四，向客户传递价值主张；

第五，提供售后客户支持。

渠道依次具有认知、评估、购买、传递、售后五个不同的阶段，每个渠道都能经历部分或全部阶段。我们可以区分直销渠道和非直销渠道，也可以区分自有渠道和合作伙伴渠道。

在把价值主张推向市场期间，找准接触客户的正确渠道组合是至关重要的。企业组织可以选择通过其自有渠道、合作伙伴渠道或两者的混合来接触客户。自有渠道可以是直销的，例如内部销售团队或网站，也可以是间接的，例如团体组织拥有或运营的零售商店渠道。合作伙伴渠道是间接的，同时在很大范围上可供选择，例如分销批发、零售或者合作伙伴的网站。

虽然合作伙伴渠道利润较低，但企业可以凭借合作伙伴的强项，扩展企业接触客户的范围和收益。自有渠道和部分直销渠道有更高的利润，但是其建立和运营的成本都很高。渠道管理的诀窍是在不同类型渠道之间找到适当的平衡点，整合它们来创造令人满意的客户体验，同时使收入最大化。

四、客户关系

（一）客户关系的概念

客户关系模块用来描绘公司与特定客户细分群体建立的关系类型。企业应该与每个客户细分群体建立关系。客户关系可以被以下几个动机所驱动：客户获取、客户维系、提升销售额（追加销售）。

例如，早期移动网络运营商的客户关系由积极的客户获取策略所驱动，包括免费移动电话等。当市场饱和后，运营商转而聚焦于客户保留以及提升来自单客户的平均收入。

商业模式所要求的客户关系深刻地影响着全面的客户体验。

（二）客户关系的类型

1. 个人助理

这种关系类型基于人与人之间的互动。在销售过程中或售后阶段，客户可以与客户代表交流并获取帮助。在销售地点，可以通过呼叫中心、电子邮件或其他销售方式等个人助理手段来进行。

2. 专用个人助理

这种关系类型为单一客户安排专门的客户代表。它是层次最深、最亲密的关系类型，通常需要较长时间来建立。例如，私人银行服务会指派银行经理向高净值个人客户提供服务。在其他商业领域也能看到类似的关系类型，关键客户经理与重要客户保持着私人联系。

3. 自主服务

在这种关系类型中，公司与客户之间不存在直接的关系，而是为客户提供自主服务所需要的所有条件。

4. 自动化服务

这种关系类型整合了更加精细的自动化过程，用于实现客户自助服务。例如，客户可以通过在线档案来定制个性化服务。自动化服务可以识别不同客户及其特点，并提供与客户订单或交易相关的信息。最佳情况下，良好的自动化服务可以模拟个人助理服务的体验（例如推荐图书或电影）。

5. 社区

目前各公司正越来越多地利用用户社区与客户 / 潜在客户建立更为深入的联系，并促进社区成员之间的互动。许多公司都建立了在线社区，让其用户交流知识和经验，解决彼此的问题。社区还可以帮助公司更好地理解客户需求。

6. 共同创作

许多公司超越了传统的客户 – 供应商关系，而倾向于和客户共同创造价值。亚马逊书店就邀请顾客来撰写书评，从而为其他图书爱好者提供价值。有的公司还鼓励客户参与到全新产品和创新产品的设计过程中来。还有一些公司，例如 YouTube，请用户来创作视频供其他用户观看。

五、收入来源

(一) 收入来源的概念

收入来源模块用来描绘公司从每个客户群体中获取的现金收入（需要从创收中扣除成本）。如果说客户是商业模式的心脏，那么收入来源就是动脉。

企业必须问自己，什么样的价值能够让各客户细分群体真正愿意付款。只有回答了这个问题，企业才能在各客户细分群体上发掘一个或多个收入来源。每个收入来源的定价机制可能不同，如固定标价、谈判议价、拍卖定价、数量定价或收益管理定价等。

一个商业模式可以包含两种不同类型的收入来源：第一，通过客户一次性支付获得的交易收入。第二，客户为获得价值主张与售后服务而持续支付的费用。

(二) 收入来源的方式

1. 资产销售

最为人熟知的收入来源方式是销售实体产品的所有权。如亚马逊在线销售图书、音乐、消费类电子产品和其他产品。菲亚特销售汽车，客户购买之后可以任意驾驶、转售甚至破坏。

2. 使用收费

这种收入来源于特定的服务收费。客户使用的服务越多，付费越多。电信运营商可以按照客户通话时长来计费。旅馆可以按照客户入住天数来计费。快递公司可以按照运送地点的距离来计费。

3. 订阅收费

这种收入来源于销售重复使用的服务。一家健身房可以按月或按年以会员制订阅方式来销售健身设备的使用权。

4. 租赁收费

这种收入来源于针对某个特定资产在固定时间内的暂时性排他使用权的授权。对于出借方而言，租赁收费可以带来经常性收入。而租用方或承租方可以仅支付限时租期内的费用，而无需承担购买所有权的全部费用。如 Zipcar 提供了一个很好的例子。该公司可以让客户在北美各大城市按小时租车。Zipcar 的服务导致许多消费者决定租赁汽车而不再购买汽车。

5. 授权收费

这种收入来源于将受保护的知识产权授权给客户使用，并换取授权费用。授权方式可以让版权持有者不必将产品制造出来或者将服务商业化，仅靠知识产权本身即可产生收入。授权方式在媒体行业非常普遍，内容所有者保留版权，但是可以将使用权销售给第三方。在技术行业，专利持有人授权其他公司使用专利技术，并收取授权费作为回报。

6. 经纪收费

这种收入来源于为了双方或多方之间的利益所提供的中介服务而收取的佣金。例如，信用卡提供商作为信用卡商户和顾客的中间人，从每笔销售交易中抽取一定比例的金额作为佣金。同样，股票经纪人和房地产经纪人通过成功匹配卖家和买家来赚取佣金。

7. 广告收费

这种收入来源于为特定的产品、服务或品牌提供广告宣传服务。传统意义上，媒体行业和会展行业均以此作为主要收入来源。近几年，其他行业包括软件和服务行业也开始逐渐向广告收入倾斜。

每种收入来源都可能有不同的定价机制，定价机制的选择就产生的收入而言会有很大的差异。定价机制主要有两种形式：固定定价和动态定价。

六、核心资源

（一）核心资源的概念

核心资源用来描绘让商业模式有效运转所必需的最重要因素。每个商业模式都需要核心资源，这些资源使得企业组织能够创造和提供价值主张、接触市场、与客户细分群体建立关系并赚取收入。不同的商业模式所需要的核心资源有所不同。例如，微芯片制造商需要资本集约型的生产设施，而芯片设计商则需要更加关注人力资源。

核心资源可以是实体资产、金融资产、知识资产或人力资源。核心资源既可以是自有的，也可以是公司租借的或从重要伙伴那里获得的。

（二）核心资源的分类

1. 实体资产

实体资产包括诸如生产设施、不动产、汽车、机器、系统、销售网点和分销网络等。沃尔玛和亚马逊等零售企业的核心资产就是实体资产，且均为资本集约型资产。沃尔玛拥有庞大的全球店面网络和与之配套的物流基础设施。亚马逊拥有大规模的 IT 系统、仓库和物流体系。

2. 知识资产

知识资产包括品牌、专有知识、专利和版权、合作关系和客户数据库，这类资产日益成为强健商业模式中的重要组成部分。知识资产的开发很难，但成功建立后可以带来巨大价值。

快速消费品企业例如耐克和索尼主要依靠品牌作为其核心资源。微软和 SAP 依赖多年开发所获得的软件和相关的知识产权，宽带移动设备芯片设计商和供应商是围绕芯片设计专利来构建其商业模式的，这些核心资源为公司带来了大量的授权收入。

3. 人力资源

任何一家企业都需要人力资源，但是在某些商业模式中，人力资源更加重要。在知识密集产业和创意产业中人力资源是至关重要的。例如，制药企业诺华公司在很大程度上依赖于人力资源，其商业模式基于一批经验丰富的科学家和一支强大娴熟的销售队伍。

4. 金融资产

有些商业模式需要金融资源或财务担保，例如现金、信贷额度或用来雇用关键雇员的股票期权池。电信设备制造商爱立信提供了一个在商业模式中利用金融资产的案例。爱立信可以选择从银行和资本市场筹资，然后使用其中一部分为其客户提供卖方融资服务，以确保是爱立信而不是竞争对手赢得订单。

七、关键业务

（一）关键业务的概念

关键业务模块用来描绘为了确保其商业模式可行，企业必须做的最重要的事情。任何商业模式都需要多种关键业务活动。这些业务活动是企业为了成功运营所必须实施的。如同核心资源一样，关键业务也是创造和提供价值主张、接触市场、维系客户关系并获取收入的基础。关键业务也会因商业模式的不同而有所区别。例如对于微软等软件制造商而言，其关键业务包括软件开发。对于戴尔等电脑制造商来说，其关键业务包括供应链管理。

（二）关键业务的内容

1. 制造产品

这类业务活动涉及生产一定数量和一定质量的产品，与设计、制造及发送产品有关。制造产品这一业务活动是企业商业模式的核心。

2. 问题解决

这类业务指的是为个别客户的问题提供新的解决方案。例如，咨询公司、医院和其他服务机构的关键业务是使问题得到解决。它们的商业模式需要知识管理和持续培训等业务。

3. 平台／网络

以平台为核心资源的商业模式，其关键业务是与平台或网络相关的。网络服务、交易平台、软件甚至品牌都可以看成是平台。eBay 的商业模式决定了公司需要持续地发展和维护其平台 eBay.com 网站。而维萨（Visa）的商业模式需要为商业客户、消费者和银行服务的 Visa 信用卡交易平台提供相关的业务活动。微软的商业模式则是要求管理其他厂商软件与其 Windows 操作系统平台之间的接口。此类商业模式的关键业务与平台管理、服务提供和平台推广相关。

八、重要合作

(一) 重要合作的概念

重要合作模块用来描述让商业模式有效运作所需的供应商与合作伙伴网络。企业会基于多种原因打造合作关系，合作关系日益成为许多商业模式的基石。很多公司通过创建联盟来优化其商业模式、降低风险或获取资源。

(二) 重要合作的类型

我们可以把合作关系分为以下四种类型：

第一，在非竞争者之间的战略联盟关系。

第二，在竞争者之间的战略合作关系。

第三，为开发新业务而构建的合资关系。

第四，为确保可靠供应的购买方－供应商关系。

(三) 重要合作的动机

1. 商业模式的优化和规模经济的运用

伙伴关系或购买方－供应商关系的最基本形式是设计用来优化资源和业务配置的。公司拥有所有资源或自己执行每项业务活动是不合逻辑的。优化的伙伴关系和规模经济的伙伴关系通常会降低成本，往往会涉及业务外包或基础设施共享。

2. 风险和不确定性的降低

伙伴关系可以帮助减少以不确定性为特征的竞争环境的风险。竞争对手在某一领域形成了战略联盟而在另一个领域展开竞争的现象很常见。例如，蓝光光盘格式，由一个世界领先的消费类电子、个人电脑和媒体生产商所构成的团体联合开发。该合作团体将蓝光技术推向市场，但个体成员间又在竞相销售自己的蓝光产品。

3. 特定资源和业务的获取

很少有企业拥有所有的资源或执行所有商业模式所要求的业务活动。相反，它们依靠其他企业提供特定资源或执行某些业务活动来扩展自身能力。这种伙伴关系可以根据需要，主动获取知识、许可或接触客户。例如，移动电话商可以为它的手机获得一套操作系统授权而不用自己开发。保险公司可以选择依靠独立经纪人销售其保险，而不是发展自己的销售队伍。

九、成本结构

（一）成本结构的概念

成本结构模块用来描绘运营一个商业模式所造成的所有成本。这个模块描绘了在特定的商业模式运作下所造成的最重要的成本。创建和提供价值、维系客户关系以及产生收入都会造成成本。这些成本在确定关键资源、关键业务与重要合作后可以相对容易地计算出来。然而，有的航空公司是完全围绕低成本结构来构建其商业模式的。

（二）成本结构的类型

1. 成本驱动

成本驱动的商业模式侧重于在每个地方都尽可能地降低成本。这种做法的目的是创造和维持最经济的成本结构，为此企业往往采用低价的价值主张，最大限度地实行自动化和广泛的业务外包。廉价航空公司，如西南航空、易捷航空和瑞安航空公司就是以成本驱动商业模式为特征的。

2. 价值驱动

有些公司不太关注特定商业模式设计对成本的影响，而是专注于创造价值。增值型的价值主张和高度个性化服务通常是以价值驱动型商业模式为特征的。豪华酒店的设施及其独到的服务都属于这一类。

（三）成本结构的特点

1. 固定成本

不受产品或服务的产出业务量影响而保持不变的成本，例如薪金、租金、实体制造设施。有些企业，比如那些制造业的公司，是以高比例固定成本为特征的。

2. 可变成本

随着商品或服务产出业务量的变化而按比例变化的成本。有些业务，如音乐节，是以高比例可变成本为特征的。

3. 规模经济

企业享有产量扩充所带来的成本优势。例如，规模较大的公司从更低的大宗购买费用中受益。随着产量的提升，这个因素和其他因素一起可以造成平均单位成本下降。

4. 范围经济

企业享有较大经营范围而具有的成本优势。例如，在大型企业，同样的营销活动或渠道通路可支持多种产品。

第四节 商业模式的类型

一、非绑定式商业模式

非绑定式公司认为企业是由具有不同经济驱动因素、竞争驱动因素和文化驱动因素等完全不同类型的业务组成的，可分为客户关系型业务、产品创新型业务、基础设施型业务。企业应该专注于以下三种信条之一：卓越经营、产品领先或亲近客户。客户关系型业务的职责是寻找和获取客户并为他们建立关系，产品创新型业务的职责是开发新的和有吸引力的产品和服务，而基础设施型业务的职责是构建和管理平台，以支持大量重复性的工作。企业应该将这三种业务分离，并聚焦于这三种业务类型之一。因为每一种业务类型都是由不同因素所驱动的，在同一个组织中，这些业务类型可能彼此之间冲突，或产生不利的权衡妥协。

表 8-1 非绑定式商业模式

驱动因素\业务类型	产品创新型	客户关系型	基础设施型
经济因素	更早地进入市场可以保证索要溢价价格，并获取巨大的市场份额；速度是关键	获取客户的高昂成本决定了必须获取大规模的客户份额；范围经济是关键	高昂的固定成本决定了通过大规模生产达到单位成本降低的必要性；规模是关键
竞争因素	针对人才而竞争；进入门槛低；许多小公司繁荣兴旺	针对范围而竞争；快速巩固；寡头占领市场	针对规模而竞争；快速巩固，寡头占领市场
文化因素	以员工为中心；鼓励人才创新	高度面向服务；客户至上心态	关注成本；统一标准；可预测和有效性

二、长尾式商业模式

这个概念描述了媒体行业从面向大量用户销售少数拳头产品到销售庞大数量的利基产品的转变，而每种利基产品都只产生小额销售量。

长尾式商业模式的核心是多样少量：它们关注于为利基市场提供大量产品，每种产品相对而言卖得都少。利基产品的销售总额可以与凭借少量畅销产品产生绝大多数销售额的传统模式相媲美。长尾模式需要低库存成本和强大的平台，并使得利基产品对兴趣买家来说更容易获得。

有三个经济触发因素在媒体行业引发了这种现象：

（一）生产工具的大众化

不断降低的技术成本使得个人可以接触到在几年前还昂贵得吓人的工具。如果有兴趣，任何人现在都可以录制唱片、拍摄小电影或者设计简单的软件。

(二) 分销渠道的大众化

互联网使得数字化的内容成为商品，且能以极低的库存、沟通成本和交易费用为利基产品开拓新市场。

(三) 连接供需双方的搜索成本不断下降

销售利基内容真正的挑战是找到感兴趣的潜在买家。现在强大的搜索和推荐引擎、用户评分和兴趣社区，已经让这些容易得多了。安德森的研究主要集中在媒体行业上。

三、多边平台式商业模式

多边平台被经济学家称为多边市场，是一个重要的商业现象。这种现象已经存在了很长时间，但是随着信息技术的发展，这种平台得以迅速兴起。多边平台是将两个或者更多有明显区别但又相互依赖的客户群体集合在一起的平台。它们作为连接这些客户群体的中介来创造价值。例如，信用卡连接了商家和持卡人；计算机操作系统连接了硬件生产商、应用开发商和用户；报纸连接了读者和广告主；家用视频游戏机连接了游戏开发商和游戏玩家。这里的关键是多边平台必须能同时吸引和服务所有的客户群体并以此来创造价值。

也就是说，多边平台将两个或者更多有明显区别但又相互依赖的客户群体集合在一起。只有相关客户群体同时存在的时候，这样的平台才具有价值。多边平台通过促进各方客户群体之间的互动来创造价值。

多边平台的运营商最主要的成本是运营费用，但是他们经常会通过为一个群体提供低价甚至免费的服务来吸引这个群体，并依靠这个群体来吸引与之相对的另一个群体。多边平台的运营商所面临的困难是选择哪个群体，以及以什么价格来吸引他们。

多边平台的运营商必须问自己几个关键问题：我们能否为平台各边吸引到足够数量的客户？哪边（客户）对价格更加敏感？能够通过补贴吸引价格敏感一边的用户吗？平台另一边是否可以产生充足的收入来支付这些补贴？

四、免费式商业模式

在免费式商业模式中，至少有一个庞大的客户细分群体可以享受持续的免费服务。免费服务可以来自多种模式。通过该商业模式的其他部分或其他客户细分群体，给非付费客户细分群体提供财务支持。免费式商业模式又可以分为三种类型：

(一) 免费增收商业模式：基础免费，增值收费

免费增收主要代表了基于网络的商业模式，混合了免费的基础服务和收费的增值服

务。免费增收模式中有大量基础用户受益于没有任何附加条件的免费产品或服务。大部分免费用户永远不会变成付费客户；只有一小部分，通常不超过所有用户的 10% 的用户会订阅收费的增值服务。这一小部分付费用户群体所支付的费用将用来补贴免费用户。只有在服务额外免费用户的边际成本极低的时候这种模式才成为可能。

在免费增收模式中，关键的指标是为单位用户提供免费服务的成本和免费用户变成付费用户的转化率。

（二）诱钓模式

诱钓指的是通过廉价的、有吸引力的甚至是免费的初始产品或服务来促进相关产品或服务未来的重复购买。

这种模式也被称为"亏损特价品"或者"剃刀与刀片"模式。"亏损特价品"指的是最初补贴甚至亏本提供商品，目的是使客户购买后续的产生利润的产品或服务。移动通信行业提供了一个使用免费产品的诱钓模式的好案例。现在，移动网络运营商提供绑定订阅服务的免费手机已经是标准的做法了。运营商起初赔钱免费赠送手机，但他们很容易通过后续按月服务费弥补损失。运营商以免费产品提供瞬间愉悦，随后产生经常性收入。

这种模式在商界很流行，并已被应用在许多行业，包括免费刀架所带来的刀片销售以及免费打印机带来的墨盒销售。

（三）三方市场

经济学家把这种模式称为"双边市场"：由第三方付费来参与前两方之间的免费商品交换。三方市场的一个典型例子就是电视媒体：电视媒体负责向观众免费播放新闻、娱乐节目以及广告，而广告发布商向电视媒体支付广告费，广告产生了较好的效应可以扩大自己的产品或者服务的销量，最终弥补了广告费；媒体运营商用广告费收入来弥补运营成本并获得利润。观众虽然免费收看了电视节目，但是只要观众中有极小的一部分人在观看广告后购买了广告发布商的产品，那么广告发布商就能获取广告效用的回报。

五、开放式商业模式

开放式商业模式可以用于那些通过与外部伙伴系统性合作来创造和捕捉价值的企业。这种模式可以是"由外到内"，将外部的创意引入到公司内部，也可以是"由内到外"，将企业内部闲置的创意和资产提供给外部伙伴。

开放式商业模式要求企业为了最大化商业价值，打破组织的界限，整合企业利益相关者的所有知识和资源（创意、技术等），企业内部的产品、技术、知识和智力资产可以通过授权、合资或拆分的方式向外部伙伴开放并变现，从而增强企业的价值创造和利益。

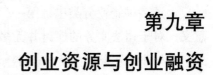

第九章
创业资源与创业融资

第一节 选择企业类型

对于创业者而言，尤其是大学生创业，个人企业、合伙企业、有限公司，究竟哪个适合你呢？

一、企业的类型

根据不同的标准，对企业可以做不同的分类。在我国，通常按以下标准对企业进行分类：

第一，根据企业隶属关系的不同，可将企业分为中央企业和地方企业两类。由国务院、国务院各部、委、办、局管理的企业，为中央企业。凡由各省、自治区、直辖市人民政府及其以下政府和政府部门管理的企业，为地方企业。

第二，根据企业生产经营内容的不同，可将企业分为工业企业、商业企业、农业企业、交通运输企业、金融企业、邮电企业、地质勘探企业、建筑安装企业、外贸企业、物资企业和水利企业等。

第三，以生产资料所有制形式为标准，可将企业分为全民所有制企业、集体所有制企业、个体私营企业、外商投资企业和联营企业五类。

第四，根据企业投资者是否具有涉外因素，可将企业分为涉外企业和非涉外企业。前者是指外商投资企业（包括外商独资企业、中外合资经营企业、中外合作经营企业），非涉外企业是指我国国内企业中除外商投资企业以外的其他企业。

第五，以出资方式和责任形式为标准，可将企业分为股份合作企业、独资企业、合伙企业和公司企业四类。股份合作企业是指两个以上劳动者按照协议，以资金、实物、技术等作为股份，自愿组织起来从事经营活动，能独立承担民事责任，依法成立的经济组织。独资企业是由单个投资主体投资组建的企业。合伙企业是两个或两个以上投资主体根据合伙合同约定共同出资、共同经营的企业。公司企业通常简称公司，是依照公司法的规定设立，以盈利为目的的具有法人资格的经济组织。

上述诸种企业分类中，第一、二、三种分类的意义主要限于行政管理和立法学上的意义，对于司法实务的探讨并无多大实际意义；第四种分类在实务上的意义主要在于涉外企业与非涉外企业在设立条件、设立程序、税费征收等方面存在不同。

二、企业类型比较

创业者首先必须做出的一个决策是所建企业的法律形式，这种初始的决策并非一成不变的。随着时间的推移，企业的发展和运作方式变化，都可能要求对企业法律形式做出调整。

依据财产组织形式和法律责任，国际上通常把企业分为三类，即公司企业、合伙企业和独资企业。但在现代高度发达的市场经济条件下，企业的组织形式日益多样化。

（一）个人独资企业

个人独资企业是指依法独立，由一个自然人投资，财产为投资者个人所有，投资人以其个人财产对企业债务承担无限责任的经营实体。

根据法律规定，设立个人独资企业应当具备以下五个条件：

第一，投资人为自然人。法律、行政法规禁止从事营利性活动的人不得作为投资人申请设立个人独资企业。

第二，有合法的企业名称。

第三，有投资人申报的出资。

第四，有固定的生产经营场所和必要的生产经营条件。

第五，有必要的从业人员。

（二）合伙企业

合伙企业是指两人以上书面协议共同投资、共同经营、共同盈亏，合伙人对企业债务负连带无限责任的企业。

根据法律规定，设立合伙企业应当具备以下五个条件：

第一，有两个以上的合伙人，且都是依法承担无限责任者。

第二，有书面的合伙协议。

第三，有各合伙人实际缴付的出资。

第四，有合伙企业的名称。

第五，有经营场所和从事合伙经营的必要条件。

法律、法规禁止从事营利性活动的人不得成为合伙企业的合伙人，如，国家公务员、机关、学校、医院、部队等机构的人员。

合伙人可以用货币、实物、土地使用权、知识产权或其他财产权利出资。对货币以外的出资需要做价值评估的，可以由全体合伙人协商确定，也可以由全体合伙人委托法定评估机构来判定。经全体合伙人协商一致，合伙人也可以劳务出资，其评估办法由全体合伙人协商确定。

合伙协议是合伙成立的依据，也是合伙人权利和义务的依据，必须以书面形式订立，且经过全体合伙人签名、盖章方能生效。合伙人依照协议享有权利，并承担责任。经合伙人协商一致，可以修改或者补充合伙协议。

（三）公司

公司是企业法人，有独立的法人财产，享有法人财产权，公司以其全部资产对公司的债务承担责任。

有限责任公司，是指股东以其认缴的出资额为限对公司承担责任。

股份有限责任公司，将全部资本分为等额股份，股东仅就所认购的股份为限，对公司的债务负清偿责任。

公司股东作为出资者按投入公司的资本额享有所有者的资产收益、重大决策和选择管理者等权利。公司享有由股东投资形成的全部法人财产权，依法享有民事权利，承担民事责任。

1. 有限责任公司的设立条件

有限责任公司由 50 名以下的股东出资设立，设立时应当具备五个条件：股东符合法定人数（50 个股东以下）；股东出资达到法定资本最低限额（有限责任公司注册资本的最低限额为人民币 3 万元，法律、行政法规对有限责任公司注册资本的最低限额有较高规定的，从其规定）；股东共同制定公司章程；有公司名称，建立符合有限责任公司要求的组织机构；有公司住所。

2. 股份有限公司的设立条件

股份有限公司的设立可以采取发起设立或者募集设立的方式。发起设立，是指由发起人认购公司应发行的全部股份而设立公司。募集设立，是指由发起人认购公司应发行股份的一部分，其余股份向社会公开募集或者向特定对象募集而设立公司。

设立股份有限公司应当具备六个条件：一是发起人符合法定人数（设立股份有限公司，应当有 2 人以上 200 以下的发起人，其中须有半数以上的发起人在中国境内有住所）；二是发起人认购和募集的股本达到法定资本最低限额；三是股份发行、筹办事项符合法律规定；四是发起人制定公司章程，采用募集方式设立的须经创立大会通过；五是有公司名称并且符合股份有限公司要求的组织机构；六是有公司住所。

股份有限公司采用发起设立方式设立的，注册资本为在公司登记机关登记的全部发起人认购的股本总额。公司全体发起人的首次出资额不得低于注册资本的百分之二十，其余部分由发起人自公司成立之日起两年内缴足；其中，投资公司可以在五年内缴足。在缴足前，不得向他人募集股份。股份有限公司采取募集方式设立的，注册资本为在公司登记机关登记的实收股本总额。股份有限公司注册资本的最低限额为500万元人民币。法律、行政法规对股份有限公司注册资本的最低限额有较高规定的，从其规定。

表9-1 各种企业类型的优缺点

企业形式	优点	缺点
个人独资企业	企业设定、转让和解散等行为手续非常方便，仅须向登记机关登记即可。 企业主独资经营，制约因素较少。经营方式灵活，能迅速应对市场变化。 利润归企业主所有，不需要与其他人进行分享。 在技术和经营方面易于保密，利于保护其在市场中的竞争地位。 若企业主因个人努力而使企业获得成功，则可以满足个人的成就感。	当个人独资企业财产不足以清偿债务时，企业主将依法承担无限责任，必须以其个人的其他财产予以清偿，因此，经营风险较大。 一般来说，个人独资企业受信用限制不易从外部获得资金，如果企业主资本有限或者经营能力不强，则企业的经营规模难以扩大。 一旦企业主发生意外事故或者犯罪、转业、破产，则个人独资企业也随之不复存在。
合伙企业	由于出资人较多，扩大了资本来源和企业信用能力。 由于合伙人具有不同的专业和经验，能够发挥团队作用，增强了企业的管理能力。 资本实力和管理能力的提高，增强了企业扩大经营规模的可能性。	在合伙企业存续期，如果某一个合伙人有意向合伙人以外的人转让其在合伙企业中的全部或部分财产时，必须经过其他合伙人的一致同意。 当合伙企业以其财产清偿合伙企业债务时，其不足部分，由各合伙人用其在合伙企业出资以外的个人财产承担无限连带清偿责任。 尽管合伙企业的资本来源及信用能力比个人独资企业有所增加，但其融资能力仍然有限，不易充分满足企业进一步扩大生产规模的资本需要。
公司企业	公司的股东只对公司承担有限责任，与个人的其他财产无关，因而股东的风险不大，并且股份有限公司的股东还可以自由转让股票而转移风险。 通过公开发行股票，提高了公司的社会声望，因而融资能力很强。 公司具有独立存续时间，除非因经营不善导致破产或停业，不会因个别股东或高层管理人员的意外或离职而消失。 个人独资企业和合伙企业相比，公司的所有权与经营管理权分离，可以聘用专职的经理人员管理公司，因而管理水平高，能够适应竞争激烈的市场环境。	公司设立的程序比较复杂，创办费用高。 按照相关法律要求，股份有限公司需要定期披露经营信息，公开财务数据。容易造成商业机密的外泄。 由于公司是从社会吸纳资金，为了保护利益相关者，政府对公司的限制较多，法律法规的要求也较为严格。

第二节 整合创业资源

　　创业的过程就是创业者建立、整合和拓展资源的过程。创业者能否成功地开发出机会，进而推动创业活动向前发展，通常取决于他们掌握和能整合到的资源及对资源的利用能力。许多创业者早期所能获取与利用的资源都相当匮乏，而优秀的创业者在创业过程中所体现出的卓越创业技能之一，就是创造性地整合和运用资源，尤其是那种能够创造竞争优势，并带来持续竞争优势的战略资源。那么，什么是创业资源？在创业初期我们能挖掘的创业资源有哪些呢？

一、创业者的资源

（一）知识资源

要实现创业的成功，深厚的知识积累绝对是不可或缺的。大家要创业，要想当个名副其实的大老板，是要会管理自己的事业的。创业是开始，守业是关键。因此，要在一开始时，就为守业打好坚实的基础，那就是知识的积累。

知识为人创造财富。教育不但可以教会人专门的技能，而且可以训练人的思维，而思想是跨入新经济的入场券。当然，不是说必须有高的学历层次，不断进行各个方面的学习和知识积累是创业者获得成功的法宝。尤其对于具备高知识含量的创业公司，开发和拥有具有完全自主知识产权的产品，对于占领市场、抵御经济风险无疑具有十分重要的意义。

（二）社会资源

如果能拥有广泛而良好的社会关系基础，那么在创业时就会事半功倍。反过来说，假如之前没有储备良好的社会关系，那么，在创业时就会比别人付出更多的劳动，甚至会有许多莫名其妙的社会势力与创业者作对，阻碍创业步伐，使创业者举步维艰。

明智的创业者，在创业之前，如果他已有意于从事某个行业，他就会尽自己的所能去结识这个行业里的知名人士，虚心向这些知名人士或成功人士请教，聆听他们的教诲，把这些作为重要的资源储备起来，以便在将来发挥作用，帮助自己解决许多实际问题。

很多创业者最初的创业想法是在朋友的启发下产生的，或干脆就是由朋友直接提出的。因此，这些人在创业成功后，都会更加积极地保持与老朋友的联系，并且广交天下友，不断地开拓自己的社交圈子。

总之，关系、智慧、知识、时间、健康等是创业者的最大资源，只要你懂得珍惜和利用，你就能走向成功。

二、关系创造财富

在人际关系中，有因血亲和姻亲产生的亲缘关系，有战友、同事、同行、上下级、主顾等业缘关系，有同学、师生、师徒等学缘关系，有邻里、同乡等地缘关系，有人生道路上偶然接触而相识、建立友谊的机缘关系。

（一）同学

同学是人际关系中的第一资源。

在《科学投资》研究的上千个创业者或企业家的案例中，在许多成功者身后都可以看到同学的身影，有少年时代的同学，有大学时代的同学，更有各种成人班级如进修班、研修班上的同学。

同学之间因为接触比较密切，彼此比较了解，同时因为青年人利害冲突少，成年后则大多数从五湖四海走到一起，彼此也甚少存在大利害冲突，所以友谊一般都较可靠，纯洁度更高。对于创业者或商人来说，是值得珍惜的最重要的外部资源之一。

（二）老师

教师是人类灵魂的工程师，他们丰富的社会阅历和学识能给你启迪，提升你的素质与能力，是你人生的导师，而桃李满天下也是一种优质的人际资源。从小学到大学，你获得无数恩师的帮助和教诲，如能长久地保持联系，将是你人生的一大资源。

（三）战友

现在大学生可以在学习期间参军入伍，与同学相似的是战友，就是指在一起当兵的人。战友们朝夕相处，共同学习生活，共同训练战斗，关键时刻相互帮助、相互支持，甚至不惜牺牲生命。这种友谊是十分珍贵的。战士退伍时刻那种难分难舍的情景，注定了他们之间的牢固友谊。他们连牺牲生命都在所不惜，创业做生意难道还有什么不能帮助和支持的？这样的例子真是太多了。

讲友情，重义气，慷慨豪爽，真诚不二，是战友关系的典型特征。因此，利用战友关系，是创业经商的成功捷径之一。

（四）同乡

可以与同学和战友相提并论的是同乡。共同的人文地理背景，使老乡有一种天然的亲近感。曾国藩用兵只喜欢用湖南人。中国历史上最成功的两大同乡帮——徽商和晋商，他们不管走到哪里，都是老乡成群结伙。正是同乡之间互为犄角、互为支援，成就了徽商和晋商历史上的辉煌。在很长一段时间内，中国几乎所有商业繁盛之地，其最惹眼、最气派的建设不是徽商会馆，就是晋商会馆。会馆者，老乡交游约会之场所也。如今，浙商、粤商、鲁商、闽商及新的徽商等畅游天下，他们或血脉相连，或乡情相通，或互通信息，或互相提携，或互相帮助，从而形成了声势浩大、所向披靡的创业经商群体。

"同乡"——这两个字眼里面蕴藏了多少"缘分"和"情结"，是我们创业经商可贵的资源。

（五）职业人脉

对创业者和企业家来说，效用最明显的首推职业资源。所谓职业资源，即创业者和企业家在创业或经商之前，为他人工作时所建立的各种资源，主要包括项目资源和人际资源。充分利用职业资源，从职业资源入手创业，符合创业活动"不熟不做"的教条。

尤其是在国内目前还没有像美国或欧洲国家一样，普遍认同和执行"竞业避止"法则的情况下，选择从职业资源入手进行创业已经成为许多人创业或经商成功的捷径和法宝。据调查，国内离职下海创业的人员，90% 以上利用了原先在工作中积累的资源和关系。

（六）朋友

朋友应该是一个总称。同学是朋友，战友也是朋友，老乡是朋友，同事一样是朋友。一个创业者、企业家或商人，三教九流的朋友都要交，谈得来，交得上，就好像十八般兵刃，到时候说不定就用上了哪般。"砖头瓦块到时也能垫墙角。"朋友犹如资本，对创业者、企业家或商人来说是多多益善。"在家靠父母，出门靠朋友"，"多一个朋友多一条路"是至理名言。靠朋友创业并走上事业顶峰的事例俯拾即是。一个创业者、企业家或商人，如果不能交朋友，或没有几个朋友，很难打开局面。"一个篱笆三个桩，一个好汉三个帮。"成功，不是上帝的恩赐，它需要自己的奋斗、朋友的帮助和机会的降临。而"朋友的帮助"则是支持你走上成功之路取之不尽的能量。这种能量在我们的事业上有着无与伦比的作用。

三、智慧创造财富

人人都向往财富，人人都在不断地追求财富。为什么财富总是青睐极少数人呢？生活中有许多人都抱怨命运的不公，或者抱怨找不出道路，其实要想富有，就要用好自己的大脑。能够成功的人都懂得为自己开辟一条道路，用独特的眼光去发现、创造商机，有智慧的人才能够在激烈的竞争中立于不败之地。不要忽视每一个小小的智慧，拥有了这些智慧，就会慢慢积累更多的经验和阅历，这些小智慧会给你带来财富，很多成功的商人就是由一个小智慧发家致富的。在精明能干的商人眼中，智慧是任何东西都不能代替的，只有智慧，才是每个人的无价之宝，也是我们一生的财富源泉。

在困境中，智慧可以为你开辟一条通往光明的大道；在失败时，智慧可以为你架起一座通往成功的桥梁。我们追寻商人们的足迹，发现了他们用小智慧赚大钱的历程。前人的历程告诉我们：智慧是创造财富的源泉。谁拥有了智慧，谁就会拥有财富。

四、知识创造财富

（一）知识资本是一座具有无限财富的"宝矿"

新经济时代的主流是知本创富，知识资本是一座具有无限财富的宝矿。在知识经济时代，人们已经深刻地认识到，知识就是资源，知识就是资本，知识就是财富。

何谓知识资本？简单地说，所谓知识资本是指以知识为主体参与企业经营活动，并为企业创造价值的资本形态。与有形的物质资本不同，知识资本是一种无形资本。资本形态经过商业资本、工业资本、金融资本后，进入知识资本时代了，谁拥有更多的知识，谁就拥有更多的主宰权。目前我们正在脱离工业文明时代，进入知识经济文明时代。在这个时代，推动社会生产发展的是知识。知识之所以成为经济增长的关键因素，当今社会之所以强调知识价值，讲知识资本，是因为知识本身就是财富。知识除了替代资本、物质成为决定生产的第一要素之外，还对各种经济要素起到优化和增效的作用。

（二）知识资本创业的五大优势

新经济时代推动社会发展的主导力量已经不是简单的劳动者的力量，也不是资本的力量，而是知识资本的力量。经营管理的资本要让位于"知识资本"，在我国，政府也意识到了知识的重要意义，确立了"科教兴国"的知识经济发展战略。当今的中国企业界也逐步认识到知识经济时代企业的参与者不再单纯是以资本入股者，而且也包括以知识入股者。正是由于知识资本的驱动，现在的世界经济已经逐步转型，由能量驱动转向由知识驱动。依靠知识资本进行创业也具有了明显优势。

1. 创业将更加容易

由于信息产业的出现和壮大，人们获取市场信息的渠道更加快捷容易。技术的日新月异、市场的快速变化、人们生活节奏与方式的变化，使创业机会大大增加。在知识经济时代，只要有愿望，人人都可以找到创业的机会。

2. 创业与成功的距离拉得更近

由于创业环境大大改善，创业所需的信息可以快捷低廉地获得，创业所需的资金也可以从风险投资家那儿得到；同时，由于企业孵化器和创业中心的大量出现，加之资本市场的发育成熟，使得从创业到成功、从投入到回报所花的时间比以往任何时候都短，使得创业成功的机会比以往任何时候都多。

3. 创业的源泉更加广泛

由于知识与技术获取渠道的增多，技术发明者与技术掌握者已经不是主要的创业者来源，知识与技术能够面对更多的人，创业行为将更加普遍。

4. 创富的速度更快

在新经济时代，一些拥有知识资本的人在较短的时间内，依靠知识资本的力量成为百万富翁再也不是梦想。其中的道理十分简单。例如，一个工人可以利用自己的手艺在8个小时之外去开修车摊、理发店或饮食摊，这也叫创业，但收入是有限的，其风吹日晒之苦就更不必说了。而这些职业对那些没有任何手艺的工人来说还难以做到，他们只能利用业余时间蹬着三轮车到火车站去拉客人。白天在厂里干了8小时，晚上又去卖苦力，辛苦自不必言，收入也很有限。靠这些小本生意和力气活可以使日子过得更好一些，但要想创富却并不容易。但是拥有知识的人却不同。假如他拥有为社会所急需的专业知识，并将他的知识转化为产品，给社会带来效益，他就会很快从中获取财富。奋斗几年成为百万富翁、千万富翁、亿万富翁已经不是可望而不可即的神话。

五、时间创造财富

"时间就是财富"不仅是一般的理论描述，而且是现实生活的反映。许多人都知道"时间就是金钱"这句名言，但没有多少人能理解"时间就是财富"。现代社会经济生活中，时间的确是财富，你抓住了时间，就得到财富；你放纵了时间，财富就从你手中溜掉了。据说，在瑞士，婴儿一出生，就会在户籍卡中为孩子登记姓名、性别、出生时间及财产等诸项内容。这里特别有趣的是，所有的瑞士人在为孩子填写拥有的财产时，写的都是"时间"二字。利用好时间是非常重要的，一天的时间如果不好好计划一下，就会白白浪费掉，就会消失得无影无踪，我们就会一无所成。经验表明，成功与失败的界限在于怎样分配时间，怎样安排时间。人们往往认为，这儿几分钟、那儿几小时没什么用，其实它们的作用很大。

六、健康创造财富

创造财富可以说是人生中最大的快乐之一，它除了能够提供多数创业者主要的智力刺激和社会互动之外，还是许多创业者能展露才能、参与竞争并获得掌声的标准。但是，如果你真的把清醒的每一分钟都用来赚钱，而完全忽略了自己的健康，那将得不偿失。强健的心理、良好的情绪与精神，都来自健壮的身体，假如你想功成名就，第一步就是要考虑健康问题。因此，当你能够出人头地之前，首先，需要学习的一个简单而重要的课题，就是如何让你自己的体格变得强壮。因为只有身体健壮的人才能具有精明的脑子和旺盛的精力。没有好的身体，在这个物质世界上，什么也甭想实现。简单地说，身体健康是创业者获得成功的"硬件"，一个创业者成功的基础是身体健康。

可现代大多数人最容易犯的一个毛病就是，对于已经拥有的东西不怎么珍惜，而对于将要失去的却总想挽留，这一点在对待健康方面体现得最为明显。当一个创业者无病无灾时，他总觉得自己是"铁打"的机器人，可以不吃不喝一天 24 小时工作。这种情况多体现在年轻力壮正当年的创业者身上，因为年轻，他们不懂得爱惜他们的身体，天天为赚钱而奔波，在商海里逐鹿争雄，总想着出人头地。不过，当到了一定的岁数，精神和体力都会明显衰退。到了百病缠身时，创业者可能要花上大量的时间用来休养和用无数的金钱进行治疗。其实，如果在年轻时就注意自己身体的保养，也可能用不了多少时间和金钱，你就会拥有一个强健的体魄。

七、创业资源开发与整合的原则

创业资源在开发、整合过程中，应注意以下原则：
第一，尽可能多地搜寻出利益相关者。
第二，识别利益相关者的利益所在，寻找共同利益。

第三，共同利益的实现需要共赢的利益机制作保证，多数情况下难以同时赢，更多是先后赢，创业者要设计出让利益相关者感觉到赢而且是优先赢的机制。

第四，强化沟通。沟通是创业者与利益相关者之间相互了解的重要手段，信任关系的建立有助于资源整合，降低风险，扩大收益。

第三节　筹措创业资金

创业融资是指创业者筹集资金的行为与过程，即创业者根据自身的生产经营状况、资金拥有的状况及未来经营发展的需要，采用一定的方式，从一定的渠道去筹集资金，组织资金的供应的行为。

另外，相关调研也发现，青年自主创业中最大的困难来自资金短缺、融资难。创业企业相比既有企业在融资时面临更多障碍：创业企业缺少甚至没有资产，无法进行抵押；创业企业没有可参考的经营情况，摸着石头过河；创业企业的融资规模相对较小，从贷款规模比较，对中小企业贷款的管理成本平均为大型企业的五倍左右。

近年来，国家出台的一系列法规为个人投资创业提供了很好的平台，然而由于个人投资多受制于资金这个瓶颈，因此，如何筹集到所需要的资金已成为个人创业最先面临的问题，而解决的关键在于能合理预测资金需要量，选择合理的融资渠道。

创业的门槛不仅在于个人的能力和素质，还在于它需要投入资金以启动项目。创业面临的第一个难题就是"启动资金从何而来"。一方面政府以优惠商业贷款或风险投资形式支持大学毕业生创业的力度有待加强；另一方面相当部分大学生的筹资渠道单一，筹资能力不足。加之许多创业者之所以创业，原因之一就是经济上并不富裕，因此，几乎完全通过自有资金开展创业活动，可能性不大，并且由于创业风险大，为了分散风险，创业者也倾向于利用外部资金进行创业。今天，在中国，包括大学毕业生在内的创业者面临的主要问题仍是资金短缺。由于社会普遍信用水平低，使得真正的创业者的融资环境恶化；融资难，不仅出现在创业企业身上，有时甚至表现在成熟的大企业身上。如何在信用制度不健全的环境下融资，是摆在每一位立志创业者面前的主要问题。

创业者面临的主要问题就是为创业融资。如何融资、何时融资和向谁融资是创业者最为关心的问题。

一、融资与融资渠道

"融资"，即资金融通，它有广义和狭义之分。广义融资指资金持有者之间流动，以余补缺的一种经济行为。它是资金双向互动的过程，不仅包括资金的融入，还包括资金的融出，即不仅包括资金的来源，还包括资金的运用。狭义"融资"指资金的融入，即资金来源。具体指企业从自身生产经营及资金运用情况出发，根据未来经营发展的需要，通过科学的预测和决策，采用一定的渠道和方式，利用企业内部积累或向企业投资者及债务人筹集资金，保证企业经济发展需要的一种经济行为。它既包括不同资金持有者之间的供应，也包括某一经济主体通过一定方式在企业内部进行的资金融通，即企业自我组织与自我调剂资金的活动。中小企业融资，即是中小企业的资金融通。资金是一种稀缺的资源，中小企业融资的实质就是对资金的配置过程。

融资渠道是指资金来源的方向与通路，体现着资金的源泉和流量。认识融资渠道的种类及每种渠道的特点，有利于企业充分开拓和正确利用融资渠道。总体而言，企业筹集资金的渠道有以下七种：

（一）国家财政资金

国家对企业的投资，历来是国有企业，包括国有独资公司的主要资金来源。现有国有企业的资金来源大部分是过去由国家以拨款方式投资形成的。

（二）银行信贷资金

银行对企业的各种贷款，是各类企业重要的资金来源。银行一般分为商业性银行和政策性银行。前者为各类企业提供商业性贷款，后者主要为特定企业提供政策性贷款。银行信贷资金有居民储蓄、单位存款等经常性的资金源泉，贷款方式多种多样，可以适应各类企业的多种资金需要。

（三）非银行金融机构资金

非银行金融机构主要有信托投资公司、租赁公司、保险公司、证券公司、企业集团的财务公司等。它们有的承销证券，有的融资融物，有的为了一定的目的而集聚资金，可以为一些企业直接提供部分资金或为企业融资提供服务。这种融资渠道的财力比银行要小，但具有广阔的发展前景。

（四）其他企业资金

企业在生产经营过程中，往往形成部分暂时闲置的资金，同时为了一定的目的也需要相互投资。这也为融资企业提供了资金来源。

（五）民间资金

企业职工和城乡居民的节余货币，可以对企业进行投资，形成民间资金渠道，为企业所利用。

（六）企业自留资

企业内部形成的资金，主要是计提折旧。提取公积金和未分配利润而形成的资金。

这是企业的"自动化"融资渠道。

（七）外面资金

外面资金是外国投资者投入的资金，是外商投资企业的重要资金来源。

二、评估筹资渠道的指标

评估筹资渠道，应该考虑下面五个方面的问题：

（一）成本与收益

与贷款的成本相比较，该筹资渠道有什么好处？

评价筹资的成本通常是看它对企业当前所有者收入可能产生的影响，而不仅是企业增加的支出。假设有一个企业要筹集 20 000 元，那么它是应该按 10% 的年利率借这笔款，还是应该卖出 25% 的股份来筹集这笔资金？如果借款，每年支付 2000 元的利息，从而减少其税前利润 2000 元，即如果原来利润是 30 000 元，则支付利息后就减少为 28 000 元。

在股权融资的情形下，因为无须支付利息，因此利润是 30 000 元。但其中只有 22 500 元归当前的所有者，因为有 7 500 元要归新的持股人。因此，股权融资情况下，利润较高，但归当前所有者的较少。

每一种筹资渠道都有成本，内部融资也一样。通过出售或变卖存货会造成一定的损失，处置生产用的机器设备可能增加营运成本。做融资决策时，应综合考虑各种融资方式相关成本。

（二）风险

筹集资金时会有一定风险。延期支付货款很可能导致供应商不满，损害自己的信誉。借来的钱要连本带利归还，因此，企业通过借债融来的资金一定要避免无法履行偿债义务。不能按时偿还债务会带来一系列不良后果，如，没收抵押、被迫破产等。唯一没有风险的资金来源就是股权资金，因为是股权投资者本身而不是经营者承担了资金的风险。

（三）灵活性

该筹资渠道会降低企业今后再融资和使用经营所得资金的灵活性和机动性吗？

资金的目的是利润，但对利润的过分关注可能导致企业在扩大规模或购置存货方面过于谨慎而错失良机。而把赊购作为主要筹资来源又常常会导致企业对少数几个供应商的过分依赖，无法得到其他供应商的价格优惠。

（四）控制

所有者对企业的控制权会受到不利影响吗？控制权削弱会阻碍创业者做出有利的决

策吗?

内部融资、借款和使用商业信用不会影响企业所有者对企业的控制。股权投资人通常有资格在一定程度上控制企业营运,但贷款机构(人)一般不参与企业事务,也不像普通股东那样有资格在公司内行使表决权。

(五)可获得性

哪种渠道的资金更容易得到?

通常,企业由于缺乏有效的资金来源而在融资时受到一定的限制。尽管有时某些渠道看起来非常可行,却并不一定能够得到。

总而言之,对每一项资金来源,都要进行成本、风险、灵活性、控制权和可获得性评估。在这些因素中,哪个更重要,哪个不那么重要,这要看具体情况。多数情况下,可获得性都是很重要的因素。另外一些情况下,则主要考虑成本因素。应在综合考虑各种情况之后做出相应的融资决策。

三、股权融资与债权融资

企业的融资方式有两类:债权融资和股权融资。股权融资是指企业的股东愿意让出部分企业所有权,通过企业增资的方式引进新的股东的融资方式。债权融资是指企业通过借钱的方式进行融资,债权融资所获得的资金,企业首先要承担资金的利息,另外在借款到期后要向债权人偿还资金的本金。见表9-2。

表9-2 股权融资与债权融资的比较

融资类型		优点	缺点
股权融资	使用个人存款	①独享全部利润; ②减少债务数量; ③失败的风险转化为成功的动力; ④向借款人展示良好信用。	①可能损失自己的资金报表; ②需要个人较大付出; ③丧失了存款用于其他投资可能产生的收益。
	向亲友借款	①可筹集较多资金; ②分散财务风险。	①让出部分利润; ②让出部分所有权。
	合伙企业	①宽松的现金来源: ②较小的压力和制约。	①私人关系破裂的风险; ②可能增加企业运作的复杂性。
	成立公司	①可筹集大量的资金; ②分散财务风险; ③降低法律风险; ④降低税负。	①让出部分利润; ②让出企业部分控制权和所有权。
	使用风险投资	①这类资金就是为了帮助小企业; ②有利于寻求贷款。	只关注其资本增值。
债权融资	所有形式的借款	①比较容易获得; ②企业控制权和所有权得到维护; ③可选择有利的时间归还; ④可以节约自有资金; ⑤借款成本可在税前列支; ⑥通货膨胀可以减少实际还款数	①要负担利息成本 ②要承担将来利润可能不足以归还借款的风险; ③可能导致滥用和浪费资金; ④让他人了解财务及其他一些保密信息; ⑤贷款机构(人)有可能要附加一些限制条款。

四、创业贷款

创业贷款是指具有一定生产经营能力或已经从事生产经营的个人，因创业或再创业提出资金需求申请，经银行、典当行等认可有效担保后而发放的一种专项贷款。其中银行又是最主要的贷款渠道，以下主要介绍银行贷款的相关知识。

（一）申请贷款须考虑事项

不同的贷款机构有着不同的贷款程序。对此，借款人必须清楚。贷款机构同意借款时，必须确信借款人会按照其承诺及时还款。下面是评估贷款申请人的一些因素，有必要了解。

1. 贷款类型

短期贷款（如一年内）和长期贷款（如超过一年）。

2. 贷款目的

确保贷款不被用于非法的、受到政府政策限制的或者与社区利益相悖的企业中。

3. 借款人的信用

银行在评审企业贷款申请时，要考虑 6C，即：

（1）还款人品质。考查申请人对待信用的态度，包括过去的信用记录。

（2）偿还能力。审查申请人的收入情况及确定其是否有能力偿还借款。

（3）资本状况。审查申请人的个人财产，包括存款、不动产及其他个人财产。

（4）经营条件。地区、国家的经济状况对贷款的难易程度有很大影响。

（5）担保物。是否有担保或抵押财产及这些财产的质量也是银行要考虑的重要方面。

（6）事业的连续性。借款企业持续经营的前景。银行要考虑借款人能否在日益激烈的竞争环境中生存与发展。

4. 能力

创业者运作项目的专业能力。能力特征有助于贷款机构确定借款人是否有能力按照计划目的用好贷款。

5. 还款期限

还款期限对借贷双方都非常重要。贷款机构需要确认借款人提出的还款方案是否现实，可以通过计算经济效益来测算。贷款机构会提出有关贷款期限和还款方式等方面的建议。

6. 安全性

安全性或贷款担保情况必须是贷款机构能够接受的，即使其他条件都能满足，只要贷款机构所要求的安全条件得不到满足，贷款也很难发放。企业首次贷款时更是如此。

7. 担保人

有些机构要求有不动产、有形资产的担保，或要求有担保人。

8. 商业计划

商业计划是贷款机构确定贷款是否可以发放的主要依据。商业计划可以表明企业的可行性，借款人应该请专业人士准备一份让银行感到值得研究的商业计划。贷款机构通过评估借款人提交的商业计划，得出自己的结论，有时也针对贷款项目自己做可行性研究，以评估企业将来的生存能力。

（二）创业贷款的条件

（1）具有完全民事行为能力，年龄在50岁以下。

（2）身份及营业场所证明。贷款申请人必须具备合法有效的身份证明和在贷款行所在地合法居住的证明及固定的住所或营业场所。固定住所的证明可以是房产证（父母名字的房产证也可），营业场所的证明应该持有工商行政管理机关核发的营业执照及相关行业的经营许可证，说明正在从事正常的生产经营活动。

（3）资金证明。贷款申请人的投资项目要求已经有一定的自有资金。这是银行衡量是否借贷的一个重要条件，因为创业贷款金额要求一般最高不超过贷款人正常生产经营活动所需流动资金，以及购置（安装或修理）小型设备和特许连锁经营所需资金总额的70%。

（4）结算账户。贷款申请人必须在所贷款银行开立结算账户，营业收入要经过银行结算。而且贷款用途符合国家有关法律和本行信贷政策规定，不允许用于股本权益性等其他投机性投资项目。

（5）贷款担保。贷款申请人需要提供一定的担保，包括房产抵押、存单质押及第三方担保三种形式。另外，尽可能提供一些自己的信用状况、还款能力及贷款投资方面的信息给银行，这样会增加贷款诚信度，以便于顺利地获得贷款。

（6）创业贷款申请资料。

①有效身份证件和户籍证明、婚姻状况证明、个人收入证明。

②相关营业执照或创业证明。

③银行要求的其他材料。

（三）创业贷款的申请程序

1. 准备材料

这些材料包括身份证明、婚姻状况证明、个人或家庭收入及财产状况等还款能力证明文件；贷款用途中的相关协议、合同；担保材料，涉及抵押品或质押品的权属凭证和清单，银行认可的评估部门出具的抵押物估价报告。最后，要有抵押物，抵押方式较多，可以是动产、不动产抵押，或定期存单质押、有价证券质押及流通性较强的动产质押等。

2. 填写申请

申请人持开业计划书（或贷款项目书）向贷款担保推荐机构或开业专家提出论证要求，

经论证通过者可申领《开业贷款申请书》。

3. 获得推荐

推荐机构组织开业指导专家或有关人员对申请项目论证后，对符合开业贷款要求的，在《开业贷款申请书》的推荐意见栏签署推荐意见；对不符合要求的，应对申请人提出咨询意见，退回申请人所提供的有关材料。

4. 身份确认

申请人到户籍所在地街道就业服务机构取得身份确认并在《开业贷款申请书》的身份确认栏签章。

5. 银行受理

申请人持已签署推荐意见和身份确认意见的《开业贷款申请书》，向指定银行的受理点提出贷款申请，并提供有关材料。

6. 贷款审核

银行从受理之日起 10 日内做出贷款审核意见，并在《开业贷款申请书》的银行审核意见栏填写意见，报送开业指导服务中心。如不同意贷款的，应及时通知申请人，并提出咨询意见。

7. 办理贷款

受理银行获得贷款担保意见后，即可在 5 个工作日内按银行信贷规章制度要求，办理贷款人的个人（或单位）担保手续和贷款手续。

第十章
企业创立与企业运营

第一节 企业创立理论与讲解

依照我国法律规定，凡从事以营利为目的的经营性组织，必须首先去相关管理部门进行登记并获得批准。作为一个创业者，依法经营是基本要求，因此，当你决定创业时，首先要履行相关的登记手续。

一、工商部门注册登记

（一）申请注册

进行工商注册登记，是设立企业的法定程序。只有依照程序进行工商登记注册，企业经营活动才是合法的，才能受到法律保护。随便开店办厂属于非法经营，一旦被查处，要付出很大的代价。创办者应当主动到当地工商管理部门办理工商注册手续。在正式申请前，可以到工商行政管理局向有关人员咨询，了解申请的程序，认真听取有关要求，对于不清楚的问题要及时询问。

（二）登记的主要内容

创业者要申领和填写一些表格，主要内容有：企业名称、经营地址、企业负责人、公司种类、经营方式、经营范围、注册资本、从业人员和雇工人数等。

（三）企业名称预先核准

设立公司前应当由全体股东指定的代表或者共同委托的代理人向工商行政管理局申请名称预先核准。在注册前，到当地的工商管理部门进行电脑查询，确定自己拟定的名称没有被别人注册过。拟定企业名称时，最好拟有多个备用名称，有备无患。核准后发放《名称预先核准通知书》。

（四）缴纳出资

股东应当按期足额缴纳公司章程中规定的各自所认缴的出资额。

（五）验资

股东缴纳出资后，必须经依法设立的验资机构（会计师律师事务所）验资并出具报告。

（六）审核和核准

审核是注册审批工作的关键环节，主要由工商行政管理机关来完成。在审核过程中，工商机关可以提醒和帮助申请者补齐各种要求的文件。对于文件不具备的申请者，要说明理由，驳回申请。登记主管机关应在受理申请后 30 日内做出是否核准登记的决定。

（七）颁发《营业执照》

营业执照是国家授权企业登记主管机关颁发的准许开业证明。经过审查，符合条件的，经核准登记后颁发《营业执照》。

申请工商注册的具体步骤：

第一步：咨询后领取并填写《名称（变更）预先核准申请书》，同时准备相关材料。

第二步：递交《名称（变更）预先核准申请书》及相关材料，等待名称核准结果。

第三步：领取《企业名称预先核准通知书》，同时领取《企业设立登记申请书》等有关表格；经营范围涉及前置许可的，办理相关审批手续；到经工商局确认的入资银行开立入资专户；办理入资手续（以非货币方式出资的还应办理资产评估手续）。

二、刻制公章、办理组织机构代码证书

刻章是拿到工商执照后的第一件事，没有公章则无法办理其他手续。刻章需要到办事大厅公安局窗口办理登记备案，所需材料为营业执照副本原件、营业执照副本复印件和企业法定代表人（或负责人等，下同）身份证复印件。一般企业，刻制公章、财务专用章、合同专用章和法定代表人人名章即可满足需要。在警官发给的印模式样上参照范例填写好内容，在经公安局审批的刻章企业中选择一家来刻制。选定刻章企业后，警官将在工商执照副本中缝处盖上"印章已刻"的标记。

刻完章后应马上办理组织机构代码证书。组织机构代码证书是企业的"身份证"，是办理后续手续必需的。组织机构代码证书到办事大厅技术监督局窗口办理，所需材料为营业执照副本原件、营业执照副本复印件、企业法定代表人身份证复印件和公章。参照范例填写登记表，按规定签字和盖公章，然后交纳证书费用，一般五个工作日后可领取。

三、银行开户

账户是用来连续、系统记录各个会计科目所反映的经济业务内容的工具。银行账户就是客户在银行开立的各种存款、贷款、结算等账户的总称，是办理信贷、结算、汇兑和现金收付业务的工具。根据现行法律规定，每个独立核算的经济单位都必须在银行开户，各单位之间办理款项结算，除现金管理办法规定可用现金外，均须通过银行结算。企业开立银行账户是与银行建立往来关系的基础。银行账户包括基本账户、一般账户、专用账户、临时账户等。创业之初，需要先开设一个临时账户（验资账户）。该账户必须注明"临时"及用途。企业获得营业执照之后，该账户原则上转为基本账户，也可以被申请注销，另开基本账户。

四、税务登记

依法纳税是每个社会成员应尽的义务，企业纳税要事先向税务机关登记才能实现。按照《税收征管法》的规定，新办企业必须在领取工商执照起30天内办理税务登记。实际工作中，为了尽早取得发票开始经营，应在拿到组织机构代码证书后立即开始办理税务登记手续。税务登记到办事大厅税务登记窗口办理。合伙企业，如果没有销售行为，只是提供服务（不含修理、修配行业），不需要办理国税登记。办理税务登记的主要步骤如下。

第一步，咨询。携带工商执照副本原件、组织机构代码证书副本原件到登记窗口咨询，详细说明本企业的企业类型（工业、商业）和经营项目，由国税工作人员判定是否需要办理国税登记。如果需要，国税工作人员会发给税务登记表；如果不需要，可直接去地税窗口办理地税登记手续。必须注意：经营项目直接关系到税种（交哪几种税）；企业类型直接关系到税率（百分之多少），要向国税工作人员准确表达，有不懂的地方一定要询问清楚。

第二步，填表。税务登记表可领回单位填写。如果经办人携带的资料和印章齐全，当场填表、交表是一种好方式，有不懂的地方可当场向窗口工作人员询问，能减少往返次数和节省填表时间。填表前，要先认真阅读"填表须知"；填表时，要内容真实、表达准确、字迹工整、粘贴完整；填表后，要反复核对。需要粘贴的复印件包括：营业执照复印件、组织机构代码证书复印件、法定代表人身份证复印件、财务负责人身份证复印件、办税人员身份证复印件。办税人员一般由企业财务人员担任。

第三步，交表。必须注意，有的税务机关规定，由企业法定代表人持本人身份证原件办理交表。交表时需要提交以下材料：

（1）营业执照副本及复印件。

（2）组织机构代码证书及复印件。

（3）银行开户许可证复印件。

（4）法定代表人（负责人）或业主、财务负责人居民身份证、护照或者其他证明身份的合法证件、复印件。

（5）经营场所房屋产权证书复印件。

（6）出租出借、承租承借房屋、土地合同复印件。

（7）成立章程或协议书。

（8）独立核算或非独立核算证明。

（9）非独立核算单位须持上级独立核算单位的税务登记表及复印件。

工作人员审核所交的登记表后，发给一张领取税务登记证的通知单。通知单应妥善保管。

第四步，领证。持通知单上注明的领证所需证件（一般为工商执照副本），按通知单上注明的时间到指定窗口领取税务登记证书，包括正本和副本。应按规定交纳证书和镜框费用（镜框如果自己已经有合适的，也可以不要）。税务工作人员会发给一张税务报到通知书，上面写明这样几项内容：第一，到哪一个税务所报到；第二，报到时应带的资料；第三，报到的时间；第四，税务所的联系电话和地址。领回的税务登记证书正本应装入镜框，与工商执照正本一起悬挂在营业场所明显位置。

完成以上手续并获得相关证书后，你的企业就有了合法的"身份"，可以开始经营活动了。

第五步，创办各类市场主体的基本流程。

五、企业组织形式选择

企业组织形式是指企业财产及其社会化大生产的组织状态，它表明一个企业的财产构成、内部分工协作与外部社会经济联系的方式。

目前，我国企业的组织形式主要有个人独资企业、合伙制企业、有限责任公司和股份有限公司、股份合作制等。它们的法律规定不同，各自的特点也不同，现主要介绍适合个人投资的三种形式：个人独资企业、合伙企业、公司企业。

（一）个人独资企业

个人独资企业，是指由一个自然人投资，财产为投资者个人所有，并以其个人财产对企业债务承担无限责任的经营实体。这类企业往往规模较小，在小型加工、零售商业、服务业领域较为活跃。

（二）合伙企业

合伙企业，是由两个以上合伙人订立合伙协议，共同出资，合伙经营，共享收益，共担风险，并对合伙企业债务承担无限连带责任的经营性组织。合伙人可以采取货币、实物、土地使用权、知识产权或者其他财务权利出资，经全体合伙人协商一致同意，合伙人也可以用劳务出资，各合伙人执行合伙企业事务享有同等的权利。

（三）公司企业

公司企业是指以盈利为目的，由许多投资者共同出资组建，股东以其投资额为限对公司负责，公司以其全部财产对外承担民事责任的企业法人。

一个理性的投资在选择企业形式时，要充分考虑投资者责任、投资者权利、投资者资本撤离、企业设立条件与程序、企业管理体制、企业税收负担等几种因素的影响，做出理性权衡和相宜抉择。如果企业资本实力较强，经营规模较大，注重风险承担，投资者可选择公司制；如果企业经营规模较小，资本实力不够，又考虑税收负担和节约管理成本，投资者可首选独资企业。

六、个体工商户

个体工商户是大学毕业生自主创业最主要的市场主体类型。个体工商户指有经营能力并依照《个体工商户条例》的规定经工商行政管理部门登记，从事工商业经营的公民。《个体工商户条例》第二条第一款规定："有经营能力的公民，依照本条例规定经工商行政管理部门登记，从事工商业经营的，为个体工商户。"

申请个体工商户设立登记，应当提交下列文件：

（1）申请人签署的个体工商户设立登记申请书。

（2）申请人身份证明。

（3）经营场所证明。

（4）国家法律、法规规定提交的其他文件。

第二节 企业运营管理

一、员工的招聘与定岗

（一）招聘程序

招聘新员工对应聘者和创业者来说都相当重要。它既可能是一种互利关系的开始，也可能是一系列错误的开端。

影响员工流转的两个主要因素是招聘和选择程序。为了减少员工流失，创业者有必要发布招聘广告、处理应聘者的申请材料、举行面试、选择新员工并为他们配置工作。

潜在的员工来源：企业内部提拔；招聘广告；就业中介；教育机构；以前的员工推荐；在职员工推荐。

选择员工的程序：接受申请材料；面试；核实应聘者的相关信息；应聘者的技能测试。

（二）定岗程序

按照惯例，新员工到来的第一天应该带他们参观企业。在这期间，应该把新员工介绍给在职的其他员工，然后新员工了解企业的整体运行情况，明确地要求新员工适应企业的经营环境并融入企业当中。这项工作并不需要花很多精力，但十分有用。从长远来看，这项工作省时省钱。

最重要的是，要让新员工从进入企业的第一天开始就能找到自己的恰当位置。正确定岗非常有助于提高员工的工作效率，并且有助于长期留住优秀员工。

员工定岗的四个原则：定人，确定需要定岗的员工；定事，明确必须完成的工作任务；试用，让员工在监督下进行尝试；转正，让合格者继续工作下去。

给新员工准备工作的六个要素：落实工作，让新员工了解他们所要从事的工作；进行监督，让在职员工对新员工进行辅导和监督；设计障碍，设计简单的工作障碍；确定时间，制定新员工培训时间表；划定范围，规定工作范围；绩效评估，每天对新员工工作绩效进行评估。

（三）员工的考虑

1. 薪酬计划

对员工来说，工资是决定他们工作的一个重要因素。他们希望所得报酬能够反映贡献给企业的各种技能及所付出的辛勤劳动。

2. 额外福利

在所有额外福利中，病休和假期对员工们最为重要。创业者应该设计一整套包括各种额外福利的方案。

3. 人际关系

高工资报酬和优厚的福利待遇并不一定能够使员工们感到快乐，工作满意对他们来说更重要。创业者有责任为员工提供最好的工作环境，确保员工与企业之间总是能够畅通无阻地进行双向交流。

4. 工作条件

良好的工作条件与员工的健康舒适和安全一样都应该是创业者真正关心的事情。一个好的工作环境不仅可以防止发生意外事故，而且非常有助于提高员工的工作效率。

二、员工的绩效与激励

人力资源是现代企业的核心资源，员工的绩效与激励是企业管理的核心部分，现在已经有很多成熟的绩效管理系统和管理工具。对于初创企业来说，构建好团队，做好工作流程、工作分析、组织结构这些基础性工作非常重要，因为任何绩效管理系统都是建立在上面这些基础上的。

对于接触人力资源工作不久的人来说，比较困惑的问题就是如何用一种比较简易的模型，建立起对人力资源工作的整体认知，以及自己做的这些工作对于企业究竟有什么意义。很多人是从人力资源的某一模块开始接触这个领域的，当他成长到一定程度，需要负责操作整个体系的运作时，也会因此感觉无从着手。

一般来说，人力资源有两个基本管理层面，即人员管理和岗位管理；而支撑起管理面的有四个主要支柱，即招聘、培训、考核、薪酬；四个支柱和两个基本面又将产生八个交点，以此衍生出八个领域的工作。这些就构成了人力资源管理工作中的主要工作。

以下是从实战层面尝试着对人力资源体系建立的简易模型。接下来我们就分别分析一下这些构成要素所应包含的实际内容。

（一）两个基本管理面："人员管理＋岗位管理"

1. 人员管理

无论企业的人力资源管理发展到什么程度，都一定是建立在基本的人员信息管理基础上的。因此，人力资源部门首要工作就是建立高效合理的人员信息管理系统，包括档案信息要素（如，姓名、学历、级别、入职时间等）、编号规则、档案管理规定等。有条件的企业应使用数据库进行人员信息管理。

2. 岗位管理

这是很多企业的人力资源部门容易忽视的部分。如同建立人员管理档案一样，企业应建立岗位管理档案及相关体系，也就是我们通常说的岗位说明书体系。一般来说，企业都会有自己的组织结构，对各个基本管理单元的主要职责及相互间的隶属关系进行明确说明，而在此之下，还有必要进一步细分，对最小的工作单元——岗位进行明确说明，包括岗位的隶属、性质、设置该岗位的目的、主要职责、任职资格等要素，并编制相应的岗位编号规则、岗位管理规定（什么时候增加、撤销、变更岗位及此时应遵循的流程及相关手续）等制度。

有了以上两个基本面，我们就有了进一步开展人力资源管理工作的基础，否则任何人力资源工作都将失去着力点，变得空洞、失效。

（二）四个支柱："招聘＋培训＋考核＋薪酬"

1. 招聘

建立基本的招聘流程。招聘流程中可包括如何进行招聘预测、如何提交人员需求、如何进行招聘准备、如何评估和管理招聘渠道、不同类型员工的甄选流程和基本标准及招聘的基本原则和思路等，还可将新员工的报到、上岗流程及试用期 OJT 管理等内容也涵盖进去。内部招聘作为企业人员补充的重要途径，也可制定专门的管理制度。有条件的企业可考虑建立人才数据库。这样，至少在具体实施上，企业有了一个基本可参照的行为标准和运作平台。

2. 培训

简单来说，培训体系可分为组织体系、流程体系和信息体系。小型企业的培训一般由人力资源部门直接管控，然后与各部门经理直接合作实施企业培训；而中大型企业则可能设立教育委员会或管理学院之类的机构，以书面形式确定该机构的职权，以求更全面、有效地实施企业培训。流程体系一般由文件进行明确规定，也就是需要建立基本的培训管理制度体系。在该体系可考虑包含培训管理程序、讲师管理制度、课件管理制度等。信息体系一般建立在培训信息管理数据库基础上，对培训计划和日程、培训实施信息、课件信息、讲师信息、员工受训信息等统合控制。这样，就搭建起了企业培训的基本运作平台。

3. 考核

不管考核的具体项目和标准如何，首先，应建立的是基本的考核思路，是基于绩效目标，还是能力资格进行考核？根据企业业务的实际特征，更倾向于采用哪种考核模式？生产制造型、研发型、营销型、服务型等各类型企业应采用的考核模式各有不同。企业的组织构成形式、管理水平现状及企业文化特征等因素也都制约了对考核方式的选择。在基本思路确定后，应编制基本的考核管理流程及相关的应用表格、实施标准，建立考核信息管理平台，有条件的企业可利用 BHR 系统直接实施在线考核。确定了考核实施的基本规程后，将面临的是一个更重要的问题，就是考核的结果如何转换，是升（降）级、加（减）薪，还是仅仅浮动奖金？其中的标准和比例如何？而其中部分内容又涉及薪酬体系。

4. 薪酬

薪酬体系是人力资源体系中最敏感的部分。简单来说，薪酬体系就是企业对员工利益进行分配的规则，其目的是吸引和激励更多的适合企业发展需要的人才。在构建薪酬体系前，首先要了解和分析一些基本因素，切不可盲目设计。这些因素包括：企业经营特色和行业特征、企业的主体价值观、企业需要什么样的人才；企业为员工的什么付薪？是能力、职位还是绩效表现；企业目前更注重的是内部均衡还是外部竞争；企业在收入的固定比例、浮动比例上的定位等。在基本情况得到明确后，才可能设计出符合企业需求的薪资架构。然后确定薪资的发放方式，**薪资调整的管理规范**等。应该注意的是，福利作为薪酬体系的重要组成部分，也是须慎重对待、认真设计的。

搭建起四个基本支柱，意味着企业人力资源管理的基本管道系统已经畅通，但仅仅如此是远远不够的，管道中必须流动起血液，才能真正为企业输送营养，否则再华丽的体系也只是一种摆设。这就需要我们认真关注以下这八个交点了，因为它们将成为提升我们人力资源管理水平的核心部分。

（三）八个交点

1. 人员管理——招聘

人员管理自然是研究人的，当它遇上招聘时，产生的就是人员测评技术。人员的测评是人力资源工作中非常重要且具挑战性的工作，主要涉及心理学领域。其中，主要分为招聘上岗流程和测评技术两大块，即通过什么流程既能更有效地筛选候选人，又同时节约人员、时间和经费成本，以及采用什么方法和标准能更有效地识别、评估候选人的各项基本特质，包括知识、技能、个性、意识等。

2. 岗位管理——招聘

岗位管理是研究岗位特征的，体现在招聘上，即岗位的任职资格要求。岗位的任职资格应该源于岗位职责，理想状态是，岗位职责的每一条都能在任职资格中得到体现，而任职资格中也没有过于高出岗位职责的需求。对于很多企业来说，最突出的问题就是过于追求人才的高素质，却忽视了对岗位的契合度。因此，只有真正基于岗位需求的招聘，才是合理有效的。

另外，当人员通过招聘在岗位间流动时，就产生了人力资源管理中一个重要环节——轮岗。

3. 人员管理——培训

如果我们基于人员的自身需求设计培训，则主要目的是满足员工提升个人能力、寻求个人职业发展的需要，此时课程设计的出发点更注重研究的是个人能力发展规律，以提升企业的整体工作水平。另外，人员管理与培训的结合点还涉及员工培训信息的管理，通过科学翔实的培训记录对企业的人才资本增值进行系统管控，在有些企业，还专门建立了"人力资源池"，以时刻掌握企业后备人才的动态情报。

4. 岗位管理——培训

如果我们基于岗位业务的需求设计培训，则主要是满足岗位胜任及岗位业务发展的需要，此时的课程设计更偏向于研究岗位职责特征，以保障公司各业务单元的正常运作及持续性发展。

另外，当人员在岗位间流动产生的培训，可谓转岗培训，这也是内部招聘/轮岗过程中的重要组成部分。

5. 人员管理——考核

就考核的内容来说，基本分为对人的考核和对工作的考核，其中对人的考核包括对意识、态度方面的评价和对工作能力水平的考核。由此可知，要做好人员考核，至少要从人的基本特质认知和考评技术两个方面着手，尤其是对人的基本特质和能力特征的研究。企业在实施干部选拔时，或企业本就是基于能力资格建立薪资等级体系时，往往更多地用到这类考核。

6. 岗位管理——考核

所谓对工作的考核，在很多时候体现为业绩考核。在岗位管理体系里，最重要的组成部分就是岗位的职责说明。所谓业绩，就是员工对所承担职责的完成程度。因此，要做好业绩考核，首先需明确各岗位的职责，不贴近岗位职责的业绩考核只会最终流于形式，达不到将考核作为管理工具的效果。

7. 人员管理——薪酬

对于薪酬体系而言，基本上也可分为因人而设和因岗而设两类。基于人员管理的薪酬结构，通常会被设计成能力资格体系，在某些企业也体现为年功序列制薪资体系。在这样的体系里，更多考虑的是工作年限、学历、知识技能水平、问题处置能力等要素，并以数字符号建立起职级体系，以此作为员工成长阶梯的标志。换言之，就是根据人的价值大小确定薪资水平，而不过多考虑员工所承担的工作内容是否不同。该体系的基本假设就是，一个人的能力一旦达到一定水平，或者说某种境界，无论担任什么工作，都能发挥出相应水平的作用。纯粹意义上的能力资格薪酬体系在结构上比较完备，一般能获得内部平衡上的稳定，对于员工的职业发展也有一定的指导价值，但在适应市场同类岗位的薪资竞争方面会有所欠缺。

8. 岗位管理——薪酬

基于岗位管理的薪酬结构，通常会被设计成岗位工资制。在这个体系里，主要根据职责大小、工作难度和强度、创造价值、岗位风险、沟通范围等因素进行岗位价值评估（目前有很多这类评估工具），也就是根据岗位本身的价值大小确定薪资水平，而淡化人自身能力大小的因素。该体系的基本假设是，无论能力水平如何，只要承担的工作是相对固定的，那么对企业所产生的价值就是相对固定的，企业只能根据员工创造的价值支付薪水。实施这类体系时，除进行内部的岗位价值评估外，还有必要进行市场薪资调查，以确定本企业的薪资水平基本线，必要时对部分与市场薪资水平差距过大的岗位的薪资进行调整，以保全企业关键人才。

以上两类薪酬体系孰劣孰优，不好做出评判，但若能将两类体系的优势整合在一起，梳理出适合本企业需要的新的薪酬体系，恐怕是人力资源管理者应更多考虑的问题。

由以上分析可以看出，开展人力资源管理工作，人员管理体系和岗位管理体系是基础，而基础中的基础就是建立完备、有效的人员档案（信息）系统和岗位档案（信息）系统。不仅如此，还应投入相当的精力进行人员和岗位的研究，以给人力资源管理实战提供厚实的基础。对于很多企业来说，虽然一般都会建立人员档案，却往往忽视了岗位档案（岗位说明书体系）系统，或者勉强编制了岗位说明书，并没有认真对待和实际落实、运用。这样，人力资源管理就瘸脚走路，自然难以走得顺畅。

而仅局限于建立基本管理面，也无法对企业经营产生实际应用价值，只有进而研究四个支柱及支柱与基本面相交产生八个交点衍生出的管理需求，才能将企业人力资源管理推上一个新的层次。

三、成本管理

创业者必须为企业购买的各类产品和服务支付大笔费用，比如，购买原材料、交电话费、给工人开工资等。所有这些开支统称为成本费用。

首先，创业者应准确地了解企业所出售的产品或服务的成本。如果这些产品或服务的成本高于客户所愿意支付的价格，或者高于竞争对手的出价，那么，企业就很难把产品推销出去。

其次，创业者还必须明白所有为管理企业而发生的费用支出必须从当期收入中扣除。只有收入高于全部的成本费用时，企业才有可能盈利，所以，为多获利润创业者必须努力降低成本费用。

另外，企业有各种各样的成本和费用，了解这些成本费用的发生情况有利于更好地控制和降低支出。

（一）根据支出的性质正确区分资本性支出和收益性支出

资本性支出：指企业为取得受益期在一年以上的财产而发生的支出，如，购置房屋、设备、商标专利权等支出，这些支出因为受益时间较长，在发生时不应该全部从当期收入中扣减，而应计入资产价值，在其受益期内分期摊销。

收益性支出：指企业为取得本期收益所发生的支出，其受益期在本期，因此，应该在支付时全部计入当期成本费用。

（二）正确区分成本费用

能够计入当期成本费用的收益性支出，按其与生产经营活动的关系，可以分为成本和费用。成本费用按其所反映的经济内容可以分为原料支出、人工支出和其他支出。

原料支出：所有被用来加工产品或提供服务的各种物资都属于"原料支出"。那些虽然不是用作生产产品，但在企业经营中必不可少的物资，比如，劳动保护产品、卫生保洁用品等，也算在"原料成本"之内。

人工支出：一旦创业者把员工招聘到企业中来工作，他就成了雇主，就要对员工承担起法律上和社会上的责任。这些责任是法律和政策规章所规定的，或者是通过集体谈判制定的。比如：工人的最低工资；法定的工作时间；加班报酬；年度带薪休假；病假；各种福利。

其他支出：所有不包括在上述各成本费用项目中的开支都归于"其他支出"。这些支出主要包括电费、水费、电话费、上网费、保险费、租金、宣传广告费、管理费、资金利息等。

（三）资本性支出的费用化

企业发生的资本性支出，在其受益期内会随着生产经营的展开而被逐步计入相应的成本费用。主要是机器设备的折旧和企业购入商标专利权的摊销。

四、财务管理

在任何一家企业中，财务管理都是一项重要的工作。所有的商业交易都应该完整地记录在企业的账簿上。许多小型企业由于财务管理方面的欠缺而导致经营上的失败，其教训相当深刻。有的企业可能产品质量很好，市场占有率也在稳步上升，在一定时间内还获得了相当可观的利润。然而，如果账簿记录不全或记录错误，财务管理松弛，就会埋下严重的隐患。不少小企业主认为在一家小企业中不需要什么财务管理，这种态度是不正确的。创业者每天都会碰到各种各样的问题，并要及时做出决策，因此，必须掌握企业的各方面信息。正确的账簿记录和健康的财务管理制度能够及时地为创业者提供所需要的财务信息，这既有助于问题的解决，也有利于创业者做出正确的经营决策。

在制定现金预算时，需要逐月估算出企业下一年度正常营运所要花费的成本。同时，要拿现金预算与各月的所有收支账单逐一进行对照（收支账单中列出了当月的销售收入、销售成本和一般经营管理费，因此，可以从中掌握各月的盈亏数据）。

把各月的收入和支出分别加总就可以看出各月的盈余和亏损。把当月的盈亏与上月加以对照，就可以看出各月累积现金流的总体情况。

通过财务报表可以判断某个特定企业的财务状况和经营成果。对企业自身而言，可以通过财务报表将当前的经营情况与以前的情况加以对比。这种比较不仅对于制订未来的发展计划有帮助，而且也有助于认清企业经营中的优势与劣势。

财务报表可以用以确定企业财务状况的好坏、偿债能力的强弱、盈利水平的高低和现金流量的大小。投资者最关心的是企业的获利能力和投资的风险情况，从而做出对该企业是否增加或减少投资的决定；债权人最关心的是企业的偿债能力，从而做出对该企业是否继续进行借款或赊销的决定；经营者最关心的是企业的现金流量的大小，从而确定企业的经营活动是否能正常进行下去。在一个企业中，盈利能力和偿债能力是密切相连的。如果企业获利能力强，一般可按期偿还债务；如果获利能力弱，甚至连年亏损，势必造成偿债的困难。

（一）利润表

利润表是反映企业在某一时期内（如一个月或一年）经营成果的财务报表。报表编制越经常越能及时地了解企业的盈亏状况。

制作利润表共有五个具体步骤：

第一，计算出企业的销售收入，包括现金销售和赊销两部分。

第二，计算出已售产品的成本。计算时可以把销售期间购进的商品价值加到期初库存中去，然后再减去期末库存品价值。

第三，计算出销售毛利，即销售收入减去销售成本之差。

第四，计算出企业的各项经营性支出，即不构成销售成本的各种成本费用。

第五，计算出企业的利润总额和净利润。

（二）资产负债表

资产负债表是总括反映企业存续期间某个特定日期财务状况的报表。资产负债表反映了企业所拥有资产和所承担债务，以及投资者或创业者在企业所拥有的权利的一种财务报表。

计算资产负债表的公式是：

资产 = 负债 + 净资产（所有者权益）

资产是由于过去的交易或事项形成并由企业拥有或者控制的资源。该资源预期会给企业带来经济利益，包括企业所拥有的现金、设备、厂房和存货等。

企业资产按照流动性可分为流动资产和固定资产。流动资产是指可以在一年或者超过一年的一个营业周期内变现或者耗用的资产，包括现金、银行存款、短期投资、应收账款、待摊费用、存货等。固定资产是指同时具有下列特征的有形资产：为生产商品、提供劳务、出租或经营管理而持有的；使用寿命超过一个会计年度。

负债是指过去的交易或者事项形成的现时义务，履行该义务预期会导致经济利益流出企业，如，短期贷款、应付账款、应交税金和抵押贷款等。企业负债又可分为短期负债和长期负债。短期负债通常指那些需要在短期内（如12个月内）偿还的债务，包括应交税金、短期借款和各种应付款。偿还短期负债需要动用企业的流动资产。长期负债是指那些偿还期限在1年以上的债务，如长期借款。

净资产也叫所有者权益，指企业所有者在企业资产中享有的经济利益，其金额等于资产减去负债后的余额，包括业主的初始投资和留存盈余。

五、企业的成长

企业成长的驱动因素主要包括以下七个方面。

（一）企业文化建设

企业文化建设主要是指企业的信誉、公司形象、组织文化、知识型团队建设等内容。企业文化是一个组织由其价值观、信念、仪式、符号、处事方式等组成的特有的文化形象。美国学者迪尔和肯尼迪把企业文化整个理论系统概述为五个要素，即企业环境、价值观、英雄人物、文化仪式和文化网络。

（二）企业经营管理

企业经营管理主要体现在公司体制选择、经营模式、社会分工细化程度及经营程序的规范程度等方面。

（三）知识管理能力

知识及产品的获取、存储、探索和共享从属于知识管理领域、咨询工具、方法库质量及其更新速度，不断深化的企业信息化程度反映的是知识管理平台的建设质量和水平，因此，也可以将其划分到知识管理领域。

（四）人力资源管理

人力资源管理基本上反映了不同类型人才整合的合理性，高级专业人员和低级专业人员人数比例，员工与合伙人的培训、成长机制及稳定和激励优秀人才的机制等方面的内容。其中，人才整合、搭配比例、培训、激励和成长机制的设置都是人力资源管理的基本内容。

（五）相关利益管理

相关利益管理主要包括与战略伙伴的合作深度、广度、客户信誉，与客户企业互动共同成长及与企业合作实行基地建设等内容。战略伙伴、客户、竞争对手及合作企业等都是新企业的外部群体环境，属于利益相关者的内容。

（六）服务能力

服务能力主要体现在服务人员的职业道德（客观、独立、公正的地位）、提供高质量服务的能力、国际化理念与本土化方案有机结合能力及有关专家的专业能力、经验和技能等方面。

（七）价值与品牌管理

当企业过分追求速度时，往往会带来问题，即销售收入增加很快而利润却没有增加，企业的价值没有得到增值。因此，当企业发展到一定程度时，就需要向价值增加的方面转移和延展，以获得最大的价值增值。突出价值增值的另一个方面是企业品牌的打造。企业品牌是企业成长管理中的一个重要问题，有的企业往往忽视了品牌的培育，或者采取错误的策略而导致失败。

六、新企业风险的防范

如何防范和化解风险是企业在生存和发展过程中面临的首要问题。为了化解和控制新企业所面临的风险，我们提出了以下解决措施：

（一）健全内部控制制度，防范企业风险

既然内部控制制度是为防范企业风险，那么如何建立健全企业的内部制度？内部控制按其目的的不同，可分为管理控制和会计控制。前者以提高企业经营效益和工作效率、保证经营方针、决策的贯彻执行及经营目标的实现为目的；后者则是以保护企业财产物资的安全，确保会计信息的真实与完整及财务活动的合法性为目的。两者相互联系，相互影响，有些控制措施既可以用于会计控制，也可以用于管理控制。

1. 以人为核心的管理控制

管理控制的范围很广，包括企业内部除了会计控制之外的所有控制，如，企业发展战略、组织结构、人事管理、安全和质量管理、部门间的关系协调、企业负责人和高层管理决策及行为等方面的控制，但重点是与人的行为紧密相关的组织结构、人事管理控制等。

2. 推进现代企业制度的建设，完善法人治理结构

在现代企业制度下，通过建立健全法人治理结构，在股东会、董事会、监事会和经理层之间合理配置权限，公平分配利益，明确决策、执行和监督责任，在企业内部形成一种有效的激励、监督和制衡机制。这既是内部管理控制的重要内容，也是企业内部控制制度建立的基础和有效运行的前提。因此，针对我国目前在建立现代企业制度过程中，公司治理结构尚不十分健全，运行也不规范，存在董事会"空壳""内部人"控制、权力过分集中等情况，企业需要做好强化董事会的功能，扩大独立董事会在董事会的比例及完善监事会制度等工作。

3. 改进人力资源管理机制，提高企业人员素质

一个企业的人力资源政策直接影响企业中每一个人的表现和业绩。良好的人力资源政策对培养企业人员，提高企业人员素质，更好地贯彻和执行企业内部控制有很大的帮助，因此，企业应面向人才市场，引入竞争机制，合理配置企业人力资源，形成任人唯贤、优胜劣汰的用人机制。

（二）建立健全以会计系统为核心的会计控制

根据《会计法》和财政部颁布的《内部会计控制规范》的规定，结合企业现状，现代企业会计控制应重点抓好以下几方面工作：

1.实行全面的预算管理，做到企业收支心中有数

"凡事预则立，不预则废"，企业经营也不例外，务必实行有效的预算管理。预算管理是指企业为达到既定目标而编制的经营、资本、财务等年度收支计划，这是企业管理现代化的重要标志。预算是控制的基础，只有在预算体系正确完整的基础上，才能谈得上完善的内部控制。

2.加强会计系统的控制，确保会计信息真实、完整

会计系统是企业为了汇总、分析、分类、记录、报告企业交易，并保持对相关资产与负债的受托责任而建立的方法和记录。会计作为一个控制信息系统，对内向管理层提供经营管理的诸多信息，对外向投资者、债权人等提供用于投资等决策的信息，是有效实施会计控制的核心。

3.建立和完善内部审计制度，促使企业的经营管理正常运行

内部审计是企业对其内部各项经济活动的管理制度是否合理、合规、有效运行的监督和评价，是其他内部控制的再控制。内部审计有助于企业发现经营管理中存在的问题，对于促进企业依法经营、提高会计信息质量有十分重要的作用。

（三）加强风险管理，化解企业风险

内部控制虽然可以防范企业风险，但内部控制并不等于风险管理，它不能转嫁、承担、化解或分散企业风险，因此，企业必须加强风险管理。只有这样，当企业风险产生并威胁到企业的生存和发展时，通过风险管理才能转嫁、承担、化解企业风险。

1.明确风险控制的目标责任

在健全的法人治理结构下，企业经营者全盘负责本单位的风险管理，建立从董事会到各职能部门、员工个人的严密、畅通的信息网络，形成以各部门、各小组为单位的风险责任中心，确定风险的目标责任到具体每个人。一旦发现问题，能够及时寻找负责对象，并结合有效的奖惩制度，促使责任人在未来经营期间不再重蹈覆辙。在确定收益增长、业务创新的同时，明确现金流量、投资回报、资金周转等具体的财务指标，使风险控制细化到每个基层部门，企业的每个员工都承担风险控制的责任。

2.建立风险预警机制，规避事前风险

风险的预警、评估既是现代企业内部的重要组成内容，更是企业风险管理的基础。通过预警系统，企业一旦有风险的苗头出现，即可进行防堵，把风险消灭在萌芽状态，以避免或减弱对企业的破坏程度。企业在编制预算时，每个部门应制定清晰的风险管理目标，将该部门可能出现的商业风险和财务风险细化分析，预设能够承受的各种目标，

一旦超出这些目标就进行调整，使企业按既定目标进行。

3.事中风险、事后风险的管理

在企业经营活动中，可能存在风险与危机，运用各种定量、定性分析方法，观察监督风险状况，及时预防、阻止、抑制不利因素的发展，使风险降到最低限度。例如：企业通过参加保险、签订合同、要求担保、承包和租赁的方式，将风险损失及其有关财务后果转嫁给其他单位或组织，实现风险社会化；企业进行多元化经营或筹资，使项目之间盈亏互补，增加企业销售和盈余的稳定性，把投资风险不同程度地分散给股东、债权人、供应商等。在风险已经发生的情况下，企业应合理处置，最大限度地减少损失给企业带来的不利影响，确保继续生存，维持企业资金正常运营，并吸取教训，做出必要的总结和调整。

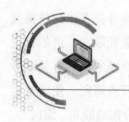

[1] 刘小强，钱芳 . 创新型素质教育精品教材 "互联网＋教育" 新形态教材大学生创新创业基础教程 [M]. 上海：上海交通大学出版社，2021.

[2] 苏博，万应捷 . 互联网社群运营（"十四五"大学生创新创业规划教材）[M]. 北京：中国铁道出版社，2021.

[3] 王自红，赵成丽，吴洁 . 大学生创业实务基础教程 [M]. 成都：西南交大出版社有限公司，2021.

[4] 王海明 . 就业创业指导与实践 [M]. 重庆：重庆大学出版社有限公司，2021.

[5] 冯天亮，何煌 . 创新创业基础教程（高等学校应用型特色规划教材）[M]. 北京：电子工业出版社，2021.

[6] 范钧，顾春梅，楼天阳 . 数字时代的新营销人才培养模式与教学改革实践 [M]. 杭州：浙江工商大学出版社，2021.

[7] 颜廷丽 . "互联网＋"背景下大学生创新创业能力培养研究 [M]. 北京：北京理工大学出版社，2020.

[8] 钟之静 . "互联网＋"大学生创新创业大赛蓝宝书 [M]. 广州：暨南大学出版社，2020.

[9] 梁红波 . 大学生创新与创业 [M]. 北京：北京工业大学出版社，2020.

[10] 王妍 . 大学生创新创业教育 [M]. 长沙：湖南科学技术出版社，2020.

[11] 张汝山 . 大学生创新创业教育 [M]. 北京：高等教育出版社，2020.

[12] 丁长峰 . 大学生创新创业实务 [M]. 大连：大连理工大学出版社，2020.

[13] 梁亚琴 . 高等院校大学生创新创业教育研究 [M]. 西安：西北工业大学出版社，2020.

[14] 苏白茹 . 大学生创新创业基础 [M]. 厦门：厦门大学出版社，2019.

[15] 康海燕 . "互联网＋"大学生创新创业实践教程 [M]. 北京：北京邮电大学出版社，2019.

[16] 刘晓莹，杨诗源 . "互联网 +" 时代艺术类大学生创新创业基础教程 [M]. 厦门：厦门大学出版社，2019.

[17] 陈审声 . 基于 "互联网 +" 视角下的大学生创新创业教育 [M]. 北京：冶金工业出版社，2019.

[18] 洪银兴 . 大学生创新创业教程 [M]. 南京：南京大学出版社，2019.

[19] 潘荣 . 大学生创新创业基础 [M]. 北京：中国传媒大学出版社，2019.

[20] 李建庆 . 大学生创新创业教育研究 [M]. 成都：四川大学出版社，2019.

[21] 刘正涛，华沙 . 创青春大学生创新与创业 [M]. 上海：上海交通大学出版社，2019.

[22] 赵刚 . 大学生创新创业与思想政治研究 [M]. 北京：北京工业大学出版社，2019.

[23] 王兴隆，王玉坤 . 大学生创新创业教育案例集 [M]. 北京：航空工业出版社，2019.

[24] 卢毅 . 大学生创新创业教育研究与探索 [M]. 吉林教育出版社，2019.

[25] 李红梅 . 大学生创新创业指导实务 [M]. 北京：电子工业出版社，2019.

[26] 覃伟赋，周治，邱薏榕 . 大学生创新创业指导教程 [M]. 成都：电子科技大学出版社，2019.

[27] 汤锐华 . 大学生创新创业实训手册 [M]. 北京：高等教育出版社，2019.

[28] 陈丽如 . "互联网 +" 环境下的大学生创新创业发展研究 [M]. 昆明：云南人民出版社，2019.

[29] 连银岭 . 大学生创新创业教育 [M]. 北京：北京理工大学出版社，2018.

[30] 邱兴萍，崔邦军 . 大学生创新创业教程 [M]. 成都：电子科技大学出版社，2018.

[31] 杜鹏举，罗芳 . 大学生创新创业基础 [M]. 北京：中国铁道出版社，2018.

[32] 谭书敏，张春和 . "互联网 +" 大学生创新创业教育概论 [M]. 成都：电子科技大学出版社，2018.

[33] 朱明俊 . 大学生创新创业教育读本 [M]. 上海：上海交通大学出版社，2018.

[34] 王凯，赵荣，李峰 . 大学生创新创业理论与实务 [M]. 上海：上海交通大学出版社，2018.

[35] 戚雪娟，杨景胜 . "互联网 +" 背景下大学生创新创业研究 [M]. 中国原子能出版社，2018.

[36] 杨炜苗 . 大学生创新创业企业家型创业者的培养 [M]. 北京：中国传媒大学出版社，2018.

[37] 林晓丹，吕聪玲 . 基于社会主义核心价值观的大学生创新创业教育指导研究 [M]. 北京：中国铁道出版社，2018.